美业存量超级转化

张晨 著

中国商务出版社
·北京·

图书在版编目（CIP）数据

美业存量超级转化 / 张晨著 . -- 北京 ： 中国商务
出版社，2024.7
ISBN 978-7-5103-5178-5

Ⅰ．①美 ... Ⅱ．①张 ... Ⅲ．①美容－服务业－经营管
理 Ⅳ．① F726.99

中国国家版本馆 CIP 数据核字（2024）第 108838 号

美业存量超级转化

张晨 著

出版发行：中国商务出版社有限公司

地　　址：北京市东城区安定门外大街东后巷 28 号　　邮编：100710

网　　址：http://www.cctpress.com

联系电话：010—64515150 （发行部）　　010—64212247（总编室）
　　　　　010—64266119（商务事业部）　　010—64248236（印制部）

责任编辑：周水琴

排　　版：北京天逸合文化有限公司

印　　刷：三河市众誉天成印务有限公司

开　　本：787 毫米 × 1092 毫米　1/16

印　　张：18.75　　　　　　　　　字　　数：252 千字

版　　次：2024 年 7 月第 1 版　　　印　　次：2024 年 7 月第 1 次印刷

书　　号：ISBN 978-7-5103-5178-5

定　　价：98.00 元

　　美业（全称美容行业）被视为未来二十年最具发展前景的行业之一。美业的业态、概念、运营方式等都发生了翻天覆地的变化。美业行业变化瞬息万变，一个又一个风口层出不穷。在急促的追赶中，美业老板能收获些什么呢？在资本的饕餮盛宴中，若没有核心技术和运营能力的加持，无异于任人宰割。所以，与其追赶风口，不如先打好地基，再乘势而上！

　　美业经过长期的发展和积累，运营样态、产品性能和客群都已经发生了巨大的变化：美容产品从以化工颜料为主的时代急剧向以生物制品为主的时代迈进，客群需求由美容护肤向轻医美过渡。而美业的进入途径却没有发生太大变化，这就导致很多美业门店运营受制于经营者的眼光、格局和管理方式。很多美业老板都在长此以往的发展中陷入拓客留不住客、招聘即流失、引进产品就压货的恶性循环中。

　　这些是阻碍美业门店运营、发展及扩张的关键性问题。如果这些问题得不到解决，那么即使美业的市场规模再大、未来的发展机遇再多，与美业老板也没有任何关系。所以，美业门店要想顺利运营、发展并扩张，则要解决问题，突破发展困境。

如何才能解决问题，突破发展困境，从而把握巨大的市场机遇呢？答案是掌握美业门店运营的核心逻辑。

笔者从员工管理、客户管理、数据管理和店务管理、销售业绩管理等方面切入，系统地阐述了美业门店运营的核心逻辑，以及解决相关问题的方案和策略。全书共分为七章，从美业存量超级转化必备的六个系统逐一剖析，从理论到方法再到实践都有涉猎。期望本书能够帮助美业老板更好地梳理店务和运营逻辑，从而更好地认识自己，发挥价值，快速成长。

张晨

2024 年 5 月

CONTENTS / **目 录**

第七章　存量超级转化：业绩为果系统

第一章

美业门店盈利的密码就是存量超级转化

存量超级转化是现如今能够扭转美业门店经营困境的一张王牌。

首先，我们要明白，无论门店规模大或小、类型单一或复杂，在经营过程中，必须跟随行业发展趋势，这样才能解决自身的生存问题以及后续的发展问题。

在过去 30 年里，随着国家经济的发展，美业从无到有、从小到大，发展迅猛。如果过去你长时间经营一家美业门店，可以回忆一下，在创立企业的时候，是不是没有品牌、没有营销，但还是享受到行业初期的发展红利？

随着市场变革，美业进入第二个阶段，运营门店需要管理者懂管理、懂营销，而不只是懂技术或者是有经验。

到了第三个阶段，美业要想盈利，必须懂得如何建立品牌、如何创建商业模式。只有这样做，并专注于此领域，最后才能成为赢家。

中国美业过去 30 年是"分蛋糕"的时代，而现在是"抢蛋糕"的时代。现如今，我们会发现 85%~90% 客户的消费观念和保养意识都发生了改变。经过 30 年的高速发展，客户的需求被挖掘出来，客户的选择也在增加。这就意味着，接下来美业老板必须越来越专业，以适应需求不断提高的客户群体。

信息爆炸时代，消费模式和消费群体不断地发生变化，美业老板必须随时调整方向，跟随市场发展趋势，在行业变化中谋生存、求发展。

第一节　美业老板在经营中的痛点

在美业竞争日益白热化的时代，"拓客难、成交难、留客难"这三大难题足以让一家门店快速走向衰败。

很多美业老板向我咨询，第一个问题是："张总，我的门店做了各种线上、线下推广，但依然收效甚微，这是为什么呢？"

这是目前很多美业老板面临的痛点。有些人或许已经经历过，也有一些人正处于这样的烦恼之中。

除此之外，美业老板还会面临不拓客没人气、做宣传成本高、礼品多复购少等难题。

在美业竞争日益白热化的时代，"拓客难、成交难、留客难"这三大难题足以让一家门店快速走向衰败。除利润危机外，经营管理危机接踵而至。那么，美业门店遭遇淘汰的真正"元凶"是什么呢？想要将门店做大做强，美业老板该何去何从呢？

第二节　存量超级转化就是根治美业痛点

无效节约并不等于优化成本。

客户消费意识觉醒，新生代消费习惯差异，对红包、砍价、异业合作等营销拉新模式已麻木，造成美业从业者越努力，客户却越不买单的局面。

在这种情况下，有的美业老板习惯性地选择降工资。他们认为，这样就可以减少成本，但这种做法并不能解决根本问题。事实上，无效节约并不等于优化成本。

还有一些美业老板寄希望于层出不穷、充满创意的新模式，殊不知很多美业门店处在产业链下游，没有自己的品牌特色和品牌价值。上游品牌企业与中游代理经销商结成战略联盟，不断推出新奇的概念促使门店加盟囤货，却缺乏有力的技术支持，造成下游门店产品积压，致使美业老板在恶劣的市场环境中艰难挣扎。

于是，有的美业门店开始违背初心，由服务向销售转变。美业老板开始把预充值资金当作利润，陷入"开店——售卡——继续开店——继续售卡"的恶性循环中，直至债务越来越多，现金流断裂。

脱离商业本质的经营模式无异于杀鸡取卵，这是美业门店惨遭淘汰的根本原因。转变经营模式的关键在于回归本质。技术和服务始终是根本，借助互联网，将两者完美结合才能发挥出最大功效。美业老板要牢记结什么"果"取决于"根"扎得深不深。

说到这里，美业老板应该要形成一种共识：美业存在的根本核心是人们对于美丽的追求，美业老板要做的就是回归行业本质，优化运营模式、提升管理水平，用技术和服务为客户解决美丽问题，不断积累核心客户，打通经营闭环（将存量客户盘活），这样门店才能生存发展并持续盈利。

第三节　存量超级转化该怎么做

极致的价值体验就是要通过具体的产品，以及附着在产品上的技术、服务、效果等来呈现。

近几年，美业老板陷入一个怪圈：投资越来越多，利润却越来越少！这是我做美业咨询以来诸多案例中的一种常见现象。

一位美业老板曾在韩国留学7年，学成回国做美业，找了很多咨询老师，选最好的仪器、最好的卡项、最大的品牌，最后盘点完却发现门店竟然在亏钱运营！

这种跟随感觉经营门店的做法，就像赌博，赚钱与否纯靠运气。对于门店品牌的打造、客户积累、长远发展没有规划，即使凭运气赚到钱，后期也会凭实力亏掉，其原因就是美业老板自始至终都不清楚门店盈利的根本逻辑是什么。

美业门店盈利从"道"的层面讲是回归本源，务实前行，从"术"的层面说就是做存量超级转化！而存量超级转化不是选择几台好的仪器、设计几项有吸引力的卡项、打造几个知名品牌就可以，它应该是一套可落地执行的标准化运营体系。

这套运行体系的落地目标就是为客户创造极致的价值体验，从而促使其持续消费。极致的价值体验就是要通过具体的产品，以及附着在产品上的技术、服务、效果等来呈现。

在过去的10年中，我积累了3 000多家美业门店的咨询案例，这些门店采用这套存量超级转化体系后，逐步迈入正轨。我们通过打造美业老板六大核心竞争力，使他们的业绩快速超越90%的同行。

客户存量超级转化体系究竟包含哪些内容，又是如何运行的呢？

存量超级转化体系围绕员工、客户和产品项目三大核心，从客户管理、技术管理、效果管理三大方向，研发出六个系统。

一是人心为根系统，通过招聘、设置岗位、明确职责以及设计薪酬等方式做好员工管理，解决找人难、管人难、用人难、留人难等一系列问题。

二是技术为本系统，通过接待、咨询、带客户进入极致的服务体验，做好员工和项目之间的技术管理、员工和客户之间的关系管理，从而为客户带来更安全可靠的效果，提供更好的服务体验。

三是客户管理为魂系统，通过标准化和流程化的客户管理，打造美业"护城河"，这个系统落地后，客户到店率将大幅提升。

四是店务为绳系统，依托团队建设、会议管理，把品项架构落到实处，实现项目管理与客户关系管理的双赢。

五是留量为王系统，查摆问题，完成客户、员工、产品项目的数据化管理，为经营决策提供有效支撑。

六是业绩为果系统，通过规划业绩目标，将销售过程标准化、流程化，完成客户与项目间的效果认证，实现业绩倍增。

在这套运营体系中，实现业绩倍增还伴随员工能力素质的提升、客户消费的提档、项目等级的升级。此外，美业门店会建立属于自己的核心工作模式，做标准的工作流程导入，建立管理制度、组织架构等。通过几个阶段的标准接入与落地实操，彻底打通存量客户留升转化的经营闭环，使门店步入良性的发展轨道。

第二章

存量超级转化：人心为根系统

"为什么这么多人宁肯不要底薪也要跟着你干？"

——某美业老板提问

我的学员如果有谁报名之后三个月还没听一堂课，我会挨个打电话。在我的工作日志里，每个月必须留出两天时间，在公司数据报表打出来后，我会挨个打电话询问学员店里的情况。

学员们有个群，我每天都在群里反复强调："门店有事，不清楚的找我！要和辅导老师联系！最好线下听课！"

有位学员老板在电梯里问我："张老师，为什么这么多人宁肯不要底薪也要跟着你干？"因为看到我的一言一行，团队所有人能感觉到这个企业是有希望的。

美业门店一定要先"人治"，先把员工的心、客户的心抓住，再"法治"。如果美业老板无法让员工信服，即使制定再多的规章制度也无济于事。

因此，美业存量超级转化的第一个系统就是人心为根系统。美业老板要学会设计薪酬、设置岗位、厘清岗位职责，把员工管理这项工作做好；要学会选人、用人、育人、留人，让人人有钱赚、有奔头。只要这样做，门店还愁没有客户，没有业绩吗？

第一节　多少美业门店倒在员工流失上

只要有150位客户底盘，业绩突破300万元根本没有问题。

几乎所有美业老板在咨询时都会问我："张老师，我们应该如何拓客？"美业真的需要很多客户吗？我做了10年以上的美业咨询管理，服务了3 000多家门店，且都是年营业额300万元甚至1 000万元以上的业绩。当我们盘点时发现，这样业绩的门店也就150~200位客户。

为什么有的美业门店每天都在拓客？拓客这件事重不重要？非常重要！但是为什么干了几年每天都在拓客的事，门店还是不死不活？这跟拓客有关系吗？没有太大关系。背后真正的原因是，美业门店压根就没有留下客户的能力，压根就没有管理好员工的能力。如果不提升这两项能力，怎么可能把店做好？

哪一个优秀的员工会跟着一个靠拓客来活着的门店呢？哪一个客户会选择一个每天只做拓客的门店呢？现在整个行业的状态是流量型门店当道，但员工流失率非常高。因为员工看不到希望，员工很辛苦却赚不到钱。最关键的是，流量型门店，老板的利润非常低，而且老板非常焦虑，永远都不知道明天在哪里，未来在哪里。只要没有新客户，这个店就岌岌可危！但是当我们真正把经营管理这件事情做好，借助数据工具，做好员工管理、客户管理、技术管理、服务管理，只有150位客户底盘，业绩突破300万元根本没有问题。

所以，我经常讲年业绩能到150万元，真的不要考虑走捷径！要学会如何管理好员工、如何招聘、如何面试、如何做好新员工培训、如何抓好服务、如何做好技术、如何抓好流程，把这些做好，业绩突破150万元，其实是非常轻松的。

美业门店员工像《西游记》里的谁？

比如招聘，我们不妨拿《西游记》来举例。在《西游记》中，孙悟空应该是什么角色？孙悟空遇到任何问题会立刻解决，但是他的个性很强，如果有让他不舒服不痛快的事，他会立刻走人。这样的人能当店长吗？显然不能。孙悟空最适合的岗位是顾问。美业顾问的职责就是在老板下达任务后执行并达成。

猪八戒应该扮演什么角色？猪八戒是承上启下的角色，所以他的台词总是："师傅，大师兄做了什么？把他找回来呗！大师兄也是为了你好……"店里什么角色的做事风格是这样的？忠诚度高又会说话，是人际关系的调味剂，起承上启下作用的，当然是店长无疑！

那么沙僧呢？当然是美容师这个角色，勤勤恳恳，为客户做好服务。

回看唐僧的管理，把各种各样的人全部用好了。首先，唐僧在出发之前的目标是很明确的，知道目的地在哪里。其次，他很清楚自己需要什么样的人。而美业老板经常出现的问题就是既不知道我要去哪里，又不知道我需要什么样的人，而且没有做分析。所以，招人第一步首先得知道自己门店的规模、发展目标、业绩要做多大、匹配多少人力、想要什么类型的员工等，这样有的放矢，员工管理自然事半功倍！

美业老板基本上都有招聘员工、培训员工的经验，也经历过员工的跳槽、离职，甚至出现自己培养多年的员工成为竞争对手的情况。在招聘前，美业老板要明确几种情况，做好一些必要的准备：一是门店处于什么阶段。二是门店招不到员工，还是招来员工却不断流失。三是培养的老员工成了竞争对手，挖走了店内的员工，分走了客户。无论哪种情况，老板不能着急，而要坚定一个信心，美业市场前景还是很好的，人才肯定是存在的，流动是常态。这个行业的从业者不需要特别高的学历，没有哪家门店要求从业者学历必须是本科或研究生，那么就要相信一定能招到人。树立这个信念很重要，接下来就是方法和操作的问题。

第二节　招聘前老板必做的功课

招聘的前提是岗位需求，而不是门店缺少员工。

1.老板应该清楚自己需要什么样的员工

每个员工对应的岗位要求是不一样的。比如美容师，对应手法好不好、技术全不全、态度柔不柔、说话好不好听、服务细不细致等岗位要求。当然，就门店和岗位需要还可以增加形象好、口才好等方面的因素作为参考标准。总之，招聘的前提是岗位需求，而不是门店缺少员工。提高员工的留存率，降低离职率，才能做好招聘。

2.老板应该知道员工想要什么

常言道，知己知彼，百战不殆。美业招聘美容师，就要知道应聘这个岗位的人想要什么？应聘者是为解决生存问题，还是想要提升自己，抑或是为了获得学习成长的空间和机会。从美容师到顾问甚至到店长都要有标准化的工作流程和透明的考核指标，有晋升空间，员工才有努力的方向。

3.老板招聘前应摸清门店在职员工的情况

招聘前，老板应对门店在职员工摸底，了解员工有没有职业方面的规划、有没有发展目标、有没有晋升动力、对业绩考核清不清楚等。如果门店处于缺少员工的状态，而老员工还在流失，老板应察觉并提前预防，提前沟通。

第三节 线上招聘用对"套路"

自古深情留不住，唯有"套路"得人心。

很多美业老板招聘常常在门口贴一张宣传页：招美容师，包吃包住，工资面议！

有句流行语叫：自古深情留不住，唯有"套路"得人心。这里的"套路"不是阴谋诡计的意思，用在美业招聘上就是要打开招聘渠道，做好关键环节，成功率自然会大大提升。

中国最大的人才市场就是互联网，我们要解决招聘问题，就要从线上和线下同时入手，综合解决。

比如，招财猫、店长直聘、BOSS直聘、138美容网、赶集网、智联招聘等，只要在这些招聘平台上传营业执照，完成认证之后就可以发布招聘广告。还可以利用一些本地社交媒体、微信朋友圈等，收集、筛选简历或进行电话邀约，但花费的时间和精力要多一些。

1.舍得在招聘广告上花心思

线上招聘要突出自身的竞争优势，所以我们不妨在招聘广告上写："高薪招美容师，保底5 000~1万元"。当看到这样的标题，有能力的应聘者自然会感兴趣，而能力欠缺的应聘者则会衡量自己的水平和经验是否能够拿到这个水平的工资，这样的招聘内容便可以起到过滤作用。因此，招聘广告的内容要花些心思仔细研究。

以下这些朋友圈招聘文案，是目前线上招聘乃至大厂招聘的流行模板，美业门店在招聘时可以根据自己的门店类型和定位，灵活选用。

****

招聘文案示例

美女，您好！我们门店位置在×××，装修高档，业绩也很好，现因为发展需求，大量招聘员工。

上班时间9：00~20：00，1日2餐，月休4天，底薪1 800元，销售提成6%，实操提成10%，美容师月平均工资最低7 000~10 000元。

有经验、想高薪的小姐姐可以踊跃加入。没有经验也无妨，有专业老师进行一对一指导，感兴趣者可以私聊。

****

朋友圈招聘案例模板1

我知道你绝对不简单，如果你和现在的工作没得聊，那就来我这儿，我们聊聊。

高薪招聘美容导师，全国出差，带薪旅游、带薪培训，提供食宿，月休4天，月收入7 000~20 000元！

同样是工作，×××薪酬高，福利好，同事关系融洽，发展前景棒！

钱和情怀，诗和远方我们都给你！

招聘我是认真的，比谈恋爱都认真，请接受我的面试邀请。

****

朋友圈招聘案例模板2

高薪诚聘美容师（招聘美容师5名、美容顾问2名），福利包含以下几项：

①月薪5 000~8 000元，包吃住，月休2天；

②免费旅游学习提升机会；

③介绍一个人上班奖励 500 元；

④免费使用店内护肤品。

您的薪资构成：

底薪＋产品提成＋业绩提成＋手工提成＋拓客奖＋伯乐奖＋会员奖＋服务奖＋年终奖＋伯乐终身成就奖。

工资待遇丰厚，寻找志同道合的人，别家招聘要经验，我们帮你攒经验，机会留给有眼光的你，选择我们有五大理由：

第一，我们有良好积极的团队氛围；

第二，我们有充满挑战性的薪资；

第三，我们有从上到下的职业规划；

第四，我们有丰厚的年终奖；

第五，我们给你提供发展的平台。

要求：

①年龄 18~40 周岁；

②认真踏实，有良好的沟通能力；

③有经验者优先录取。

地址：××县建龙小区底商歌乐迪对面×××养生会馆。

联系电话：×××××××××××

****

朋友圈招聘案例模板 3

×××高端美容养生会所

【要求】女性，态度好、技术好、面容姣好，有能力；

月薪过万、招聘美容师；

免费提供培训、食宿；

工作轻松、时间自由。

【奖励】每带来一位新员工干满 3 个月以上，奖励红包。

【重点】每月 1 日、10 日、20 日，分 3 次发放工资。

【地点】×××××××××××

【福利】老板是个喜欢吃喝玩乐的人，所以门店零食、水果无限量供应，每月组织一次游玩、半年计划一次旅行。

应聘手机号：同微信号。

感兴趣者请和老板详谈。

****

朋友圈招聘案例模板 4

×××美业连锁门店现对外全面改革人才引进机制，大量招收行业精英人士！

一、美容师上班 8 小时制（13：00~21：00）：保底 3 000 元，底薪 1 800 元 + 正常提成，月休 5 天（可随意调休）。

二、美容师上班 10 小时制（10：00~20：00）：保底 4 000 元，底薪 2 000 元 + 正常提成，月休 5 天。

三、美容师上班 12 小时制（10：00~22：00）：保 5 000 元，保 6 个月，月休 4 天。

6 个月后保底 4 500 元一辈子！连续 3 个月业绩第一可入股。

招聘：

美容店长：保底 8 000~15 000 元；

美容顾问：保底 5 000~10 000 元；

品牌美容师：保底 4 500 元起；

学员：800 元提成 + 保底 1 500~3 000 元。

以上职位长期"永久"性保底，保你一辈子！

每个月 15 日准时发工资。

心动不如行动，你想要的，我们都能给到你！

面试地址：明珠小区剑桥英语学校往北 100 米。

联系电话：×××××××××××

特殊人才，特殊对待，××× 欢迎您的加入。

****

朋友圈招聘案例模板 5

高新诚聘，招聘美容师 5 名、顾问 2 名。

①月薪 5 000～8 000 元，包吃住月休 4 天；

②免费去北京旅游学习，提升自己；

③帮忙介绍一个人过来上班奖励 500 元；

④免费用护肤品。

在这里您的薪资：底薪＋产品提成＋业绩提成＋手工提成＋拓客奖＋伯乐奖＋会员奖＋服务奖＋年终奖＋伯乐终身成就奖等十几项。

工资待遇丰厚，十几项薪资板块，寻找志同道合的人，共同发展。别人招聘要经验，我们帮你开发潜能，机会留给有眼光的你。

选择我们的五大理由：

第一，我们有良好积极的团队氛围；

第二，我们有充满挑战性的薪资；

第三，我们有员工到老板的职业规划；

第四，我们有年终奖福利丰厚，期待您的面试；

第五，让您实现 3 年买车 5 年买房的平台。

重要消息：在 20—26 日来店面试并留下者送苹果区手机一部，在此期间给我们介绍一名美容师在店工作满 3 个月即奖励 500 元，晒图转发朋友圈积 38 个赞送精美礼品一份！

线上简历收集后，要尽快筛选，电话邀约面试。一般一个星期之内的简历是最有参考价值的，其次是一个月之内的，超过两三个月的也可以试邀一下。

电话邀约话术：

老板：你好！小丽是吧？我看到你在网上投了份简历，是在找工作吗？我是某某店的负责人，我店现在高薪招聘美容师、顾问和店长。你下午有没有空过来面试一下呀？

小丽：您好，今天下午我没时间。

老板：明天上午10：00可以吗？因为最近面试者挺多的。我们提前预约好面试时间。要不这样，你的微信号是什么？我加你微信，给你发一下具体地址和工资待遇，然后你看一下，我们微信预约。

小丽：好的。

加上微信后，老板要给应聘者发门店的招聘广告，门店的环境图片、团队图片、聚餐图片，然后再发一下门店的具体位置，问她从哪里过来，耗时多久，预估一下面试的时间。

1. 接听应聘电话的注意事项

①接通电话的目的是让对方来店沟通，因此不需要在电话里把所有信息都告诉对方，尤其是涉及薪资方面的问题。一定要来店见面后，再正式沟通薪酬。

应聘者：你们店底薪多少？

招聘者：底薪和当地正常美容院底薪一样，甚至更高。

应聘者：你们店客户多吗？

招聘者：我们店经营了这么久最不缺的就是客户，缺的是有能力想发展的员工！

应聘者：奖金多少？

招聘者：我希望我的员工都能挣到钱，只要员工挣到钱我才更好，你只

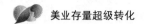

要有能力我保证奖金不会少。

应聘者：一个月休息几天呀？

招聘者：正常节假日，只有正常充足的休息才能保证有效的工作。

电话沟通话术：

通过和你的交流，我感觉到你对接下来的工作非常期待，我招的不仅是员工，还是一个可以和我走得更加长远的人。你找一个每月赚三五千元的工作很容易，但是要找一个可以长久发展发的平台并不容易！

招聘员工最重要的一个原则，就是在电话里不能说得太过详细，只凭一个电话根本不能判断一个员工的能力如何。如果薪资给高了，老板有点亏。如果给少了，彼此连见面的机会都没有。这也是为什么许多应聘者没有选择来应聘的原因，招聘员工一定要把握好这个基本原则。

②电话里以直接邀约见面为主，见面时间建议直接敲定，不要问对方什么时候有时间。

例如：美女，今天下午3：00~5：00，明天上午10：00~12：00，我不太忙，你什么时间过来？

电话里确定见面的时间、地点、乘车路线。一定要注意，招聘者定时间，应聘者要有相应的回应。

③电话里招聘者一定要问到两个问题。

一是问应聘者是否有从事美业的工作经验，面试的时候确定沟通方向，更好地评估应聘者的价值。

二是问应聘者现在的住址。如果是刚来城市打工的年轻人，对这座城市不熟悉，往往会因为找不到店而失去面试机会。在百度搜应聘者的住址，然后短信告知应聘者门店的具体位置，乘车路线，需要多长时间，第二天的天气温度情况，并截屏或发短信告知，表达你对应聘者的关心和重视，前期工作一定要做细致。

2. 招聘邀约的 6 个关键流程

面试邀约不可能一次搞定，有可能需要反复沟通、确认。作为招聘者，不仅要耐心，还要用心，因此要在电话里下功夫，具体关键流程如图 2-1 所示。

图 2-1 招聘邀约的 6 个关键流程

①信息确认：主要确认对方是否有空，看简历问问题，与应聘者熟悉，建立信任感。

②交换信息：这个阶段要学会"明知故问"，掌握沟通主动权，招聘介绍的内容要了然于胸。

③交流情感：经过前两个环节，这会可以让应聘者轻松一点，面对生疏感和恐惧感，作为招聘者，有义务找找共同点，比如地域、兴趣就是很好的切入点，问下是哪里人或者去过哪些地方旅游等，话题可能就会从这些点上延伸出来。

④发出邀约：确认具体的面试时间，由招聘者确定，体现专业性。

⑤反复确认：打电话沟通次数越多，成功的概率会越大。

⑥重复邀约：所有美业老板，在招聘时就要抱着这样的态度和目标——凡是我看好的人，就要想方设法招过来，可以试试打感情牌。

刚才电话里听你说是山东临沂人，我也是临沂的。咱山东人办事就是两个字：爽利！这样吧，店面的基本情况电话里我已经简单介绍了一下，明天上午10点或者下午3点你来店里一下，我们见面详谈。在不在我这干是后话，就当是认个门，以后有事打我这里路过，进来喝口水，歇个脚，谁让咱俩是老乡呢！

老板在面试应聘者时一定要给对方树立良好的形象，比如穿职业装。除此之外，可以化个淡妆。老板的形象代表门店的形象，如果老板穿休闲装，会显得很没生气；去店里面试的应聘者也会觉得环境死气沉沉，没有来这里工作的动力。所以老板给应聘者的第一印象很重要。

3. 面试的六大流程如图2-2所示

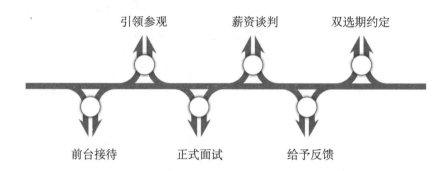

图2-2　面试的六大流程

（1）前台接待

应聘者到店后，前台接待重点要展现门店的服务能力，在接待细节上做足功夫。前台接待安排应聘者入座后，可以为其倒杯茶，为应聘者准备纸、笔，引导应聘者填写面试人员登记表。这张表暗藏很多有用的信息，通过表格可以初步判断应聘者的从业经验、技术类型、销售能力、职业规划、期待薪资、自我评价等，从而为招聘者提供更多的信息参考（见表2-1）。

表2-1 美业门店面试人员登记表

年 月 日

应聘岗位	□ 美容学徒	□ 美容师	□ 美容导师	□ 美容顾问	□ 店长
姓名		年龄		出生日期	
学历		政治面貌		身份证号	
电话			户籍		

家庭情况					
婚否	□ 是 □ 否	是否 生育	□ 是 □ 否	孩子主要 由谁来看护	□ 自己 □ 父母 □ 其他人

工作经历				
工作单位	地点	时间	月均收入	离职原因

专业篇	
美容专业	□ 零基础　□ 会做　□ 优秀（上手能让客户满意）
养生专业	□ 零基础　□ 会做　□ 优秀（上手能让客户满意）
减肥专业	□ 零基础　□ 会做　□ 优秀（上手能让客户满意）
能力篇	
外拓能力	□ 不会外拓　□ 需要有人指导　□ 可以独立外拓
销售能力	□ 零基础　□ 需要协助销售　□ 可以独立销售
转介绍能力	□ 零基础 □ 需要提升技能维护客户 □ 可以独立维护客户让客户转介绍

（续表）

规划篇				
未来三年规划	☐ 成为美容师固定月收入 5 000~1 万元 ☐ 成为优秀美容师月收入 1 万元以上 ☐ 成为管理层月收入 2 万元以上 ☐ 成为创业伙伴月收入 3 万元以上			
是否接受出差	☐ 是 ☐ 否	是否接受加班	☐ 是 ☐ 否	是否接受调动	☐ 是 ☐ 否
为了梦想可以付出什么	☐ 时间　　　☐ 精力　　　☐ 全力以赴			
授权承诺	授权用人单位及其第三方代表，对表格中的各项信息进行背景调查，免除因此产生的一切责任			
个人声明	个人对面试登记材料的真实性负责			

（2）引领参观

应聘者前来面试，填写完面试人员登记表后，进入引领参观流程。前台或者招聘者带领应聘者参观门店。这是"秀肌肉"的过程，展示门店的硬实力或软实力。招聘者应把应聘者当成客户，结合店内布局陈设，展示门店的经营理念、品牌定位、团队文化、工作氛围等，帮助应聘者初步建立求职信心。

（3）正式面试

在这一环节，招聘者要掌握主动权，通过主动提问，了解应聘者的具体情况。

比如，想招聘到技术过硬、态度柔和的美容师，就可以询问对方拥有几年工作经验，之前在哪个美业门店工作过等，通过应聘者的回答，能够对其技术水平做出基本判断。

好问题带来好人才，恰到好处地提问，能更好地帮助招聘者做出判断。正式面试时需要做好记录，应聘者的回答也将成为面试结束后对其能力素养的判断参考。好习惯带来好运气，招聘者准备得越细致，招到好人才的概率就越大。

（4）薪资谈判

整个招聘环节中最核心的部分就是薪资谈判。招聘者期待用自己制定的薪资标准招到合适的员工，应聘者希望用自己的技术经验拿到最好的报酬，这是一个双向选择的过程，更是一个遵循市场行情的结果。

招聘的薪资标准应考虑门店岗位需求和市场平均薪资水平，应聘者在求职时也会考虑自身能力与岗位的适配度以及市场平均水平。

对于美业老板来讲，在薪资谈判切入点上其往往有比较灵活的操作空间。第一，薪资水平遵循或高于市场同类职位平均薪资。第二，应聘者需要证明自身能力与岗位的适配度。

这个证明需要过程和标准，比如可以通过实操，判断应聘者的手法是否娴熟；通过交谈，判断应聘者擅长做什么，是面部和身体都能娴熟操作，还是专攻一种；通过模拟家居单品销售场景，考核应聘者销售话术是否熟练，铺垫、切入是否合理，是否具备成熟的销售能力。

手法、专业、销售等方面的标准能够帮美业老板快速识别应聘者是否为"六边形战士"，如果对方是自己期待的人才，就要尽快纳入麾下！

（5）给予反馈

在招聘过程中，有些应聘者可能出于某种考虑，一般不会在面试当天确定是否会入职，如果遇到经验能力丰富或者没有经验但可塑性强的应聘者，不妨为其设置2日的犹豫期或者考察期，让应聘者充分地考虑。

当然，最好能当场问清楚对方需要考虑的内容，可以当面做出解答。如果应聘者仍然无法立刻做出决定，也不要放弃，可以继续把门店能提供的条件和配置讲清楚。比如，对方考虑住宿或者交通不便，门店如果不提供住宿，可以帮助应聘者在门店周边找合适的房子；如果提供住宿，可以配备一些生活用品等。总之，招聘员工不到最后一刻不要放弃。

（6）双选期约定

面试时要和应聘者敲定双选期，需要确保7~15日免签双选，试用期内不能随便辞退员工，要结算工资。注意，如果双选期薪资应按相同岗位最低档工资或者劳动合同约定工资的80%计算，不得低于用人单位所在地的最低工资标准，才是合法的。如果没有达到这个标准或者没有给试用期结算工资，应聘者可以到劳动监察部门投诉或申请劳动仲裁。

当然，我们设置试用期是为了便于考察应聘者的能力水平是否能胜任这份工作。如果在正式签订劳动合同前设置附加条件，要最大限度地保证店面能招聘到合适的员工，因此确保合规、合法、合理就好。

4. 面试时拉近距离的小技巧

招聘者与应聘者可以在面试时聊一些能拉近彼此距离的话题，比如询问应聘者从哪里过来，就可以知道对方住的地方离店面远不远。如果距离较近就极有可能是有效的精准人群；如果距离较远，你可以给对方报销车费，或者请对方喝杯饮料，这些细节会让对方对你产生好感，觉得你很有人情味。

5. 搞定"刺头儿"员工

招聘的核心是留人，如果老板面试都准备好了，可招来的员工没几天就流失，是浪费时间和精力的事。在新员工入职之前，要和老员工提前沟通好。

例如，店内有不同类型的员工，其中一类是有能力又积极向上的标杆员工，当团队中这样的人较多时，团队氛围自然不差，容易留住新员工。还有一类员工是"刺头儿"，他们有时候爱抱怨，有些负能量，这种员工要提前做好沟通。新员工入职之前，老板可以和这类员工这样沟通："新员工要来了，我想要让你带，因为你手法好，技术专业各方面我都特别认可。当然，我也不会让你白带，这个新员工所有产生的业绩你都可以拿两个点。"两个点，意味着新员工每月做1万元业绩，这位员工可以拿200元，一年是 2 400 元。如果 2 万元的话，一年则是 4 800 元，这个收入很可观。

这样提前跟老员工做好沟通，新员工来后，老员工还会传播负能量吗？当然不会，因为老板已经提前把这个问题解决了。员工只要形成利益共同体，就不会传播负能量，因为员工没有精力抱怨，其焦点都在如何带好新员工这件事上。

第四节　别把线下招聘当鸡肋

仅付出同普通人一样的努力是很难取得成功的。

——稻盛和夫

相比线上招聘，线下招聘受众面窄，但信息传递更为精准，所以找到合适员工的概率并不比线上低。而且应聘者的情况在面试前可以佐证，招聘的岗位适配度更精准。线下招聘形式一般有体验式招聘、宣传页招聘、员工招聘、客户招聘（客户转介绍）、高保底招聘等。

1.体验式招聘

这种招聘方法适用于一些偏远地区的店面，线上没有简历投递平台，人才资源库很少，这种没有线上平台的门店比较适合做体验式招聘。

选择离你门店远一点的同业门店，找几个朋友、姐妹去体验。人家可能认识你，但不一定认识你姐妹。让朋友、姐妹去探店，有个三五家，1个人体验可以加到 1 个员工的微信，5 个人可能就可以加到 5 个员工的微信，对方团队大概有多少人，哪些员工比较空闲，在不同的阶段去体验是不是就能多加几个员工的微信。当然，这种体验式招聘，一定要去远一点，不要离自己的店太近，太近的话人家老板要是找上门来不好，因为这

是在"挖墙脚"。

体验式招聘要注意方式方法，找朋友去体验完之后，你就可以认可、夸赞对方员工。

话术情景示范：

探店朋友：怎么称呼？

对方员工：叫我小丽就好。

探店朋友：小丽，是吧？我体验过这么多家美业门店，感觉你的手感特别好。我皮肤比较敏感，这个手法做得太好了，很舒服，你应该做了很多年吧？

对方员工：没有，您过奖了。我干这行有两三年。

探店朋友：我认识一个美容师，她干了五六年，手法都没有你好。而且你服务意识很高，特别亲和，客户应该都喜欢找你，工资应该特别高吧？

对方员工：谢谢您对我的认可。

探店朋友：你服务这么好，工资得1万元以上了吧？

对方员工：您不了解，我们这行工资哪有那么高？就三四千元。

探店朋友说她工资很高的时候，她就会说工资不高。我们设想一下当别人夸你漂亮、身材好的时候，你是不是觉得：哪有？你看我胳膊粗、腰不够细，皮肤也不够好。这就是人们的习惯性逆向思维。所以，对方员工告诉探店的朋友真实的工资水平就三四千元时，反转就来了。

探店朋友：啊！你手法这么好，服务这么好，工资才那么低？怎么可能呢？哎，我刚好认识一个朋友，她也是开美业门店的，生意挺好的。氛围也挺好，我体验过，他们家做得比较高端，客户特别多。美容师的工资平均都在6 000~8 000元，好几万元的都有。如果你这边工资那么低，我可以把那个老板微信推荐给你。你看一下，问问对方还招不招人？招人可以去看一下。我加你微信吧，下次过来还找你。

有些话不适合在门店说，被老板听到了肯定不好，可以加微信回去慢慢聊。通过朋友探店，这样接触两三次，把情况了解清楚，然后向对方员工推荐你的门店，这样就变被动为主动了。当对方员工主动问你招不招人时，你就可以发文字版招聘文案和门店照片，然后约时间面试。

当然，这种体验式招聘还有一个好处，那就是能够发现一些可以合作的门店。比如，要转让的美业门店，去探店时可以直接问门店老板，店不开的话，有没有美容师可以推荐。再如，推荐一个美容师过来上班满3个月，奖励推荐人500~1 000元。也可以根据门店情况直接接手，把老板也挖到你店里。

小门店老板基本上是美容师出身。美容师可能觉得在一个平台上业绩做得很好，自己单干也可以。其实这是很多人创业的一个误区。招聘、代理、拓客、培训、房租水电、日常管理，什么都得亲力亲为，一些人还没有这种综合能力，不具备一定的创业条件。

当这些人经历过创业的误区之后，才会觉得不如在一个大的平台好好上班，不仅收入稳定一点，还不用操那么多心，经历过的人都懂。所以，当你开出适合的条件之后，对方就会直接把客户、员工都带过来。通过这样的体验式招聘，你不仅发掘到了合作机会，还解决了招聘和后续发展问题。

2.宣传页招聘

如果线上招聘和线下体验式招聘都没有找到符合条件的员工，或者美业老板自身沟通能力欠佳，那就用最原始也是最花费精力的办法，即宣传页招聘。往往最传统的方法也是最有效的，简单地把门店高薪招聘文案印到纸上，背景可以用喜庆的红色，然后在重点区域进行分发。

以宣传页的方式招聘，能吸引到意向人群，比如原本就想找工作的或者以前做过美容师的人。在招聘宣传页上附上微信二维码，想找工作的话对方可以直接扫码加微信沟通。

我刚做美业咨询时，曾经到过一个叫牙克石市的县城，当地一家美业门店的员工相继辞职，老板试着通过各种渠道发布招聘广告，但是依旧招不到人。

当时是冬天，牙克石冬天温度已经达到 -40℃，车都打不着火。我让门店老板打印了 1 000 份招聘宣传页，然后套上两层羽绒服，骑着电动车，走街串巷发传单。

商店、超市、餐馆……只要开着门的我都进去发，遇见岁数大的大爷、大妈我也发，问他们亲戚邻居有没有找工作的，我们这边提供食宿，离家近，就在本地县城。我们就用这样的方式发招聘宣传页，所有见过面的、开过口的人我都和人家聊招聘的事情。

一周之后，门店陆续收到打听招聘信息的电话，不到一个月，门店顺利招到员工。我和团队亲自辅导新来的员工，最初应聘成功的女孩，经过培训上岗，迅速成长，现在已经自己做老板了。

日本著名企业家稻盛和夫认为，仅付出同普通人一样的努力是很难取得成功的。不管这样的努力做了多久，不过是做了理所当然的事情。只有付出非同寻常的努力，才有可能在激烈的竞争中取得骄人的成绩。

所以，招聘的诚意和努力就体现在我们的行动中。如果有地处县城、偏僻地区的门店，通过其他渠道招不到人，就印上一两千份宣传页，发出去，记得是实实在在发出去，总会有几个感兴趣的，做到这个程度，招不到人的概率几乎为零。

3. 员工招聘

员工招聘也属于转介绍，让店里的员工去招聘，这也是一种快捷的招聘方式。比如，有 4 家门店的美业老板为了扩大员工队伍和员工们宣布：为了门店的发展，让员工能够得到更好的成长，将从现有员工中选拔一名顾问和一名店长来带团队。无论顾问还是店长肯定要具备一定的能力，其中之一就是要有招聘员工的能力。所以，门店可以开展为期一周的晋升比拼。想要晋升，想要成长的员工，都可以参加比拼。招到一个有一年以上经验的美容师奖励 500 元、两年以上经验的奖励 1 000 元、三年以上经验的 2 000 元，以此类推，招来的员工能力越强，拿到的奖励越多。

这样，无论能否晋升，员工都愿意留意招聘得奖励的机会，也会竭尽所能利用身边所有的资源。员工招聘的奖励，可以设置分批发放，比如招到新员工上岗3个月后开始发放招聘比拼奖励（1 000元的奖励），前两个月每个月发300元，之后一次性发放400元，这样可以保证员工的留存率。

4. 客户招聘（客户转介绍）

客户可能不止在一家门店消费，不同门店的美容师或许都有客户的微信，门店老板可以请客户帮忙推荐，并给予相应的转介绍奖励。

其实对于开店的老板来说，护理是没什么成本的，基本上是员工的手工费和产品成本。如果客户帮转介绍，也可能会带客户过来，这个招聘方法怎么算，老板都是赢家。

5. 高保底招聘

现在的美容师基本工资为3 500~4 000元。如果保底5 000~1万元，有些老板会说保底那么高，那不亏了。实际上，越高保底招到的员工质量也就越好。招聘就是要招有质量的员工，如果员工手法好、能拓客、情商高，请问这种员工的收入会低吗？

高保底招聘有以下5个考核指标。

第一项考核指标：个人行为类。不迟到，不早退，不旷工，满勤达标占比6 000元的20%，即1 200元。

第二项考核指标：服务有效人数。比如，一天服务2个客户，每月达标就是60个客户，占比6 000元的20%，即1 200元。

第三项考核指标：服务满意度。满月达标是零投诉。如果服务10个客户有2个客户退卡、投诉，则证明在服务上出了问题，不能拿到保底占比的达标部分，零投诉就可以拿到6 000元的20%，即1 200元。

第四项考核指标：现金业绩达标。满月现金业绩高于保底工资的两倍。在保底是6 000元的情况下，现金业绩则是12 000元，达标就可以拿到6 000元

的20%，即1 200元。

门店肯定不能亏本招聘，要根据门店的情况决定。比如，有些门店本身现金业绩就做得很好，前期不依赖员工做基础业绩，这个指标的考核奖励就可以直接给员工。如果有的门店，在员工能力比较强的情况下可以给到保底工资，不需要再设置考核现金业绩。还有一些特殊情况，比如，有些员工比较排斥这个考核，由于刚入职，对客户和品项都不熟悉，这种考核会让新员工感到迷茫和焦虑。因此，这项指标需要考虑门店处在哪个阶段，根据门店情况综合考虑是否加上或者替换。

第五项考核指标：实操业绩。比如，设置满月达标现金业绩的50%~60%是可以的。12 000元的业绩，实操业绩6 000元以上就达到50%的考核指标，那么保底6 000元的20%就是1 200元。

五项考核指标让员工既有适当的压力，也有行动的动力，美业老板灵活使用，可以激发员工的工作积极性。

第五节　想象不到的薪酬设计底层逻辑

决定员工去留的是薪资设计的背后能否让员工看到未来。

对于美业老板来说，薪酬设计无外乎是要提高员工的工作积极性，让其看到未来。

举个简单的例子，假设门店已经开了三五年，有几个固定的美容师，老板会担心一件事情：员工会不会离职。这个时候要通过薪酬设计解决员工未来发展的问题，让员工长期留下。假设这个阶段员工积极性不高，不怎么邀约客户进店，老板想通过薪酬设计解决员工积极性的问题；如果招聘的新员工刚干满三四个月就离职，老板想解决员工稳定性的问题；有岗位空缺，老板想通过有吸引力的薪酬设计解决员工的招聘问题。当然，如果可以，希望老板在不同阶段能够通过薪酬设计解决不同问题。

美业老板对薪酬设计赋予的使命和功能很丰满，现实是赋予使命和实现功能必须清楚薪酬设计的底层逻辑。如果老板搞不清楚薪酬的底层逻辑到底是什么，无论什么薪酬方案，都不会发挥其应有的作用。

一套薪酬设计远解决不了全部问题，因为美业门店在不同的发展阶段，面临的问题不一样，所以一套薪酬设计不能一劳永逸，解决不了门店不同时期的不同问题。

因此，薪酬设计的底层逻辑不在于薪酬怎么去设计，而是要通过薪酬设计激发员工的工作积极性。如何实现付出与回报的价值最大化，是薪酬设计的底层逻辑。实现这个目的远远大于薪资设计本身，这才是美业老板在薪酬板块应该重点关注的问题。

学员和我经常聊到薪酬："张老师，我一心想让我的员工挣到更多的钱。我的'火车车头'速度可能拉得太快了，所以现在导致两个老员工，都和我说要离职，而且是去意已决。"

听完这位学员的分享，我以为员工离职其实从头到尾跟薪酬没有关系。学员的门店在一个不大的县城，员工月平均工资 5 000~8 000 元，甚至更高。在当地，这是非常不错的薪资水平。那么，出现员工离职，薪资就已经不是主要问题了。那么，问题出在哪里呢？实际上，就学员的店铺和所处阶段而言，决定员工去留的是薪资设计的背后能否让员工看到未来。

不仅是美业门店，快递行业巨头顺丰的掌门人王卫在面对员工流失时也做过精辟的分析。他说："现在每年公司都有很多人进进出出。为什么有些员工满怀憧憬地进入公司，过一段时间却走掉了？原因很简单，要么是受到了不公平待遇，要么是不能满足他的需求（包括物质的，也包括职业发展方面的）。但这里面可能存在一个问题，那就是很多离职员工需要的东西并非公司给不了，而是公司并不知道他想要什么。任何人的成长都有这么一个过程，对于企业员工也是一样。首先你要让他能在企业待得下去，然后才能通过企业文化、制度、培训、激励等方式方法，让他真正融入整个团队，找到归属感，获得荣誉感。"

员工看不见未来，会觉得自己再干五年、十年都是美容师。对于现在的"90后""00后"而言，如果不谈未来的话，员工虽然会干好眼下的工作，但如果另一家门店对未来发展更有帮助，那么他们就会直接提出离职。招到员工，留住优秀的员工，不仅要靠老板的智慧、经验，更要看老板的管理格局。打造什么样的企业文化，就能给员工什么样的未来。

第六节　高底薪设计的关键

设计薪酬的目的就是为了激发员工的动力。

不同的美业门店，面临的问题不一样。门店处于不同的阶段，比如生存期、发展期、成熟期、衰退期的薪酬侧重也是不同的。高底薪是薪资设计的一种方法，高底薪如何设计能让我们在招聘员工、稳定员工以及员工的工作积极性等方面起到作用？下面通过几个案例告诉你如何通过高底薪来撬动员工薪酬这个板块。

假设门店正在面试店长或者是顾问，应聘者要求8 000元，甚至是1.5万元的保底工资，你作为美业老板，打算怎么办？

如果直接答应，你会担心这个人来了，能否帮门店创造这个价值。如果不答应，又担心留不住优秀的人才。所以，我们要学会把这份薪酬变成有责底薪和无责底薪两个部分。

1.无责底薪板块设计

假设工资范围在3 000~5 500元，要设置在什么样的情况下拿3 000元的无责底薪，什么样的情况下拿5 500元的底薪，这是无责底薪板块。

2.有责底薪板块设置关键绩效考核指标

假设面试的员工直接谈1万元的薪酬，有责底薪相当于4 500~7 000元递进，背后的逻辑是，有责那么底薪递增，无责对应底薪递减。

以5 000元无责底薪为例，相当于这个岗位给到的薪资就是5 000元，那么老板可以加餐补、话补、交通补、全勤奖等都放进来，比如全勤给600元或800元。

有责底薪在不同阶段的门店也是不一样的。处于初期（生存期）的门店，可能更加注重新客数量，或者是新客成交量，在设计有责底薪的同时会增加一定的业绩目标。

新店保底工资一般情况下保3个月，也有部分门店保6个月，但是极少有门店全年保底1万元。如果有员工谈全年保底1万元，我相信门店老板也不愿意用这样的员工。

假设月内新客成交数为5个，拓客数量为20个，业绩为5万元，那么员工只要成交5个新客，就有1 000元的奖金；如果拓到20个新客同样有1 000元的奖金；如果有10个新客成交就是2 000元奖金；业绩达到5万元同样有2 000元奖金。这5万元业绩是影响员工收入和门店业绩指标的关键数值，我们叫它关键绩效指标（KPI）。

有的美业老板可能会觉得5万元的业绩给1万元的工资太高了。像这类新门店，一个月只有四五万元的业绩，那么老板基本是店长。如果老板愿意给这么高的薪资做业绩，说明老板自己没有担负开拓业绩的责任，那么为什么不能把薪资给担负业绩责任的员工呢？

绩效是针对门店现阶段要设计的关键点，包括对可能遇到的问题进行自适应，比如对绩效所有的指标按照全年达成量计算。

比如，顾问的有责底薪要求月均成交 20 个新客，有可能第一个月没有达到，但是到了第二个月，新客数量累计已经达到 40 个，那么第二个月发不发第一个月的绩效呢？大家可以思考一下。

设计薪酬的目的就是为了激发员工的动力。薪酬设计就是要用这个杠杆撬动员工的积极性和各类资源，完成门店的目标。

设置高底薪，根据门店现状设定绩效指标，并对绩效指标设定回溯期，这样可以大大增加员工的稳定性。门店所处阶段不一样，岗位不一样，哪怕老板面试一个要 5 000 元保底的美容师，薪酬设计背后的逻辑都是一样的。当然，高底薪模式实际上更适用门店管理层，比如店长和顾问等职位，美容师作为基层职位更适合用其他薪酬设计模式。

第七节　低底薪设计的思路

在低底薪这个维度上，设计的薪资有低必有高。

上一节我们提到高底薪设计薪酬的方法，无论是高底薪，还是低底薪，首先都要根据门店实际情况来设计。实际上，低底薪比较适合连锁门店或业绩高的单店。

连锁门店有品牌效应，而且员工能看得见未来，底薪高一点，低一点，员工并不太敏感。反之，如果是一个美业小店或者新开单店则比较适合选择高底薪的方式吸引人才，否则与连锁门店相比就毫无竞争力，自然也吸引不到优秀员工。而连锁门店或业绩高的单店之所以采用低底薪，是因为它们的总体薪资水平仍然是高的。在低底薪这个维度上，设计的薪资有低必有高。

1.低底薪＋高业绩提成等于给自己培养优秀竞争对手

低底薪要注意一个情况，美容师会做业绩，越是在小地方的门店风险越高。现在自主创业的成本非常低，在小地方业绩高的美容师极有可能自己出来单干。想一想愿意拿低底薪的员工似乎只有一种人，没有做过美业，对这个行业的认知不多。但凡在一线城市或大城市做过美容行业的人，能够回到小地方接受几百元的底薪吗？答案是不可能的。除非有的人就想找家门店吸引一批客户，镀一层金，然后自己创业，想想是不是这逻辑。

2.低底薪＋低手工提成是老板鼓励员工混日子

员工拿低底薪，如果手工费用或实操提成也很低，除非员工能够自销，否则就是老板在鼓励员工混日子。越是低底薪的门店，往往员工自销的能力越弱，这样的状况就会循环，造成员工根本不具备销售的能力，也容易滋生混日子的心态，挣个三四千元打发时间。如果门店采用低底薪，就必须让员工看见在这个平台的未来和发展机会。

3.低底薪＋高消耗提成撬动员工积极性

我们拆分来看，什么样的门店用高底薪，什么样的门店用低底薪。哪怕是低底薪，在不同阶段，我们的设置方法也不完全一样。高底薪主要是在绩效设置上要起到撬动作用。那么低底薪的关键在哪里？比如，现在设置600~1 000元的底薪，有的老板会说："张老师，这样的底薪在我们这个地方根本招不到人。"但是，我之所以在这里提600~1 000元的底薪，就证明我们有这样的门店，而且做得不错，秘诀就在低底薪后面跟着的是高消耗提成。

消耗提成主要是指实操提成，对新客、非指定客、指定客等各种类型客户服务达到的人数或者是项目数（项目是指在店面办理的服务项目，比如面部、肩颈、胸部、身体的养护等）。在现在的高消耗提成方面，有门店给到了18%~20%，高消耗提成可以和人数挂钩，可以和实操挂钩，也可以和项目数挂钩，但是切记高消耗提成唯独不能和业绩挂钩。

例如，门店800元或1 000元的底薪，如果员工是一个很能做业绩的人，那么员工随时都会成为你的竞争对手。假设隔壁门店 3 000 元底薪，你的门店是 1 000 元底薪，在你的门店要多做很多的工作才能获得跟隔壁门店一样的底薪收入，员工还会留下继续拿 1 000 元的底薪吗？肯定不会。

如果是新店，初期给手工实操提成也没有用。因为新店初期项目单价比较低，员工很难通过实操拿到高的消耗提成，所以在这个板块，新店可以跟人头（单位时间内到店消费人数）或客流（单位时间内到店消费频次）挂钩。

第八节　薪酬设计避坑指南

不能在 10 分钟以内讲清楚的薪酬标准就不是好用的薪酬设计。

美业老板在设计薪酬体系时有几种情况要注意，这是不能踩的坑。

1. 所有的薪酬设定都要有关联性

薪酬设定要和岗位、责任挂钩。比如，美容师就要做好服务，满足基础指标要求，岗位职责与薪酬挂钩。薪酬关联岗位责任，上级与下级要有关联，团队与指标要有关联，所以门店管理层的薪酬跟指标、数据有关，基层员工的薪酬与岗位责任有关。美业老板真正要做的事情就是追踪数据指标，据此来评价员工工作完成情况，具体薪酬该设多少，该拿多少。

2. 薪酬标准要具有实用性

不能在 10 分钟以内讲清楚的薪酬标准就不是好用的薪酬设计，说明薪酬设置得过于复杂，实用性特别差。

3. 不同的薪酬设计解决不同的问题

如果是新店，薪酬设计的重点要以开发和留存为主；如果是老店要以现金和消耗的平衡为主。所以，门店在不同的阶段，薪酬的标准也是不一样的。

4. 薪酬制定后可以微调

每 3 个月或每 6 个月做一些微调，不要大调。建议凡是跟提点有关的尽量不动，而是变换薪酬的奖励方法。薪酬如果调整提点，升上去容易，降下来却不易。一旦这种调整发生变化，那么员工容易流动，所以薪酬梳理完之后在设定时一定要谨慎。

5. 薪酬中浮动部分设置成阶段性的

有位马鞍山来的学员，他想主推一款产品，于是把原本 10 个点的提成，提升到了 20 个点。这样有利有弊，利就是可以快速地把这个品牌推出来，因为对于员工来讲能赚钱，动力就有了。这个项目在店里推广得非常好，但是其他项目推广不起来。

好在他留了后手，把提点设置成阶段性的奖励，让员工知道未来这个薪酬会有所调整，在推广之前就把规则制定好，所以并未因薪酬提点变化而引发员工动荡和影响其他产品的销售。

很多老板为了做业绩或推广产品，把薪酬提高 10 个点、20 个点甚至更高，最后降不下来。一旦降一个点、两个点，员工就会觉得在降工资，继续干没有希望，就会离职。所以，所有的薪酬都要跟员工讲清楚是阶段性的。

6. 薪酬要有保障性

很多老板问我："为什么你团队的人员没有底薪？我也要这种没有底薪的员工！"问这个问题的老板可能不了解，我的企业目前的发展阶段不需要通过设置底薪给团队成员安全感！其他行业我不了解，但是在美业领域，薪酬设计必须包含底薪，要让员工有保障。这个保障既是安全感，也是维持生活的必需部分，生活没有保障，员工是不会有安全感的。

第九节　美业老板怎么给自己定位

美业老板的所有管理行为首先要对自己的目标负责，其次是敢于对区域内发生的事情负责，最后要对团队成员的成长负责。

有没有美业老板干过这么一件事情：招聘时是按照顾问岗位招的，来了却干着美容师的活儿。即便涨了底薪，业绩也没有增加，然后继续干着美容师的事情，拿着顾问的工资，工资涨上去却不下来。

无论什么行业，所有的薪资设计其实都和目标有关，这个目标也就是业绩目标，而业绩目标又与客户数量有关，客户数量又和美容师人数有关。假设美容师有 3 个，就要有匹配的顾问人数，同样要匹配设计出门店的组织架构。所以，组织架构决定薪酬制度，组织架构确定员工的工作方向。

组织架构决定工作方向，顾问该干销售的干销售，美容师该干服务的干服务，有岗位职责，有工作流程。工作流程还要思考现有的组织架构能不能满足业绩需求。如果满足不了，未来组织架构又该怎样调整，让员工稳定地跟着门店发展。不同创业阶段的老板对薪酬与组织架构的关系理解是完全不一样的。

对于美业门店来讲，老板是最高决策者，从经营成效出发，老板在门店组织架构内的角色是根据情况的不同有所变化的。因此，美业老板的所有管理行为首先要对自己的目标负责，其次是敢于对区域内发生的事情负责，最后要对团队成员的成长负责。

5 人以下的门店，老板就是高级美容师。高级美容师的职责是什么？就是带着员工干业绩，不仅要会手法，懂技术，还要会销售，把客户的需求挖掘出来。如果门店不大，老板不专业，没有全面的能力，员工的流失率就会比较高。哪怕老板是初次创业者，不懂销售、不会沟通，如果从其他层面引导员工，锻炼其销售能力，那么门店依然能存活。如果老板自己不懂手法，又没有销售能力，那么就要舍得花钱。把绩效分配好，打造氛围，让员工踏实干活也是一种能力。所以，这类美业老板的定位就是管理型、技术型或销售型的专门人才。

5~15 人的门店，老板的最佳定位就是店长。15 人以上的门店，老板才能真正成为门店运营的操盘手，懂得如何打造机制，做营销，做管理。

第十节　岗位产能总和＝美业门店产能

门店的运营跟数据指标有关系，包括给店长、高管赋能时也要拿数据指标讲话。

设定薪酬的原则按照岗位职责对应薪资水平。比如，美容师岗位对应多少客户？应该服务多少客户？每位客户每月到店多少次？每次做多少个项次？美容师的现金业绩达到多少？消耗量达到多少？要设定一个标准。让岗位职责的工作量即岗位产能对应岗位薪酬。设定薪酬时不妨先梳理美业门店的岗位和对应产能指标。

美业门店的基础岗位美容师要分级别，引导员工纵向成长，让工作能力与产能数据挂钩，避免门店横向级别岗位员工之间恶性竞争，从而实现门店良性运营。因此，美容师分级实际上是打开了员工纵向发展的晋升通道。

1. 美容师岗位的产能指标

美业门店的美容师按照产能从低到高可以分为初级美容师、中级美容师、高级美容师。初级美容师每个月应该完成人数 10 人、人次 30 次、项次 2 项。人数是什么？就是美容师负责服务客户的数量。人次就是到店率，每位客户，每 10 日来店 1 次，一个月到店 3 次，一个月内 10 位客户每人都到店 3 次就是 30 人次。每位客户每次到店做两项服务，这是一个正常初级美容师的产能标准，具体见表 2-2。

表 2-2 美容师岗位分级及产能指标

岗位级别	月均人数/人	月均人次到店率/次	月均项次/项	现金耗卡/元	现金/元	备注
初级	10	30	60	6 300	9 000	不考虑门店所处阶段，取项目均值按照 150 元计算，60 项次 ×150 元/项次 =9 000 元，以此类推
中级	20	60	120	12 600	18 000	
高级	25	70	150	18 900	27 000	

如果一位客户的项次低于两项，说明门店的开发能力或转换能力有问题。有可能是员工的问题，也有可能是老板梳理品项的问题，或者是老板的交付过程有问题。因此，我们要检视门店的服务、技术、流程、销售以及员工心态，查摆问题。

如果门店美容师没有成交两个品项的能力，门店就只能赚辛苦钱，永远都是在拓客这个阶段升不上去，拓一批流失一批，然后留下的一批却成为沉睡客，陷入恶性循环。

现金耗卡就是客户储值的消费额度。对美容师的要求是月现金耗卡达到 70%。例如，初级美容师所负责的 10 位客户月储值现金达到 9 000 元，那么美容师的月耗卡要达到 6 300 元才算是正常的指标。

人数、人次、项次、现金耗卡等这些数据指标是门店运营的重要参考依据，没有数据就发现不了问题，甚至无法判断员工的工资是否合理。所以，岗位职责要规定产能指标，用数据指标来衡量。不同级别美容师对应的产能指标可参考表 2-2。这里列举的岗位对应的产能指标仅指常规门店理想情况下的示例。

初级美容师人数要达到 10 人，以此类推中级美容师人数要达到 20 人。高级美容师人数要达到 25 人。高级美容师人数为什么不是 30 人呢？因为通常门店里高级美容师服务的客户中会有 A 级客户，项次比较多，消耗的时间比较长，所以高级美容师设定 25 个客户相对合理。

2.顾问岗位产能指标

顾问按照带团队的人数进行分析，可以分为 A、B 级，指标标准关联晋升通道。

A 级顾问的团队人数大部分是 6 人，团队客户数量不能低于 100 人且不能低于 100 个客户的团队现金业绩。基础业绩好的常规团队人均现金业绩至少要达到 2 万元，也就是团队要达到月均 12 万元的基础业绩，耗卡人均至少 1.5 万元，合计 9 万元。

1 个好的顾问团队，有 6 个美容师、100 个客户，每个月做到 12 万元的业绩，现金耗卡达到 9 万元，这是良性的运营指标。

B 级顾问团队人数不能低于 4 人，团队客户数量不能低于 60 人，人均至少 1.5 万元的业绩，人均消耗要达到 1.2 万元，共计 4.8 万元，这样才算良性运营，具体见表 2-3。

表 2-3 分级及产能指标

岗位级别	团队人数/人	团队客户人数/人	人均现金耗卡/万元	团队现金耗卡/万元	人均现金业绩/万元	团队月均现金业绩/万元	备注
A 级	6	100	1.5	9.0	2.0	12	理想顾问团队指标模型
B 级	4	60	1.2	4.8	1.5	6	

顾问团队的核心指标数据就是团队人数、客户数量、现金耗卡，再者就是到店率和客单价。

3.店长岗位产能指标

我们关注数据指标，是因为岗位薪酬和数据指标有关，门店的运营也跟数据指标有关，包括给店长、高管赋能时，也要拿数据指标说话。所有目标都围绕数据指标做规划。

店长岗位数据指标用床位和团队人数的匹配来衡量。店长的工作就是维持店面正常运营。A类店长是100%的匹配。B类店长是80%的匹配，就是基本平衡，员工数量和床位数量平衡，员工和客户的数量比1:30。床位、员工、客户数量，现金和消耗如果能达到100%匹配要做出奖励，低于80%的要有相应的惩罚。

所以，门店要想达到正常的产能，就要经常对岗位指标进行检查，要弄清楚是哪里导致的问题，接下来如何调整，这是美业老板在组织架构中对岗位设置时需要知道的。

第十二节　消除岗位痛点＝提升门店的运营效率

当老板知道问题出现在哪里时，就能清晰地知道店长岗位核心增长目标是什么，就能逐一击破门店运营卡点，实现运营效率的提升。

美业岗位痛点呈现的规律基本相通。比如，店长如果眉毛胡子一把抓，没有目标，没有方向，基本没有看盘能力。几乎所有经营出问题的美业门店，店长思路痛点一定是"混沌"的。作为门店老板，要真正地思考一下：工作思路不清晰，不知道从哪里入手是什么原因？只有消除岗位痛点，才能真正提升门店的运营效率。

1. 不知道业绩从哪里来

店长不清楚业绩从哪里来，可能源于门店没有业绩规划，没有做过业绩目标拆分，不知道业绩应该分别落实在哪些项目上、哪些类客户上、哪些员工身上，下月的主推业绩是否需要专销的项目老师辅助。有些美业老板常常拍脑袋定业绩，但不知道业绩怎么完成，往往月初喊过口号之后，月中、月末不知道怎么做。所以说，关于业绩，店长一定要有拆分能力（把业绩拆分成几个小目标来完成），这是第一个核心。

2. 缺乏完成目标的执行力

业绩目标也好，学习目标也罢，月初定下后，月末店长需要进行反馈。如果目标完成度一般，没有达到预期的结果，那么，我们就要思考一下门店是否有目标达成的监督和考核手段呢？非常简单，比如，今天要完成学习目标，那么学习的内容是什么？谁来监督？谁来考核？这些目标完成所需的执行力是否具备，门店老板要清楚。

3. 柔性管理缺失导致员工不服从管理

我自己也带过团队，发现门店只有制度和流程是玩不转的。即便有规章和制度，只有加入人性化的管理才能更好地管理员工。作为门店老板，要知道在什么样的节点关注员工的动向以及员工的心理诉求。这很重要，有制度，有温度，才能让员工听话、照做，愿意跟着老板干。

4. 指标数据没有分析

店长是否拥有数据看盘的能力？门店的良性经营数据指标到底是什么？什么样的指标数据才算是健康值？有没有定期做门店的经济活动分析并给出问题的解决方案？比如，客情管理不达标，但是店长没有告诉员工为什么不达标，怎么做才能达标。如果门店的经营没有不断改进，那么怎么能取得理想的业绩呢？

5. 召开的会议没方向

在美业门店的运营管理体系中，会议是非常重要的流程，每一个会议

都有明确的方向和规划思路。对门店而言，必须召开三类会议，即日会、周会、月会。会议怎么开我们会在下文详细介绍。

这五点基本上是存在业绩问题的店长的苦恼根源所在。只有老板知道问题出现在哪里，才能清晰地知道店长岗位的核心增长目标是什么，才能逐一击破门店运营卡点，实现运营效率的提升。

第十三节　岗位目标实现需要标准的工作流程加持

通过一套标准化可操作的流程，复制金牌顾问，复制金牌美容师。

如果想消除店长岗位的痛点，就需要找到业绩目标增长的基因，实现门店的业绩目标可控，这些可以通过岗位标准作业程序实现。

店长的岗位标准作业程序分为两个板块。

第一个板块是全店单人产出增长。 制定全店的业绩目标，其本质是要让门店的每位员工的数据有所增长。作为店长要做的就是追踪好每位员工的数据增长指标，比如个人业绩、实操、客流、项目数，甚至是工资。这样做不仅有利于店长更好地管理门店，还有利于对员工实现有效的薪资奖励。所以第一个板块要对单人的产出增长进行分析。

第二个板块是对目标工作进行规划，这是店长岗位的增长基因。 门店对美容师要求的指标是"363"，即每日完成3个客户实耗、6个项目实操、3个预约；对于顾问要审核的指标是"161"，即每日完成1个客情服务、6个有效铺垫、1个客户成交。把这两项目标抓好，店长的工作就一定有效果。作为店长要增长的数据指标是"131"，即每日完成1个大客户维护、3个大客户成交、1个大客户关系提升（见表2-4）。

表 2-4　美业门店各级岗位日指标

岗位	工作目标／日	客户	项目	预约	成交
美容师	"363"	3 个客户实耗	6 个项目实操	3 个预约	
顾问	"161"	1 个客情服务	6 个有效铺垫		1 个客户成交
店长	"131"	1 个大客户维护 1 个大客户关系提升			3 个大客户成交

1. 店长岗位第一项工作流程就是召开月会

这是经营目标实现必须有的工作抓手。通过召开月会实现以下目的：

一是通过上月的数据总结分析，评估门店目标的完成度，分析差距在哪里？哪里做得好？哪里做得不好？会前就要有清晰的数据指标，明确各项问题。

二是通过绩效数据盘定本月目标。比如，美容师的目标绩效数据指标是多少？在开会时要详细地分析，让员工清楚下个月的工作目标是什么，明确方向且具有可操作性。

三是要细化美容师岗位"363"以及顾问岗位"161"的指标达成方案。召开月会，评估员工是否都能达到合格的数据经营指标，将指标逐层分解到顾问岗位的"161"和美容师岗位的"363"上。给员工建立自信的契机，比如月会做氛围造势，每定一个目标都要有绩效考核机制，让员工有参与感，目标达成后能得到什么样的奖励，未达成有什么样的惩罚等。

所有的月会目标最终都要落实到每一天。之后，店长再把日会开好，就是通过会议流程实现对月目标的分解和日目标的达成。

2. 店长岗位第二项工作流程就是阶段性目标管理

月目标确定后，如何将其分解到每周和每日？作为店长要随时调整员工

的工作方式，随时发现问题，并找出解决方案。

这个过程有一件非常重要的事情，也是店长常常忽略的事情，就是要随时调整员工的状态。店长要对员工进行一对一沟通，且每次沟通时间不得低于30分钟，并做好总结和记录。可能有的时候门店很忙，没有办法做到每天都跟员工沟通，但是至少5~7天，也就是一周以内，一定要跟员工做一次深度的沟通，这就是阶段性目标管理。

3.店长岗位第三项工作流程就是每天的目标推进

美容师"363"和顾问"161"是每天要达成的目标。因此，第一个每日跟进需要顾问汇报"161"的工作是否完成。帮助每位员工分析至少一个客户，带着大家学习、进步、成长，通过这样的形式，帮助员工达成目标，员工的心也会与店长更靠近。第二个每日跟进是帮助一名员工分析一个重点客户。第三个每日跟进就是对重点客户进行沙盘演练。这个过程店长的职责就是要带着大家做演练，帮员工建立信心。

4.店长岗位第四项工作流程就是每天的夕会

门店每天开夕会其实是非常好的，哪怕只是坐下来讲一讲、聊一聊当天的工作点滴，大家肯定会有收获和成长。

5.店长岗位第五项工作流程就是团队复制标准流程

早会管理、夕会分析都做好后，想想还有哪些能改善？发现问题并记录下来，然后给出解决方案，在第二天的日会上做出调整，这就是店长每天的工作流程。

业绩能不能达标，分析客户、追赶目标、追赶数据，这是日会的核心。夕会的核心就是做好总结：美容师的"363"是否达成，顾问的"161"是否达成。如果没有达成，总结原因。

当员工不断地成长、取得进步时，一定要教其学会分享经验，这样其他人才可以参考、借鉴。每天给每位员工至少总结一个客户的机会，不需要形成书面文字，而是要面对面地说。这样也能锻炼员工的总结能力和语言表达能力，这是非常重要的。

6.店长岗位第六项工作流程就是现场改善

首先，对客户的即时工作进行调整。每位客户都要及时对接好，盯的就是数据目标，可以作为当日的抽查任务。现场改善就是要看看员工都在做些什么，哪里做得不好？我们要给出及时的解决方案，现场做出提升改善。

其次，对美容师、顾问的标准作业程序进行现场改善。美容师"363"、顾问"161"哪里好，哪里不好，日常的工作流程表单落实是否到位？如果发现表单哪里填写错误，手工记录要随时监督检查，发现问题，及时改善。

这是店长每天要监督的事情。在这里，其实大家会发现店长的工作一方面围绕着标准流程展开，另一方面则是监督、检视和配合。

当做到店长的位置时，一定是向人才要效益，一定要为团队付出，把团队的发展当作第一目标。

如果美业老板发现员工没有动力，不想干、不想动，就要寻找症结并对应下药。人才是自己培养的，培养一定是费心、费力、费时的，找到好的管理方式，才能达到团队成长、效益增长的目的。

一个门店的数据指标要根据其实际情况，去推算良性数据、经营指标。比如，根据客户体量、员工数量、组织架构和门店类型，充分分析看盘再制定数据标准，不能直接套用，要根据门店的实际情况分析门店的健康数据指标。

从数据以及流程的角度来看，门店的核心增长目标一定是美容师的"363"、顾问的"161"以及店长本人的"131"。店长的"131"一定是针对门店 A 类以及 A$^+$ 类客户[1]去配合顾问做大客户的深度挖掘，大客户数据的增长以及大客户的成交。

---

①注：A 类及 A$^+$ 类客户将在第四章客户分级策略中介绍。

作为美业老板，如果你是店长或者店内聘请了店长，那么对于店长的岗位职责和工作流程是非常清晰的。盯数据目标，看盘诊断，规划目标，优化工作流程，复盘，通过阶段性的会议辅助美容师达到"363"日目标，辅助顾问完成"161"日目标，通过一套标准化可操作的流程，复制金牌顾问，复制金牌美容师。工作之所以有效果，是因为我们清楚工作的重点有哪些，然后反复坚持去做。

第十四节　美业老板的自我修炼秘籍

伟大的企业家在成为伟大的企业家之前就已经拥有了伟大的格局。

一般情况下，大多数企业负责人能力素质因公司规模、行业和经营模式等因素而异，但通常包括以下几个方面：一是制定公司战略发展目标，包括市场定位、产品策略、营销策略等，并确保公司始终沿着正确的方向前进。二是监督管理团队，包括对管理团队的工作进行评估、监督和指导，以确保公司目标的实现。三是决策重大事项，如投资决策、收购兼并、业务转型等，以确保公司的长期发展和盈利能力。四是建立和维护客户关系，与客户建立和维护良好的关系，了解客户的需求和反馈，以提供更好的产品和服务。五是财务管理，关注公司的财务状况，确保公司的财务稳健和合规，包括制定预算、控制成本、管理现金流等。六是塑造公司的企业文化，包括价值观、使命、愿景等，以激发员工的积极性和创造力。七是风险管理，老板需要识别和管理公司的风险，包括市场风险、信用风险、操作风险等，以确保公司的稳定和可持续发展。

总之，老板的职责是多元化的，需要具备领导力、决策能力、沟通能力、财务管理能力等多方面的素质和能力。

作为美业老板，无论是管理单店还是多店，除了通常负责人需具备的素养能力外，要不断进行自我修炼，实现自我和团队双成长。

如果仅把经营美业或从事美业工作当成养家糊口的工作，则差那么一点意思。不妨看看成功的企业家是怎么做的，以寻找深层次的启发和共鸣。

日本著名企业家稻盛和夫，在成为著名企业家之前，是一位打工人。当时的他是这样想的：与其寻找自己喜欢的工作，不如先喜欢上自己已有的工作，从这里开始。于是稻盛和夫大学毕业后加入一家日渐破败的企业——松风工业。身边年轻的同伴相继辞职，他们认为："在这里干久了，连老婆都讨不到。"稻盛和夫当时对"辞"与"留"也很苦恼，但是，他找不到一个必须辞职的充足理由，所以决定"先埋头工作"再说。不再发牢骚，不再说怪话，稻盛和夫决定积极地面对自己的工作。为了让自己安心在松风工业工作，稻盛和夫想，这样的研究恐怕大学里也不会有吧，或许全世界只有我一个人在钻研。事情也真是奇怪，开始时他有点强迫自己，但不久就变得积极主动，喜欢上了这项研究；再后来，就超越了喜欢不喜欢的层次，感到这项工作所蕴含的意义。在许多人看来，"工作是工作，自己是自己"，要把"工作"与"自己"分开。实际上，要想从工作中体会生命的精彩，就应该消除"工作"和"自己"之间的距离，"自己"就是"工作"，"工作"就是"自己"，两者密不可分。对自己的工作，对自己的产品，如果不注入如此深沉的爱，就很难做出色。

作为当今世界最伟大的企业家之一，稻盛和夫用近乎宗教般的虔诚为我们示范了全身心投入工作的心路历程，破除"我执"和"分别心"，这是一次生命的伟大实践！伟大的企业家在成为伟大的企业家之前就已经拥有了伟大的格局。

如果我们把人生看作一场修行的话，那么美业无疑是极佳的道场。在这个道场中，美业老板的"自我修炼秘籍"就是成就小我，发现大我。成就那个需要衣、食、住、行都从这份工作中来的小我，在不断成长中，发现那个可以带领团队成就事业、服务他人的大我。

在美业这个行业的修行中，以下这些建议就是美业老板的自我修炼秘籍。

第一，持续学习。美业是一个快速变化的行业，新的技术不断涌现。作为老板，需要保持学习的热情，关注行业动态，了解最新的技术和趋势，以便更好地指导团队，推动业务发展。

第二，提升沟通能力。作为老板，需要与员工、客户、合作伙伴等多方进行有效沟通。因此，提升沟通能力是必要的。需要学会倾听、理解他人的需求和观点，同时清晰、准确地表达自己的想法和意见。

第三，培养同理心。同理心是理解他人感受和需求的能力。作为美业老板，要关注员工的感受和需求，了解他们的困难和烦恼，以便提供更好的支持和帮助。稻盛和夫提出"工作即是自己"，作为美业老板，管理员工也是工作的一部分，如果能拿出员工即是自己、自己即是员工的无分别心，相信有这样情怀和格局的老板带领的团队也一定是士气、业绩双优的团队。

第四，激发团队潜力。作为门店掌舵者，需要激发团队的潜力，让每位员工都能发挥自己的优势，为团队和公司的发展做出贡献。老板可以通过提供培训、制定明确的职责、给予适当的激励等方式来激发团队的潜力。

第五，建立良好的人际关系。作为美业老板，建立良好的人际关系是必要的。我们可以通过参加行业活动、加入专业组织、社交活动等方式来拓展人际关系，与多个行业的人建立联系，拓展业务和人脉。

第六，保持积极心态。随着美业行业趋势的变化和竞争的日益加剧，需要面对的挑战和压力也随之增加。保持积极心态是关键，需要学会调整自己的情绪和态度，从而更好地应对挑战和压力。

第七，反思与自省。需要不断反思和自省自己的行为与决策，发现自己的不足，并及时进行调整和改进。

总之，作为美业老板，要通过持续学习、提升沟通能力、培养同理心、激发团队潜力、建立良好的人际关系、保持积极心态以及反思与自省等方式，不断提升自己的领导力和团队凝聚力，从而带领团队不断发展壮大。稻盛和夫服务过的许多企业，都在他的带领下跻身世界 500 强，稻盛和夫也因此成为跨界领袖。由此可见，行动力有多少，事业就有多大，美业同样遵循这个逻辑。

第三章

存量超级转化：技术为本系统

对于一个美容师来说，手法的好坏决定自己能否胜任岗位。对一家美业门店来说，技术是门店的立店之本。无论是传统技术，还是现代科技技术，都需要通过人与人的连接实现。因此，技术必然是包裹极致服务的综合体验过程，不仅是能让客户看到效果的技术，更要融入舒适感。因此，门店在构建技术系统时，不应只看重手法的效果＋舒适度，更要看重从客户进门到离开的全流程的舒适服务。

第一节　美业"客荒"从哪里来

美业门店如果一次拓客成交率60%都达不到，说明门店的拓客方式有问题，也就是门店成长力不足。

什么是美业"客荒"期？如果门店出现以下现象或问题，那就说明门店已经进入"客荒"期。一是客户到店率越来越低，不动产（沉睡客，客户办卡后长时间不到店消费）越来越多，日均客流量越来越少；二是新客户成交一批，流失一批；三是现有大客户额度逐年递减，新客户的开发人数不足，尽管门店呕心沥血培养客情关系，却还总是被无情抛弃。

出现上述情况时，一些美业老板通常通过拼命拓客来应对。如果门店出现"客荒"状况，美业老板要先系统排查，找到形成该问题的原因，再对症下药，直接选择盲目拓客来应对不利局面，只能是竹篮打水一场空。

美业门店如果一次拓客成交率达不到60%，说明门店的拓客方式有问题，也就是门店成长力不足。这时就要好好维护客情关系，深耕门店管理。有的学员质疑这个提议，说："张老师，我家老客户质量都不行，所以成交率都低！"

客户为什么进店？因为他们有消费需求，也具备一定的消费能力，有一定的消费意向。但是客户进店没有消费，门店留不住客户，难道还不能说明问题吗？

既然我们知道客户是门店生存的根本，虽然我们在不停地拓客、留客，那为什么客户还是不到店呢？

客户到店不消费或存量客户流失，从根本上来说有两个原因：一是客户对门店的服务不满意，二是客户的心理需求没有得到满足。

客户对门店的服务不满意大致有以下两类情况：

一是新客户阶段的服务不到位。销售服务很热情，但客户办卡后，不再主动联系。还有一种情况就是，新客户体验时服务得很周到，成交后到店消费服务打折扣，门店员工的服务意识和服务水准不能稳定输出，在客户体验和成交办卡后的消费阶段没能持续给予良好服务。

二是老客户阶段的服务不尽如人意。员工在给客户服务时，可能忘记带上甜美的微笑，全程机械化地操作，和客户没有任何沟通和交流，让客户感到压抑、尴尬；也可能是员工为了完成业绩，把重点都放在销售成交上，服务缺乏耐心，让客户感觉服务不好，全是销售套路；也可能是门店采用了粗放式管理，对客户实行自助式服务，服务细节都要客户亲力亲为，客户没有体会到被关心关爱的感觉，消费体验性价比不高；还可能是门店在服务流程上有头无尾，客户离店后的跟进不到位，对服务效果和客户满意度不追踪，客户感受不到贴心周到；还有一种行为是最不可取的，门店在客户间采取厚此薄彼的服务，让客户感觉被区别对待，对门店的诚信和服务都产生怀疑，因此不再到店。比如，有的员工习惯对穿戴不凡的客户热情周到，对穿着普通的客户态度一般，员工这样判断的依据是觉得穿戴不凡的客户成交概率高，更容易出业绩，这种厚此薄彼的做法相当于把功利二字刻在脑门儿上，给客户的感觉是门店的员工素养不过如此！客户又怎么能信任门店呢？

造成美业门店"客荒"的另一个原因是门店在客户整个消费体验过程中心理需求（情绪价值）没有得到满足。简而言之，就是没有创造情绪价值，客户的心理需求被忽略。

客户的心理需求通常包括以下几个方面：

①准确感。客户希望得到准确、有用的信息和服务，以满足他们的需求和期望。

②尊重感。客户希望被尊重、被重视，在服务过程中得到良好的对待和尊重。

③安全感。客户希望得到安全保障，包括财产安全、个人隐私等方面的保护。

④舒适感。客户希望得到舒适的服务体验，包括沟通方式、服务流程等方面的舒适。

⑤多得感。客户希望得到更多的利益或价值，包括折扣、赠品、增值服务等。

为了满足客户的心理需求，美业门店需要不断提高服务质量，加强员工培训，提高员工的服务态度和意识，提高客户的满意度和忠诚度。

在满足客户需求时，美业门店需要全面考虑客户的心理需求，包括价格、品质、服务等方面。美业消费有一个特点，即一对一服务，客户对消费性价比非常在意，除了美业员工的技术手法、素养、产品性能效果有较高要求和期待之外，应满足客户的倾诉需求，帮助客户建立流行时尚认知和审美标准，满足客户内心的优越感等。当然，在单独使用或组合使用这些方法时，门店要根据客户反馈及时调整策略。

第二节　应对美业"客荒"的全程服务

服务的开始才是销售的开始。

亚伯拉罕·林肯曾说过"人生始于服务，终于服务"。人生下来什么都不能做，一切都倚靠别人伺候，在给别人添麻烦，人离开这个世界的时候，显然也是别人在伺候，帮自己做不能再做的事情，所以在中间这个阶段，人能够做的就是"如何去回报，用自己的服务反馈他人"。

销售行业有句金句："服务的开始，才是销售的开始。"服务能给我们带来什么呢？对于美业门店来讲，提供优质服务更容易提高客户满意度，老客户转介绍，客户越来越多，业绩越来越好；对于员工来讲，成为核心员工，获得成长和晋升的机会更多。

由此可见，服务是美业发展的根本，因此门店的服务应该始于高标准的自我要求。

丽思卡尔顿酒店打造了全球酒店服务业的黄金标准。其业务遍及30个国家或地区，拥有近4万名员工的酒店品牌，如何持续提供令人惊艳的高水平服务，并不断获得客户的青睐呢？酒店的创始人霍斯特·舒尔茨在《像绅士淑女一样服务》中写道："我们用绅士淑女的态度为绅士淑女忠诚服务！我们和客户是平等的，他们不是主人，我们不是仆人，他们不是我们的上帝，我们不是子民。他们是到我们家做客的客户，我们是要尽地主之谊的热情主人。"

让我们一起来看下，黄金服务标准是什么星级？

1星机械化服务——单纯熟练的操作；

2星销售式服务——操作+销售；

3星满足式服务——操作+操作+满足客户需求；

4星自动式服务——服务有求必应；

5星全程服务——全程标准化服务流程、服务贴心、沟通畅通；

6星个性化服务——全程标准化服务流程、服务贴心、心灵交流、塑造需求，与客户建立深厚的客情。

丽思卡尔顿酒店管理的座右铭是："如果管理层无法清楚界定一流的服务是怎样的，那么想让员工提供一流服务就是天方夜谭。"如果参照酒店的星级服务标准，对于美业门店来讲，管理层首先要清楚能为客户提供什么样的服务，员工自身应该达到什么样的标准去为客户提供一流的服务。

第三节　全程服务从标准的礼仪开始

服务是赢得他人理解、信任的基础和条件。

职业感主要通过职业礼仪来传递，职业礼仪是指人们在职业场所中应当遵循的一系列礼仪规范。

对企业而言，礼仪是企业文化的重要组成部分，体现了企业的人文面貌；对个人而言，良好的礼仪能够树立个人形象，体现专业化；对客户而言，能够享受更上层的服务。提升客户满意度是我们的立身之本，服务是赢得他人理解、信任的基础和条件。尤其对于职场而言，职场礼仪更是必不可少的。

美业门店基本礼仪包含着仪容仪表、站、坐、蹲等仪态礼仪，也包含介绍和电话等沟通礼仪（见图 3-1 —图 3-9）。

1.美业人员仪容仪表标准要求

①化淡妆，长发必须盘起，没有碎发。

②不佩戴夸张、花哨的饰品。

③颈部、耳朵保持干净、勤漱口、不吃辛辣、有异味的食物。

④正装要符合尺寸、大方得体。

⑤口袋内不放重物。

⑥指甲常修剪、边缘内无污垢。

⑦裙长至膝盖、以无花边为佳。

⑧勤洗澡、身上无汗味。

⑨着肤色丝袜、无洞。

⑩中高管穿着黑色高跟鞋、美容师以白色为佳，鞋面干净、避免磨损、破裂、脏污、划痕等。

图3-1 美业人员仪容仪表

2.典雅的站姿

①身体直立、抬头、挺胸、下颌微收、双目平视、面带微笑。

②两脚呈V字形,膝盖和脚后跟尽量靠拢,两脚尖张开距离为两拳。

③目光始终观察店内情况,不交头接耳。

图3-2 美业人员站姿仪表

3. 正确的坐姿

入座要求：轻缓地走到座位前，转身后两脚呈小丁字步，左前右后，两膝并拢的同时上身前倾，向下落座，坐下后，上身挺直，双肩平正；双臂自然弯曲两手交叉叠放在两腿之间，并靠近小腹，两膝并拢。

注意：

①无论如何都不能坐满座位。

②面对客户时，要坐三分之一，身体前倾，其他情况坐三分之二。

③无论哪种坐姿，腰部都要挺直。

图3-3 美业人员坐姿仪表

4. 文明的蹲姿

下蹲时左脚在前，右脚在后，两腿靠拢向下蹲，左脚全脚着地，右脚脚跟提起，臀部向下，基本上以右腿支撑身体。

注意：

弯腰捡拾物品时，两腿叉开，臀部向后撅起时不雅观的姿态，两腿展开平衡下蹲，其姿态也不优雅，蹲时注意内衣，不可以露，不可以透。

图3-4 美业人员蹲姿仪表

5.优雅的行姿

①头正, 肩平。

②驱挺, 步位直。

③步幅适度, 步速平稳。

步位: 女子行走时, 两脚内侧在同一条线上。

步幅: 女子一般为30厘米。

步速: 行走时标准步速每两秒钟约走3步。

图3-5 美业人员行姿仪表

6. 鞠躬礼仪

迎宾礼：您好！张晨美业欢迎您！

送客礼：请慢走！张晨美业欢迎您下次再光临，祝您生活愉快！

要求：身体前倾，双手放在小腹位置（右手放在左手上面）以腹部为中心，停留1秒。

备注：迎接客户问好的同时鞠躬，行30°的鞠躬礼，送客时，先问好，再鞠躬，行45°鞠躬礼。

图3-6 美业人员鞠躬礼仪

7. 手势礼仪

①引领动作：在门的入口处常用的谦让礼姿势是横摆式。以右手为例，五指伸直并拢，手心不要凹陷，手与地面呈45°，手心向斜上方。腕关节微屈，腕关节要低于肘关节。做动作时，手从腹前抬起，至横膈膜处，然后以肘关节为轴向右摆动，在身体右侧方的地方停住。同时，双脚呈右丁

字步，左手下垂，目视来宾，面带微笑。

②曲臂式：当一只手拿着东西，扶着电梯门或房门，同时要做出"请"的手势时，可采用曲臂手势。以右手为例，五指伸直并拢，从身体的侧前方，向上抬起，至上臂离开身体的高度，然后以肘关节为轴，手臂由体侧向体前摆动，摆到手与身体相距20厘米处停止，面向右侧，目视来宾。

③斜下式：请来宾入座时，手势要斜向下方。首先用双手将椅子向后拉开，然后一只手曲臂由前抬起，再以肘关节为轴，前臂由上向下摆动，使手臂向下成一斜线，并微笑点头示意来宾。

④举手致意：举手致意时，要面向对方、手臂上伸、掌心向外、切勿乱拜。

⑤挥手道别：挥手道别时，要做到身体站直、目视对方、手臂前伸、掌心向外、左右挥动。

图 3-7 美业人员手势礼仪

8.介绍礼仪

自我介绍：您好！我是美容师青青，很高兴为您服务。

介绍他人：李姐，这是我们顾问安娜老师，她从事美容行业已有七八年了，经验丰富，待会您有任何问题都可以咨询她。

9.电话礼仪

您好！张晨美业青青很高兴为您服务。

谢谢您的来电，张晨美业祝您生活愉快！

10.递物品礼仪

①递接物品：递接物品时，双手为宜（至少用右手）、递于手中、主动上前（主动走近接物者，坐着时应站立）、方便接拿。

②奉茶时，两手端起（右手握杯旁，左手托杯底），递给客户时说：姐，请用茶。

③茶水可以先端给客户，客户不接时再放到桌上。

④若客户有物品放在桌上，则将茶杯放在桌子的左边或者右边。放书报时必须将书的封面朝上，并摆在桌子上，不可歪放斜放。

图3-8　递名片礼仪

图3-9　奉茶礼仪

第四节　新客户与老客户的不同待客之道

　　一个不起眼的细节和一个不起眼的角色很容易决定在一个项目中华为的去留。

——任正非

　　客户接待是客户消费的起点。所有客户来店消费，都是从客户接待开始的。接待的好坏关系到客户后续是否还会消费。因此，客户接待在商业活动中具有非常重要的地位，不仅关系到客户的消费体验，还关系到企业与客户之间的关系和信任度。

　　坚持"普遍客户"原则，是华为客户至上理念的具体体现，任正非说："一个不起眼的细节和一个不起眼的角色很容易决定在一个项目中华为的去留。"因此，在任正非的观念里，客户不分大小、职务不分高低。他希望华为"每层每级都贴近客户"，他要求地区经营部要与客户搞好关系，分担客户的忧愁，尽可能争取所有客户的投票。优秀的企业，在落实客户至上理念上具有同样优秀的行动力。

　　美业门店开门迎客，接待流程更是重中之重，新、老客户在接待流程上有所不同。

　　对于新客户，为了让其对门店建立良好的印象，在接待流程中应包含必要的标准化服务（见图3-10）。

　　1.客户接待流程

图3-10　客户接待流程

（1）新客户接待流程（见表 3-1）

表 3-1　新客户接待流程

新客户接待流程	详细步骤内容
新客进店，顾问 / 美容师迎上	微笑接待，并说（上午好、中午好、下午好）欢迎光临 请问您是第一次来我们会所吗？您先这边请坐…… （接待顾问将客户引至接待大厅，主动询问并帮客户拿除手袋之外的其他物品）
询问是否有预约	请客户移步至接待处，并询问是否提前预约
您先请坐，请客户至顾问室入座，并倒一杯茶奉上	以手势引领客户至咨询处，帮客户拉开椅子并奉茶，水倒八分满，放置于客户的右手边

（2）新客户参观流程（见表 3-2）

表 3-2　新客户参观流程

新客户接待流程	详细步骤内容
门店介绍	简要介绍门店的经营理念及项目类型，并针对客户需求提供相应的建议
参观门店	请客户参观门店，了解门店的规模及美容项目展开话题
换鞋体验	请客户稳步美容室前要提供一次性用品，请客户安心享受门店提供的各种服务

新客户到店后，可以引导客户参观门店，给客户建立实力雄厚、机构专业、服务周到的印象。

老客户到店后参观流程可省略，确认客户预约信息后进入接待流程（详见表 3-3）。

表 3-3 老客户接待流程

老客户接待流程	详细步骤内容
由前台文员/顾问/美容师提前确认客户是否准时到店	1. 前一天晚上，由美容师/顾问与客户确认到店时间 2. 当天，前台需提前半小时进行电话确认客户到店时间，以及明确告知客户护理开始时间
老客户进店，顾问快速迎上，专属顾问/美容师先向客户问好	微笑接待，并说（上午好、中午好、下午好）欢迎光临
您先请坐，请客户入座、倒茶	请专属顾问至前台接待客户

第五节　咨询流程要真正了解客户

对企业来说，市场里的客户才是你的"宏观"。

——周其仁　北京大学国家发展研究院经济学教授

美业从业者不管风吹雨打，都要种好自己的一亩三分地。如果在市场中站不住脚，那么说什么也没用。宏观形势有好有差，再差的形势下也有好企业，再好的形势下也有垮掉的企业。

所以，形势和经营好坏没有直接关系。对大多数实体企业来说，不如把精力放在客户端，即花大力气以客户为中心，从各个层面研究客户、研判客户现状、研判有哪些潜在客户、研究创造哪些条件来为客户服务。"对企业来说，市场里的客户才是你的'宏观'。"北京大学国家发展研究院经济学教授周其仁在面对访谈时给经济低迷时期的企业家们提出这样的建议。

美业是经济领域第三产业的重要分支，美业老板要清楚自己经营的门店处于什么样的经济环境，多研究自己的客户，从流程发力，把标准植入好，剩下的就是有效执行。

设计咨询流程，就要利用好咨询流程这个研究客户的契机。新客户进入门店，在参观门店后，对门店会有直观了解。接下来要带客户进入咨询室，详细了解客户的想法，评估客户的皮肤存在的问题、想获得的效果，并为其提供解决方案，这个过程叫咨询流程。咨询对客户建立对门店的认知、信任以及后续的成交都有着至关重要的作用，我们通过表格把这个过程分步骤呈现（详见表 3-4、表 3-5）。

表 3-4　新客户咨询流程

新客户咨询流程	流程详细步骤
× 姐，您好，您请喝花茶。我是这里的美容顾问 × × 请问您怎么称呼	根据客户想咨询的项目进行选择，着重介绍客户咨询的项目。若是咨询仪器治疗项目可重点介绍，不必参观环境，如果是咨询护理或卡项，可正常接待流程
根据客户希望改善的内容（面部 / 身体），提供适合的护理项目	详细介绍客户感兴趣的护理项目
咨询治疗性项目的，就先不用参观，直接坐在顾问室进行咨询	着重介绍仪器或治疗性的项目
若客户是想咨询护理或卡项，就可以按照以下参观流程进行	切记严防：（1）是否为同行探子。（2）对于进门新客拿会员卡制度看，只做大致介绍，除非确认做项目、疗程、办卡再给客户展示

表 3-5　老客户咨询流程

老客户咨询流程	流程详细步骤
顾问需问清客户到店的具体时间，并看客户的时间是否充足，然后安排身体或皮肤护理	顾问需以专业的角度选择适合客户的皮肤／身体护理项目，分析及诊断客户的皮肤／身体情况
换鞋放鞋、寄存物品	顾问带客户至换鞋区换鞋并将客户物品寄存于柜子里，锁上后需将柜子钥匙交给客户。若为 VIP 客户，顾问需将客户引领至 VIP 室
顾问需问清客户到店的具体时间，并看客户的时间是否充足，然后安排身体或皮肤护理	顾问需以专业的角度选择适合客户的皮肤／身体护理项目，分析及诊断客户的皮肤／身体情况
换鞋放鞋、寄存物品	顾问带客户至换鞋区换鞋并将客户物品寄存于柜子里，锁上后需将柜子钥匙交给客户。若为 VIP 客户，顾问需将客户引领至 VIP 房
冲淋	顾问与客户需保持距离不要太远，请问客户是否需冲淋，如需冲淋须顾问／美容师先确认水是否够热，待客户换完衣服后，顾问并再次交代客户具体冲淋时间及具体的美容美体师会在某某时到这边准时来等客户
不冲淋	不冲淋的 VIP 客户或其他客户，可直接将其带到房间，把房间床单及毛巾、浴巾准备好，并交代前台告知："×× 姐在 × 号房间，请及时安排 ×× 项目"，并倒一杯花茶给客户，让客户稍微休息一下，美容师会以最快的速度来帮客户服务，要让美容师和客户打个招呼，再以最快的速度配齐产品
安排护理	顾问开护理工作单，由顾问安排合适固定美容师服务，其他则以轮派方式进行服务

咨询流程的注意事项：咨询过程，对客户想了解的事项、解决的问题、介绍相应品项时应该注意几种情况。

①要给客户讲清楚项目的作用与原理。尽量用简练的、通俗易懂的语言，使客户了解项目是有科学依据的，消除客户的疑虑。只谈效果，不谈原理，客户会感觉缺少依据，不可信，甚至会觉得门店员工在夸大其词。

②讲解项目的方法与步骤。不能含糊其词，要让客户清楚护理的每个步骤。如果要用到仪器设备，还要将设备的原理及功能讲清楚，以赢得客户的理解和信任。

③介绍所用产品的优点与特色。客户护理疗程所需产品要向客户介绍，首先介绍产品的安全性，以往客户的反馈意见等，让客户放心使用。还要介绍产品的特性，让客户明白为什么要做这个项目。

④说明项目的时间安排。要向客户介绍服务项目疗程的时间，每次间隔的时间以及每一次做护理需要的时间，让客户事先做好准备，安排好时间。

⑤说明项目的效果。这是客户最关心的问题。介绍时要客观，不要夸大其词。

介绍效果时必须要说明几个问题：第一，项目使用多长时间见效；第二，达到满意效果所需的护理时间和护理次数；第三，项目产生效果后能够持续的时间。基本上，这三个问题说明白，客户接受后，后续产生效果，客户认可，服务能及时跟进，那么客户的预约到店、升单续费都不成问题。

第六节　新客户进门的一次咨询技巧

大多数人认为他们只需要一次或两次咨询。这些咨询能给他们非常好的建议，然后他们只需要采取这些建议，并付诸实践。

——迈克尔·霍伊特博士

咨询是美业门店接待客户必不可少的环节，也是门店必要的技术经验储备，是门店顾问岗位必须掌握的技能。在美业门店的实际经营管理中，咨询不止一次，新客户进店甚至要有二次咨询跟进。

1988 年，在一次重要的心理学年会上，迈克尔·霍伊特博士和他的伙伴提出一个观点："大多数人认为他们只需要一次或两次咨询。这些咨询能给他们非常好的建议，然后他们只需要采取这些建议，并付诸实践。"这个研究发现打破了心理学治疗领域一直沿用的针对心理障碍或心理咨询需长期治疗的做法。

当然，美业咨询并不是心理治疗，而是通过预设和执行咨询流程，探知客户需求，研判客户的真实意图或隐藏意图，为成交做铺垫或通过咨询直接达成成交。迈克尔·霍伊特博士的研究发现带给美业老板的启示非常有意义：美业门店完全可以预设咨询流程步骤，促使客户在一到二次咨询中达成成果，这个成果就是客户想要的。

新客户一次咨询与诊断是指客户在没有体验项目之前，对客户基本情况的了解和需求的诊断，设置一次咨询环节要达到以下几个目的。

1. 了解客户来店的渠道及对门店的了解程度

门店据此可以判断营销渠道或拓客方案是否有效，同时了解客户对门店及品牌的认可和信任。比如，有的客户是通过线上拓客渠道进入门店的，如果统计时段内来店咨询的客户都是通过此渠道到店，说明这个拓客渠道较为有效。

2. 初步了解客户的面部、身体条件以及客户的需求

比如，客户想做肩颈调理，想缓解疲劳，客户则更在乎品项的舒适度。

3. 了解客户的保养习惯

比如，客户每周都要做一次面部保养，可以初步判断客户有良好的保养习惯，并且愿意为保养投入时间和财力。

4. 了解客户的生活作息与身体状态

比如，在一次咨询中了解到客户平时工作比较忙，身体处于亚健康状态，肩颈问题比较突出，急需整体调养，但是工作又特别忙，没有时间频繁到店调理。

5.传递疗程和阶段性疗程规划的概念

比如，"根据您的描述和仪器测试结果，您的面部皮肤在季节更替时缺水较为严重，局部的起皮和敏感泛红就是缺水导致的。这些问题都可以配合面部项目进行疗程护理，我们会根据您的具体情况进行疗程规划"。传递疗程和阶段疗程规划的概念，是为了铺垫客户成交，使客户更容易接受阶段疗程卡项。

第七节　怎么抓一次咨询的核心

一次咨询要达成目标成果，就必须抓一次咨询的主要矛盾，也就是抓核心要点。

有这样一则商业寓言故事：一天，动物管理员发现袋鼠从笼子里跑出来了，于是开会讨论，大家一致认为是笼子的高度不够。所以，笼子由原来的10米加高到了30米。第2天袋鼠又跑到外面来，他们便将笼子的高度增加到50米，这时隔壁的长颈鹿问笼子里的袋鼠："他们会不会继续加高你们的笼子？"袋鼠答道："很难说，如果他们再继续忘记关门的话。"

这个故事告诉我们，遇到问题时一定要抓住主要矛盾。无论哪个行业，做哪些事情，要见成效，都必须分清主次。

美业咨询流程也要遵循这个规律，一次咨询要达成目标成果，就必须抓一次咨询的主要矛盾，也就是抓核心要点。

1.关注客户需求是否得到满足

比如心理需求。人在潜意识里都喜欢得到赞美，喜欢在和同龄人或同层次人群中比较中获得优越感。有的客户喜欢倾诉，希望在倾诉中获得别人的关注、认同。客户也希望自己的问题能得到顾问的足够重视，并给出针对性的、专业性的有效建议和方案。客户也享受在沟通过程中给予的细腻服务及和蔼态度。客户来到美业门店，期待顾问通过专业检测与分析，能够给到客户想要改变皮肤存在问题的有效解决方案。

2.对项目特点、产品成分、功效渲染进行分析

在咨询中，顾问要在分析和建议中，代入产品项目的特点、成分和功效的分析与渲染，对客户做强化植入，占领心智。

3.在一次咨询中植入疗程规划概念

在咨询中，顾问针对性提出解决问题的方案，包括使用疗程的规划，在这一次过程中要强调，时间配合和次数搭配是效果实现的前提。

4.在一次咨询中植入开疗程卡的观念

顾问可以结合性价比和单次服务价格与疗程价格进行对比，对效果做对比，推荐客户开疗程，办理卡项。

5.铺垫进房间时间

顾问在咨询环节要铺垫客户购买疗程卡项顾问或店长会进入房间对美容师工作进行检视的概念，为后期升单、增项等销售行为埋下伏笔。

新客一次咨询，门店员工要做好相应的准备工作，门店可以把准备工作固化成必要的流程。

①宣传布置：前台展架、公共区域宣传画、门店文化墙。

②产品展示：展示位置在前台，要求摆设美观，能快速吸引眼球。

③工具准备：镜子、产品试用装、项目介绍手册等。

做这些准备工作主要是为了增加客户对门店的了解，从企业文化、产品架构、服务体验等方面消除客户初次进店的陌生感，建立对门店的信任感。

第八节 新客户一次咨询的 11 个关键步骤

对于 21 世纪的企业来说，流程将非常关键，优秀的流程将使成功的企业与其他竞争者区分开来。

——"流程再造之父"迈克尔·哈默

在企业中，业务频繁出错，却找不到原因，导致习惯性的互相推诿现象频发；每个人看起来都很忙碌，业绩却不见提升；产品优质、行业领先，企业品牌知名度却远远赶不上竞争对手……被这些问题困扰的企业数不胜数，企业发展遭遇瓶颈期。

其实问题的根源就在于企业不重视流程管理。为企业创造价值的是流程，而不是部门或个人。因此，要实现优秀的运营管理，高效稳健的业务流程管理势在必行。

早在 20 世纪 90 年代，"流程再造之父"迈克尔·哈默就曾断言："对于 21 世纪的企业来说，流程将非常关键，优秀的流程将使成功的企业与其他竞争者区分开来。"

纵观国内，很多行业的佼佼者都是优秀流程管理的典范，比如，深圳的华为、青岛的海尔、万科、美的、国信、龙湖等。这些企业几乎都有专门的流程管理团队、专业的流程管理系统为企业运营保驾护航。业务流程管理在重塑这些企业的核心竞争力方面取得了良好的成效。

对于美业门店来讲，对新客进行一次咨询与诊断的最终目的是聚焦客户需求，为后续的成交做好铺垫工作。围绕这个目标的咨询环节进行流程提炼或流程再造非常必要。概括而言，新客一次咨询流程有 11 个关键步骤。

1.填表前的沟通

顾问可以在客户填表前与其进行沟通，拉近彼此之间的距离。

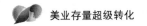

沟通话术：

自我介绍—询问客户姓名—客户想了解什么项目—客户的需求。

顾问：您好，我是×××美容院的小丽，很高兴为您服务，请问怎么称呼您？

客户：我姓李。

顾问：李姐您好，非常高兴认识您。请您这边坐，这是春季养生排肝胆的花茶请您品尝。

顾问：您是想了解面部护理项目还是身体护理项目呢？

客户：我想了解一下面部护理项目。

顾问：最困扰您的是哪方面呢？

客户：我就想补补水。

顾问：您的肤质还是非常好的，您平时还是比较注重保养吧？您的皮肤看上去是混合性皮肤，脸颊是相对比较干的，眼部的干纹比较明显，T区油脂分泌比较旺、有黑头粉刺，您平时有注意到吗？

顾问：李姐，稍后我会帮您做一下皮肤检测，给您搭配最适合您的皮肤护理方案，麻烦您先填下这张咨询表。

一般来说，填表前的沟通流程基本包含自我介绍、询问客户姓名、想了解的项目、确定客户的需求、请客户填表。对于这个流程，顾问可以根据实际情况变通处理。另外，顾问在沟通时要注意不能让客户产生反感心理。姿态要端庄，表情要放松，语气要温和，微笑服务，否则沟通很难顺利进行，客户的有效信息也无法获取。

2.填表时的沟通

在客户填表时，顾问可以根据实际情况展开沟通，进一步加强与客户之间的了解。

沟通话术：

顾问：您是怎么知道我们门店的？

顾问：请问您想改善面部还是身体呢？

顾问：您最想改善哪方面的问题呢？

顾问：为了帮您改善目前的××状况，设计出更适合您的调理方案，请填写一下这两份咨询表（见表3-6、表3-7）。

表3-6　皮肤亚健康检测

家居护肤使用品牌		清洁皮肤流程	卸妆□ 洗面奶□
过敏史		曾做过哪些护理	
家居护肤品使用	卸妆乳□ 洗面奶□ 爽肤水□ 精华□ 眼霜□ 乳液□ 面霜□ 面膜□		
额头肤色是否均匀	是□ 否□	眼周	真性纹□ 干纹□ 黑眼圈□ 眼袋□ 脂肪粒□
鼻子	黑头□ 白头□ 毛孔粗大□ 油腻□	面颊	红血丝□ 痘□ 斑□
口周肤色	青□ 红□ 痘□	皮肤整体状态	干性□ 油性□ 混合性□
面部想改善问题	肤色□ 干燥□ 斑点□ 痘坑□ 痘印□ 毛孔□ T区油脂□ 敏感□		

表3-7　身体亚健康检测

睡眠	睡眠浅□ 做梦□ 入睡难□　　睡眠时间：
排便	每天按时排便正常□ 不正常□　去医院做过检查是□否□ 检查结果：
乳腺	经前乳房胀痛是□ 否□　去医院做过检查是□ 否□ 检查结果：
月经	提前□ 延后□ 腰腹酸痛□ 痛经□ 血块□
饮食习惯	食欲（好 一般　差）吃饭速度（快 中 慢）夜宵（经常 偶尔 从不）
最想改善身体的问题	头部□ 肩颈□ 腰背□ 胸部□ 肠胃□ 卵巢□ 臀部□ 腿部□

填表过程中有两点注意事项：

①引导客户寻找美中不足点，刺激需求。

②对客户需求进行确定，增加客户的信任感。

皮肤和身体亚健康检测表，客户填写基本情况，顾问要引导客户关注面部或身体的美中不足，让客户对门店产生专业感，确认自己的需求，增加对门店的信任。

沟通话术：

客户全名—出生年月日—家庭地址—邮箱地址—电话号码—来店途径。

顾问：您的全名是李飞吗？（名字很有力量）1985年生的（哇！您看着比实际年轻好多哦！）您的电话是××××××××××。李姐，您是怎么知道我们会所的呢？

客户：自己过来的/朋友介绍的。

顾问：您住附近吗？您的朋友也是我们会员啊，方便告诉我吗？是的，我们连锁店最近在做店内特色项目体验宣传。

顾问：您这边再填一下地址，像我们有一些美容资讯或活动邀请函可以邮寄给您。

顾问：朝阳路2号电网宿舍，这里是可以收到邮件的是吧？您住的地方离我们门店很近，交通很方便，您是开车过来的吗？这个时间不堵车吧？

3.介绍皮肤测试仪器

为了展示门店的严谨和专业，加强客户对门店和项目的信任，在一次咨询时顾问会采用皮肤测试仪给客户检测皮肤状态。检测之前，顾问应该详细向客户介绍皮肤测试仪。对仪器的产地比如是否引进设备，突出仪器的优势，比如采用×××先进技术等，以增加客户的信任感。测试中，客户有哪些需要配合的动作，也可以提前告知，让客户做好心理准备。

沟通话术：

顾问：李姐，您之前有做过类似的皮肤检测吗？

客户：有/没有。

顾问：请问您是在商场专柜还是在其他美业门店做的呢？

客户：在其他美业门店。

顾问：李姐，您一般在美容会所做什么项目？

客户：面部身体都做。

顾问：李姐，我先给您介绍一下我们这台皮肤检测仪。这是咱们公司从国外原装进口的一台高端皮肤检测设备，它可以把皮肤放大，在电脑上很直观显示出您的皮肤表皮和真皮层目前存在的问题，我们可以根据您的皮肤问题量身定制适合您的护理方案。

4.皮肤检测

在做皮肤检测时，顾问要再次提醒检测中有哪些注意事项，客户感受到顾问的细心和体贴，检测结果出来后，顾问要带着客户一起看检测结果，让客户直观看到仪器检测的结果和自己皮肤存在的问题。顾问还要在检测结果出来后针对客户的皮肤存在的问题，设计面部不同区域的提问方式，强化问题。

皮肤检测的步骤：

①消毒测试头、打开电脑、输入资料、进行测试。

②表皮（毛孔—居家卸妆产品、离最近清洁护理有多久、是什么样的疗程饮食情况；纹理—松弛；眼纹—眼部产品，睡眠情况；额头—角质层）。

③真皮（色素—内分泌、防晒；红血丝—血素斑、保湿；干—饮水情况平时居家保养习惯）。

针对客户最在意的问题重点讲解。

皮肤检测时话术步骤：针对皮肤问题客观描述，问相关问题。

沟通话术：

①对面部两颊、眼周和额头进行分析

顾问：姐，您平常睡眠质量怎么样？有无熬夜晚睡、失眠多梦的现象？

顾问：姐，您平时工作或应酬需要化妆吗？

顾问：姐，您经常运动吗？

顾问：姐，您喜欢在健身房还是户外运动？

顾问：姐，您的月经正常吗？平常月经量多吗？有没有血块？来得准时吗？例假前有无胸胀，腹痛等经前综合征？

②T区分析——抓住客户症状进行分析

顾问：姐，您会发现T区发亮的都是油脂，毛孔比较粗大，里面有很多的油脂毒素甚至是闭合性粉刺。

顾问：姐，您这些问题有多长时间了？有没有定期在美容院做针对性保养？效果满意吗？

顾问：您这个问题要特别重视，T区这些问题主要是与外在保养和内在肠胃有很大关系。我今天特别帮您加强清洁和角质代谢，所以想了解您距离上次护理有多长时间了？

顾问：姐，您家居保养品是调理型的还是保养型的？通常您用了哪几种？姐，您喜欢吃口味重的还是清淡的食物？平时饮水多吗？

顾问：姐，您的肠胃如何？有没有便秘或腹泻的现象？排便正常吗？

③对T区、下巴和下鼻翼位置进行分析

顾问：我们先来看T区，下巴和鼻翼的位置油脂分泌比较旺盛，您会发现这些发亮的都是油脂，毛孔比较粗大。您看里面这些就是油脂毒素，还有些闭合性粉刺。

客户：是的。

顾问：T区油脂分泌旺盛易长粉刺与我们的清洁习惯及肠胃有关，李姐，您之前有定期在美容院做面部的保养吗？

客户：会做。

顾问：您距离上次面部保养有多长时间了？

客户：有一个月了。

顾问：哦！为什么会间隔这么久呢？之前做的是什么项目？

客户：就普通的补水，这段时间忙，没去。

顾问：哦！那您在家要注意清洁和补水了。另外，您肠胃如何？平常饮食喜欢吃口味重的还是清淡的食物？平时饮水多吗？

客户：喜欢吃重／清淡的。

顾问：排便正常吗？有没有便秘或腹泻的现象？

客户：一两天一次吧。

顾问：哦！那待会我给您按揉一下腹部，检测一下有没有宿便堆积。

5.画图

客户的情况，根据给客户画皮肤图，进一步明确客户皮肤存在的问题。

沟通话术：

顾问：李姐，检测后我帮您对症画下皮肤图，您皮肤基底细胞与原始肤色是非常好的。因为外在护理的疏忽，皮肤目前存在三大问题。

①T区油脂分泌旺盛，毛孔很脏，甚至隐藏很多隐性炎症，易长粉刺等。

②两颊皮肤缺水，皮肤有隐性的干纹。

③真皮层色素沉淀，再不保养就会形成色斑。

向客户说明这些问题主要是由于皮肤代谢能力弱，水油不平衡，再加上不定期保养，所以这些问题就越来越严重了。

6.需求再一次聚焦

客户清楚知道自己存在的问题后，顾问可以再一次聚焦客户需求，激发客户的购买意愿。

沟通话术：

顾问：李姐，针对您面部皮肤的这三个问题，您目前最想改善的是哪个问题呢？

客户：补水和祛斑。

顾问：我个人也觉得您皮肤最需要调理的是……

7.搭配三个阶段的疗程

针对客户存在的问题，顾问可以为客户设置三个阶段的疗程搭配。

顾问：是的，李姐，您的皮肤是要先补水。通过刚才的皮肤测试，像您T区和U区皮肤的肤质和肤色是不一样的，这些问题也不是一天两天形成的。我们×××会所针对面部护理是非常专业的，针对您的情况会分阶段分区域进行调理。第一阶段是深层清洁加补水，重点在于T区清洁排毒，U区补水；第二阶段是修复皮脂膜，锁水加补充营养；第三阶段是还原肤色，加强皮肤代谢。为了达到您满意的效果这三个阶段都需要您的配合，您能配合好时间按时到店做护理就可以。

可以搭配三个阶段的面部和身体疗程规划与护理建议，再给客户进行规划的同时以图表的方式展示给客户，展示个体化针对性定制方案，让客户感觉这个规划与建议是为其量身定制的（见表3-8、表3-9）。

表3-8　面部阶段性疗程规划与护理建议

	皮肤性质	油、粉刺肌肤	干、斑肌肤	护理建议
面部	第一阶段	排毒、清洁	软化角质、补水	
	第二阶段	调理 pH 值	保水、锁水	
	第三阶段	净化毛孔	激活细胞、刺激细胞更新	
	第四阶段	收缩毛孔	淡化色素、还原健康肤色	

表3-9　身体阶段性疗程规划与护理建议

	身体特质	养生、调理	减肥、瘦身	护理建议
身体	第一阶段	排出毒素，疏通经络	排出毒素，疏通经络	
	第二阶段	调经络、畅气血	强化代谢功能	
	第三阶段	调脏腑、补充气血	燃脂、瘦身	
	第四阶段	调体质、除六淫邪气	塑形、完美曲线	

8.搭配最适合的疗程

沟通话术：

顾问：姐姐，针对您第一阶段的皮肤调理深层清洁加补水，我们的××护理特别适合您!

再次强化私人、个体化的专属定制方案对客户的契合，给客户强烈的心理暗示。

9.搭配疗程功效与需求相结合

话术流程：成分功效与需求—案例分析—皮肤居家的吸收—护理到3次后的效果渲染。

顾问：您今天是做第一阶段的清洁与补水，我会特别为您搭配清洁毛孔及补水的×××护理。这个护理会用到××产品××技术，与市面上普通的清洁补水产品相比，护理效果好3倍以上。它能改善皮肤干燥、粗糙、毛孔粗大的问题，达到皮肤水润透亮的效果。

毛孔通透了，您晚上擦保养品时，产品的吸收速度会比以往要快很多。您回去接着敷2天面膜效果更好，但是到第5天左右，您会摸到T区又有些粗糙，皮肤也没今天透亮，这些就是新皮肤底层和毛孔的垃圾在向外代谢，您这段时间能配合我们疗程时间来调理吗？

顾问：想效果好，前3次要配合5天左右过来做深层的清洁和排毒，您能按期到店做护理吗？

10.介绍原价与体验价、新客开卡疗程特惠

沟通话术：

顾问：您配合我们时间到第5次我再来帮您皮肤检测，您皮肤T区毛孔会特别干净，两颊的格子纹比今天的要清晰，面部要紧致。配合小疗程做，您的皮肤肤质会细腻、白皙、有光泽的。姐姐，如果您特别想解决目前的皮肤问题，您就配合我们半年时间开个小疗程来做护理吧？

客户：你们开卡怎么开？

顾问：从您的需求和效果出发，您今天体验的项目原价××/次，新客开卡只需××元做24次半年卡。

客户：哦，你们开卡太贵了，我先做吧，到时再说。

顾问：姐，不贵的，主要是我们的产品品质好、效果好，您既然来这里做护理也就是信任我们，而我们店做任何护理都需配合疗程做的。您先进去体验，您感觉好就考虑开卡，到时我再与您详细介绍。

11.推荐美容师，铺垫顾问进房时间

沟通话术：

顾问：姐，这位是我们美容师胡老师，有5年的工作经验，手法非常棒，我们很多客户都指定要她做。

顾问：××美容老师，今天您帮姐做××护理。姐特别在乎×××问题，今天你在做护理过程中要特别加强××××部位，护理中每一步都给姐详细介绍。

顾问：姐，您今天好好体验，过程中您的需求和加强点可以及时与我们××美容老师沟通的，我们会及时为您调整。

顾问：姐，您今天就好好体验，待会做到导入时我进来看您皮肤的吸收效果。

整体看下来，这11个关键步骤是执行动作和相应话术的配合。美业服务是一对一的，但是成交是一套环环相扣的连续动作，这套连续动作需要团队成员的无缝衔接。因此，关键步骤非常考验员工的配合力和执行力。因为动作执行到位对后续成交具有举足轻重的影响，所以建议美业门店针对咨询流程以及相应话术多组织员工进行模拟演练，助力业绩倍增。

第九节 融入护理体验流程的暖心细节

"墨菲定律"告诉我们不能忽视细节对事物的作用以及影响。

你是否会遇到这样的问题，门店看着很气派，装修也很不错，自己亲力亲为打理门店，想着应该生意会不错。结果刚开始有生意，后来就一天不如一天，苦思冥想也不知道问题出在哪里？虽然硬件很好，但你有没有想过软件方面，服务的细节注意了吗？

在心理学上，有一个著名的"墨菲定律"，它是指如果有两种或两种以上的方式去做某件事情，而其中一种选择方式将导致灾难，则必定有人会做出这种选择。

"墨菲定律"告诉我们不能忽视细节对事物的作用以及影响，将"墨菲定律"运用到经营门店中，我们也可以得到这样一个启示：细节是表达重视客户的重要方式，服务客户的细节里能够传递出对方的尊重，往往显得更真实、可靠，比嘴上喊的口号和橱窗里的广告更有效。

因此，如何把对客户的重视通过细节传递给客户是重中之重。我们把服务客户的核心实操流程切割开来，把充满情感暖意的细节融入其中，自然会带给客户不再是程式化的体验，而是舒适惬意的过程享受（见表3-10）。

表3-10 客户护理实操流程

流程	步骤	内容
实际操作	由美容师提前至房间外等待客户，将客户带至房间，进行护理安排	开始护理时，美容师须至前台报时，并说"×××，×号房间护理开始"
	护理开始15分钟后，顾问进入房间问候客户	顾问第一次进房间问候：美容师看到顾问进入房间会告知客户。（×姐，您的顾问××进来看您了）进行沟通

（续表）

流程	步骤	内容
		顾问的问候内容：房间温度是否合适，美容师手法、力度是否适宜等，先让客户感受被重视，让客户知道以上都可根据个人需求进行调整 （××姐，您若对我们美容师的手法有任何意见，或有需要我们调整的，请您随时告诉我们，提出您宝贵的意见。）顾问于客户卸妆后，先观察客户的皮肤情况 若客户进行护理项目时睡着，美容师通知顾问，客户已睡着，先不要进入房间打扰客户。大概一个小时后顾问再进入房间问候客户。顾问于客户敷膜结束后进入房间，查看的皮肤情况，进行沟通皮肤问题改善方案的沟通
再咨询	对比做前/做后的护理效果，再次询问客户对本次护理是否满意。针对客户的需求进行销售	顾问第二次进房间前，美容师应与顾问进行交接，了解客户情况及消费意向，再由顾问进房间沟通。顾问于客户敷膜后，进行护理做前做后的对比，开始针对皮肤问题进行专业沟通。美容师应协助顾问销售客户适合的疗程/产品，并与客户沟通，进行确认购买项目/产品 美容师进行完护理项目后，出房间让客户更衣，并干出来后换鞋 销售成交顾问带领至前台结款 客户表示再考虑一下，不强迫客户购买，帮客户预约下次护理时间
	送客	前台所有人员应起身对客户说：请慢走，欢迎下次光临
追踪	护理后第一天	打电话询问客户做后感觉，护理追踪/产品使用方法是否正确
	护理后第三天	预约下一次到店时间
	护理后第七天	确定到店时间

1.护理服务操作中的三三三三四法则

（1）三过问

①冷暖要过问（在护理全过程中要随时关心客户的冷暖，加减被子）。例如："现在盖得被子可以了吗？您要是感觉冷或热随时跟我说，我会按您的需要加减被子。"

②松紧要过问（在给客户用毛巾包头时要询问客户毛巾的松紧度）。例如：这样的松紧度可以吗？有需要随时告诉我，我会根据您的需要做调整。

③轻重要过问（在给客户做按摩时，手法的轻重要随时过问）。例如："您感觉我现在的手法力度可以吗？您喜欢力度重一些还是轻一些，可以随时告诉我。我会根据您的需要随时做调整。"

（2）三提示

①产品用于客户身体时要提示。

②产品名称要提示（在护理过程中每一次产品用于客户身体时都要轻声提示客户并告诉产品名称，有何功效）。

③暂时离开客户时要提示（在服务操作中，换水或拿取物料等情况，需要暂时离开客户时，要提示客户）。例如："我去换盆水，请您稍等，我马上回来。"

（3）三提醒

①提醒客户拿齐包物。例如："您的东西都拿齐了吗？"

②提醒客户整理妆容。例如："这里是梳妆台，您可以在这里整理一下头发、补一下妆。"

③提醒客户下次护理时间。例如："今天是星期二，您最好下星期二或星期三再过来做护理，您看需要我先帮您预约上吗？如果您现在确定不了，那到时我打电提醒您好吗？要记得按时过来做护理。"

（4）三度四报

三度：①房间温度要报知客户，②操作力度或仪器挡位告知客户，③操

作速度快慢或仪器转速快慢要告知客户。

四报：①操作时美容师报姓名，②报项目名称，③报产品名称，④报操作时间。

2. 销售、落单程序及注意事项

将客户引至接待厅，将服务项目疗程手册拿出向客户做详细介绍，或将产品从产品柜中拿出，让其看到实物并再次感受效果，充分展示和介绍其特点。将活动优惠方案拿出，强调优惠内容。

注意要点：

①从专业的角度发现问题，并提出解决问题的方案。例如，要想快速恢复，请尽早采用这个方案。一旦错过这个最佳恢复期，则需要加倍的时间和精力。

②考虑到客户接受护理是长期的疗程而非单次的治疗过程，因此，必须将下一次需要护理的内容向客户预告。

③落单时要收银员快速收钱，根据"快收慢付规则"。

3. 与客户咨询介绍服务项目时的要求

①介绍品项要简单明了，不要用过于专业的术语，以客户能听懂为准。

②介绍服务项目效果时要如实说明，不能夸大其词。

③介绍服务时要观察客户神情，客户感兴趣的项目就详细介绍，客户不感兴趣的项目不要强推。

4. 服务护理操作完成的注意事项

①项目完成，将客户带到休息区，给客户提供甜品。

②客户档案需本人签字。

③预约下次护理时间。

④帮客户拿好衣服、物品。

⑤换鞋，送别至门口。

⑥发送注意事项给客户。

⑦还原使用过的房间（将客户送走后，再回到房间整理床铺，物品归原

位摆放整齐）。

5.送客时的细节

微笑将客户送至门外，约定下次护理时间，友好道别。不管客户有没有办卡，都应该热情、有礼貌对待客户，让客户觉得美容师真心想帮助她，这次没买，下次没准就会买，或者介绍她的亲戚朋友来体验。

道别时注意观察的神情，了解客户满意程度。除了说再见以外，可以主动征询客户服务的意见，如"不知道您对本次服务是否满意""如果您对我们的服务感到满意的话，欢迎再次光临。也许我们的服务还未能使你完全满意，请指点一下好吗"此类用语，可让客户感到周到、细致，得到心理上的满足。送别时，要表达对客户的关怀和体贴，起到锦上添花的作用。比如"下雨路滑，路上慢点""天黑了，请慢走"等。

第十节　极致客情的五感六觉氛围营造

与客户建立深厚的客情关系，个人的成功需要85%的人际关系，而15%的专业技能就已经足够了。

客情关系是产品、服务提供者与其客户之间的情感联系。与客户建立深厚的客情关系，个人的成功需要85%的人际关系，而15%的专业技能就已经足够了。从某种意义上来说，客情关系是产品、服务提供者在市场活动中，伴随客户关系建立、发展和维护所必然产生的情感联系。美业门店对客情关系做好分类，对于客户黏性培养、拓展服务边界、发现客户新的需求有不可替代的作用。

①亲人型：客户（个人）把你当成自己的亲人，有一种类似于亲人的信赖感、亲近感，愿意把自己的家人介绍给你，甚至愿意委托你为自己的家庭

办一些事。也就是说，客户更认同你的人品。

②朋友型：客户（个人）把你当成朋友，喜欢和你在一起交流思想，消磨时光，你们之间的关系是平等的，是互相尊重的。也就是说，客户认为你和自己在认知水平、社会地位、兴趣爱好等各方面都比较相似，这样的人才能成为好朋友。

③顾问型：客户（个人）把顾问或美容师当成某方面的专家，有这方面问题的时候，愿意向其咨询。也就是说，客户认同顾问或美容师在某个方面的专业水平，经验或者能力。

④明星型：客户（个人）认为顾问或美容师是某个领域或者某个地区的知名人士，权威人士，认同她的观点，尊重她的学识，敬佩她的为人，在意她的行业影响力，以与其交往为荣。

极致的客情服务与传统门店服务最大的区别在于，其对空间、环境的要求较高，客户更在乎消费过程中的参与感、体验感。极致的客情服务营造的沉浸式体验消费从视觉、听觉、触觉、味觉、嗅觉等体感方面让客户在消费过程中的满足感被释放。

这种体验感可以给客户营造峰值感受，进而让客户在最开始或体验的某个环节时感受到惊喜或愉悦，从而降低客户对价格的敏感度。这种积极的情绪不仅可以有效激发客户的购买意愿，增加复购率，对传递店院口碑也是极其重要的（见图3-11、图3-12）。

1.高贵感

①迎宾：开门迎宾、车前接送，下雨或者有太阳时要打伞。

②大客户，列队迎宾，店长顾问亲自接待。

③客户离店时，前台人员和中高管亲自将其送出门并外帮其拎包、遮伞，致送客礼，如需要招车，前台人员先招好车再让客户出门。

④ VIP 客户的专属物品、房间等。

⑤需要泡浴的客户，搀扶客户进浴缸。

图 3-11　五感氛围营造

⑥冲凉后帮客户擦干净身上的水，擦脚服务。

⑦帮客户挂衣服。

⑧交谈的话题中不与客户争高低比输赢。

2. 尊重感

①美容师妆容得体，上岗前检查自己身上是否有异味，服务时戴口罩包过鼻子。

②遇到客户，15°鞠躬问好。

③婉转地询问客户喜欢的称呼，在语言上以"您"字开头"谢"字结尾。

④服务中不随意更换美容师。

⑤护理时，其他美容师不随意进出，开门关门要轻，并且要表示"不好意思，打扰了。"

⑥尊重客户隐私，进房间时要敲门，在客户换衣服时帮她用毛巾遮挡。

⑦送走客户再收拾房间。

3. 舒适感

①冷暖空调温度适中，冬天做好护理提前把暖气打开，夏天提前把冷气

打开,冬天怕冷客户,准备好暖水宝。

②客户来例假时,准备热水袋或是暖壶,煮姜红茶给客户喝。

③天热时,护理后准备绿豆汤,泡一些清热解毒的花茶。

④雨天衣服、鞋子湿了帮客户用风机吹干。

⑤美容院保持环境卫生优雅舒适,干净整洁、没有异味。

⑥毛巾等备用品干净度和柔软度。

⑦美容师口气、体味清新。

⑧音乐音量要适中。

⑨护理时用心、细心、细致、专业,帮助客户盖被子时要轻拿轻放。

⑩护理时,关注客户表情,清痘时手法要轻,随时关注客户的承受力。

4.愉悦感

①热情接待,多以赞美的语言与客户沟通。

②经常给予关心。

③多聊客户感兴趣的话题并耐心倾听。

④客户生日时给她惊喜。

⑤护理后发自内心地赞美。

⑥客户不开心时,点令人愉悦的熏香。

⑦出差或回家时给客户带特产或者手工制作品。

⑧表扬和赞美客户的小孩。

⑨提前安排好客户喜欢的房间和美容师。

5.安全感

①保障客户的隐私性。

②客户资料和聊天内容要保密。

③企业规模和文化介绍特别突出"安全",突出产品引进的不容易,通过不断地考察试验才会引进。

④提醒客户拖鞋一客一换,放心使用,仪器、工具、木桶、备用品等要

及时消毒（卫生安全）。

⑤客户做护理前，做好一咨，症状分析，并护理计划达成共识。

⑥每次的护理项目，疗程价格等都要让客户清楚，告知客户护理时长，服务美容师及房间号。

⑦客户出门提醒检查物品是否带齐。

6. 视觉

①环境卫生，墙面、地面、服务体验区、休闲区、产品和用品的卫生消毒等。

②企业文化包括企业理念、发展历程、企业使命、门店制度、荣誉、团建氛围展示等。

③服务人员职业形象和行为举止。

④氛围布置，如花床、香薰灯、飘花缸等。

⑤灯光打开标准。

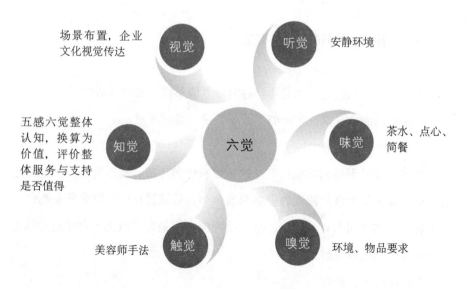

图 3-12 六觉氛围营造

7. 听觉

①播放轻音乐，营造放松、安适的听觉氛围。

②服务人员说话要注意音量适中，走路要步履平稳，避免鞋跟磕碰地面发出声音。

③仪器、产品等物品轻拿轻放。

8. 味觉

为客户提供茶水、点心、简餐等。

9. 嗅觉

①闻香盆。

②香疗灯。

③服务人员是否有体味或食用葱、蒜等食物。

④客户备用品。

10. 触觉

①美容师手法要舒适。

②毛巾的柔软度。

③服务体验式物品的温度要舒适。

11. 知觉

①客户的第六感觉，也是客户对消费"值不值"的整体认知。

②快乐的感觉，就是客户的"五感"是否得到满足。

12. 环境导览

环境导览是五感六觉氛围营造的重要载体和环节，通过视觉、听觉传达的企业文化渲染为客户营造尊贵感和安全感。导览过程中的讲解职业礼仪强化了客户的安全感和尊重感。产品、品项的介绍是为了渲染客户体验前的安全感和体验后的尊贵感。

13. 环境导览要素

①企业文化渲染包含企业文化背景/发展历史/规模/荣誉。

②环境氛围塑造包含装修风格／选用的材质／空气、水质处理。

③王牌项目渲染包含选用的品牌／仪器、特色特效项目。

④客户需求了解，如面部／身体／具体想解决什么问题。

在环境导览介绍中，员工要做到同景、同口、同步，必须与现场环境及步速、语速同步，同时对任何介绍都要从客户需求出发，塑造价值感。价值感传递给客户的是高贵感、尊重感和舒适感，因此从环境场景搭建到员工意识层面都要建立价值感输出的通道，持之以恒，久久为功。

第十一节 客户二次咨询的落单技巧

二次咨询是非常重要的，几乎90%以上的销售都是在二次咨询环节落单。

客户进门一次咨询后，会做护理体验，但并未决定是否购买产品或办理卡项，因此需要进行二次咨询。这个环节不是客户本身要求的，而是顾问或美容师要在护理环节中创造时机进行二次咨询，利用效果对比，加深客户的信任感，提升客户的购买意愿，促成销售。

1. 二次咨询的重要性

二次咨询是非常重要的，几乎90%以上的销售都是在二次咨询环节落单。这个环节能够利用产品功效对比加深客户信任感，通过细腻周到的服务培养客户黏性，从而提高客户进店率。因此，二次咨询的技巧和流程设计要多花心思打磨。

2. 二次咨询的流程

（1）二次咨询时确认当次护理效果

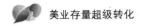

二次咨询时确认当次护理效果，针对新、老客户话术应有不同的侧重点。

针对老客话术：

张姐，肤色调理的疗程以及使用的家居产品一套，我都您准备好了。

您的档案我已经做好了，现在为您重复今天的开卡内容，谢谢！我告诉您产品的使用方法，您在这里签名确认一下。

这份温馨提示卡我写了相关提示和使用技巧，同时我们美容师会给您发微信提醒，到时可能还会打扰您一下。

二次咨询时确认当次护理效果，针对老客户侧重服务流程的细腻程度、家居产品的使用方法，更新档案，手写温馨提示卡，同时使用信息提醒等服务，让客户有温馨、放心的感觉。

针对新客话术：

张姐，针对您的皮肤状况，我帮您设计了一套方案，里面有这次做的肤色调理的护理疗程，还有相应的家居产品。您不在我们店里做护理的时候，在家里也不可以偷懒，互相配合才能把您的皮肤调理好！

知道您最近压力大，所以今天给您搭配的这个方案既可以满足您的护理需求，也满足了您的价值需求。家居产品的使用注意事项我会给您准备一份温馨提示卡，我以后也会给您发信息提醒的。您有任何问题都可以随时来问我，这是我的名片，您有什么问题可以随时拨打我的电话。

二次咨询时确认当次护理效果，针对新客户，除了有对老客户强调的内容外，还要着重突出个人定制方案的概念。同时，强调方案含门店护理和家居护理同步使用，问题才能根治，强调客户有问题可以随时联系自己，让客户放心。

（2）二次咨询时确认当次效果的方法

配合：美容师配合顾问或者店长倒水、安排座位。

美容师配合话术：

张姐，前台已经为您准备了甜点和您最喜欢的花茶。张姐您这边请，先喝点茶水，顾问马上就过来接待您了！

赞美：赞美客户做完之后的效果。

赞美以及沟通话术：

张姐做好了，皮肤透亮多了，拿镜子看看！给您搭配的这个方案喜欢吗？今天主要是针对您的皮肤做重点调理，您今天回去以后一定要做好防晒和补水，最好可以一周过来做一次护理，这样您的皮肤会更加透亮。

沟通：护理前后效果比较，针对问题皮肤，给予综合护理意见。

推荐：根据实际情况推荐适合的疗程及产品。

介绍：介绍方案（注意：方案侧重的是解决问题，不是卖优惠）。

叮嘱：叮嘱客户居家使用产品注意事项。

（3）二次咨询确认满意度

二次咨询时除了请客户确认当次护理效果，还要探知客户的满意度，对产品、细节等倾向性看法和意见。

满意度：请客户填写满意度调查表，期待客户提意见和建议。

满意度调查表询问话术：

张姐做完护理您感觉怎么样？为了下次能更好地为您服务，希望您能提出宝贵意见，麻烦您帮忙填一份客户满意调查表。您觉得好的地方打钩、您的意见写在后面就可以。您的意见我们会保密的，您提出的意见和建议我们会参考并做出适当的调整，感谢您的监督！

细节：加强／注意部位是否有强化操作。

细节确认话术：

我有几个小问题需要您配合回答一下。张姐，美容师小红在服务过程中有没有跟您说我们的这次服务项目和服务时长呢？您今天不舒服的地方美容师有没有帮您做加强呢？感觉有没有好点呢？

产品：确认美容师是否介绍产品。

产品确认话术：

张姐，咱们今天给您在操作过程中，用到的产品我们美容师有没有帮

您介绍？肯定要给您保证有好的服务，但产品也是非常重要的哦！

（4）二次咨询结果的处理方法

无论是新客户，还是老客户，二次咨询必然产生结果。针对新客户，顾问要在搭配阶段疗程办卡及家居产品推荐方面下功夫。针对老客户，顾问在疗程的时间配合及返店时间方面要做好沟通。

①会员：诉求会员福利。

吸引客户办理会员卡的前提是一定要熟记会员卡权益和内容，比如会员权益、会员享有的会员价、会员可优先参与的活动、会员日秒杀等。

会员话术：

张姐，感谢您对我和我们门店的认可，像您今天购买的这个项目如果有我们家的水晶会员卡的话会更优惠。您今天的这个方案给您搭配下来是6 000元，如果您办理一张水晶会员卡的话还可以给您再打8折哦。成为我们的水晶会员以后，您还可以享受闺密日带朋友过来免费做项目，还有为您专属定制的毛巾、浴巾和拖鞋，您看要不要直接成为我们的水晶会员呢？

②成交：刷卡/付现/定金，确定下次护理时间。

成交话术：

顾问：好的，张姐，感谢您对我们门店的信任。

反预约话术：

顾问：张姐，今天是×月×日星期×，我帮您预约下周的这个时间过来做护理可以吗？

客户：我看一下吧，一定要今天预约吗？

顾问：提前预约我们好安排时间，这样给您也带来方便。如果您过来没有位置，让您等着就不好了。

客户：那好吧！

顾问：我们会提前电话提醒您的，有什么变动我们提前电话联系通知我们就可！

③不成交：二次咨询没有成交，可以给客户宣传册、名片、试用装、体验券，争取达成交易。

不成交话术：

顾问：没关系的张姐，您今天也体验了这个项目，如果您有更好的建议或者意见一定记得告诉我哦！这样我们才能更好地服务您，我这边也有一些搭配使用的小样，您可以带回家试用一下，希望您可以监督我们的工作哦！

3.二次咨询的注意事项

二次咨询的结果直接指向客户是否购买卡项并影响后续的客户到店率。因此，在实际执行各个环节的配合上，有些事项需要注意，有些事项需要避免，有些事项在执行中需要完成植入。

①避免客户护理完以后就划卡，没有赞美，没有客户对效果、服务的认可流程。

②避免急于求成，不要几个人同时询问客户的护理效果，没有考虑客户的感受，强买强卖，没有运用语言技巧。

③禁止护理前夸大效果，使客户期望值过高，一次护理未看到效果。

④避免只介绍产品或卡项，没有站在客户的角度思考，给予合理的建议。

⑤禁止对客户的异议面露不满神色，甚至顶撞客户。

⑥避免在遇到客户效果反复（反弹）的情况就放弃。

⑦避免在初次护理中发现客户无意再消费，就不再讲解产品而轻易放弃。

⑧在二次咨询成交时要适时请求转介绍。

⑨禁止因客户没有成交离店时就不送出门。

第十二节　专业带入项目咨询话术

专业的内容想变成自己的专业化表达，别无他法，选择权威而专业的书籍，勤于学习和表达练习，一定能让我们变得专业而又自信。

专业带入项目咨询话术，是在一次咨询和二次咨询里都会运用到的专业话术。下文梳理了流程，以供美业从业者学习运用。

1. 咨询是赢得客户的第一步

咨询的重要性不言而喻。通过咨询可以了解客户到店的渠道，以此评估此前的销售拓客渠道优劣，为后续制定销售拓客策略提供可靠的数据；咨询环节能够了解客户的需求和基础条件，如果做疗程、品项推荐还需要了解客户的保养习惯、生活作息习惯、身体状态等。咨询还有其他重要作用，就是可以了解客户的咨询习惯、对门店的认可度和信任度。因此，美业老板，务必要重视和提高店员的沟通能力。

2. 咨询就是要借助中医的望、闻、问、切

中医的一个传统疗法叫作望、闻、问、切。首先，望，即肉眼看得见的问题。比如，脸上长斑、长痘，身体上的青筋暴露等。其次，闻，有些人夏天身上的味道比较重，也有一些人口腔有异味，甚至还有一些人身上散发出一些酸味、臭味，或者是其他味道。再次，问，围绕看到的问题、闻到的味道，询问患者相关问题。最后，切，再结合患者的脉象来判断患者身体的健康状况。

（1）从上到下的望

美业咨询就是参照中医这个过程，先观察有无问题，再思考问题形成的原因，当然最终还要成功推荐产品，像中医开出药方一样。

第一步，看问题，美业老板一定要让你的员工建立从上往下找问题的专

业习惯。

看就是从客户的整个面部看，从额头开始，到眼周、T区、面颊，向下到口周，再到面部轮廓。看什么？从肤色、轮廓到毛孔、细纹、斑点、痘印等都要仔细观看。有人说先看五官再看轮廓，不管先看什么，我们都要制定看的标准。

比如通过看，我们发现客户皮肤透亮，但是T区毛孔粗大、有黑头，两侧苹果肌有一点点下垂，再仔细看下巴上也有一点点痘印等。其他部位也是同样的道理。

望过以后要分析问题成因。

不能单纯只是望，还要思考问题形成的原因。

话术示例：

美容师：姐，您看一下额头，这是胆经的区域？您会发现有非常明显的青筋。再来看一下肝胆区也有很明显的青筋。

客户：嗯，是的，我平时自己照镜子也看得很明显。

美容师：一般在肝胆区出现青筋暴露的情况主要和情绪有关。比如，脾气比较急的人，遇到一些烦心事容易着急上火、发火、动怒。不过有些人修养好，不把怒火对准别人，其实是坏情绪被压制住了，但是在身体上会爆发。所以，脾气得发出去，不发出去，会伤到肝脏。

假设看到客户的鼻子上有黑头、毛孔粗大，额头有川字纹等，我们都可以把看到的问题，做一下分析，了解问题背后客户的性格以及生活习惯。

（2）闻要联想季节更替

中医疗法中的闻，主要是通过气味来进行辨别。我曾经遇到一位客户，夏天的时候常常把腿盘起来坐，从来不平放双腿坐着。我和客户很熟悉，就问她为什么？她说夏天妇科味道很重。

夏天湿气重，人们待在空调房里，汗液排不出去，到外面冷热交替，湿气会从身体中往外跑，但是皮肤毛孔又不张开，跑不出去，身体的湿气会变得很重。夏天我们喜欢喝冰水，从冰箱里拿出来的冰水进到胃里，湿气在身体里面慢慢地堆积，容易滋生细菌，引起妇科炎症，也就理解上面提到的客户为什么夏天不敢双腿平放坐着了。

（3）问要找好切入点和把握问的时机

现在，咱们看一下关键的一环——问。问题形成的原因大概有哪些，可以通过问做进一步梳理分析，明确原因，然后找到问的切入点。

话术示范：

美容师：姐，我发现您的额头非常饱满，五官长得真的很漂亮！唯一美中不足的就是您的眼角有些细纹、脸右边有一些小的斑点。

这个时候要问客户问题了。

美容师：姐，这两个问题您发现了吗？

客　户：嗯，知道，我也没太在意。

美容师：哦，那您没有想过大概是什么原因造成的呢？

客　户：可能是因为我不做防晒吧。

美容师：还有呢？

客　户：睡眠不好。

美容师：还有其他吗？

客　户：我也不太爱抹护肤品

这是客户的回答，这个时候我们还要了解客户想要什么样的效果。

美容师：姐，您是否想把脸上的小斑点以及眼角的细纹去掉呢？

客　户：当然。

美容师：如果达到您想要的效果，您的经济预算是多少呢？

客　户：当然是花最少的钱呀！

有没有发现，其实所有客户不会在这个环节那么快回答我们的问题。她有可能会说我没有考虑过，但她如果没有考虑过，不会接你这个话茬，有没有发现？

美容师：姐是想越少越好对吧？这个斑的问题过去是否调理过？

客户：有。

学会问问题很重要，要了解客户过去到底有没有祛过斑？

美容师：您过去花了多少钱呢？

客户：1万元，没有效果。

花了1万元，没有效果，对不对？所以说我们要了解哪些问题。第一，客户过去有没有做过，花过多少钱？现在想不想调理，她还是想的，对不对？只是有没有可能已经丧失信心了？是的，所以她不想调了对不对？不代表她会跟你说真话，是不是？

美容师：姐姐，如果今天我有一款非常好的产品您不用先着急去做祛斑项目，用了之后可以让您脸上的肤色有很明显的提亮和变化。当然我们先建立点信任，后期我可以告诉您，您脸上的斑我有十足的信心能给您调理和改善。当然，我想问一下您后期能否坚持配合，这个很重要。

这里是不是在不断咨询，在咨询过程中要给问题，所以问对问题很重要。

（4）切要切中要害解决问题

当然，这里的切不是我们给客户号脉，而是从美容护肤的角度分析判断问题形成的原因，从内因到外因，以及不调理的后期危害和调理后的效的规划。

通过诊断做专业的分析，明确客户的问题，给客户搭配一套完整的解决方案，然后针对店里的新项目进行大力的宣传和推广。大家肯定知道，在推广的时候，可以推荐价格优惠的家居套餐，让客户有尝试的欲望。

美容师：您先用一段时间，看一下效果，这是我们家的王牌产品。您用过之后觉得有效果了，您才会信任我，后期我们再谈怎么去做祛斑。

但其实我心里已经有数了，客户过去已经花了1万元做调理，而且客户现在就是想调理，只是缺少一点信心。所以，我要很专业地给她分析，面部这一块的斑是什么原因形成的？眼角的纹是什么原因形成的？接下来要调理到什么样的效果？

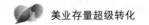

斑点成因话术：

美容师：姐，我们皮肤上长斑和黑色素有关。肤色深浅与是否长斑，最终都是由黑色素的多少决定的。所以无论是内在原因还是外在原因，都会使代谢减慢。当肌底层的母细胞分裂子细胞的速度减慢，那么黑色素细胞就会自动补足我们的基底母细胞的空缺，以保护肌肤，但是会影响美观，所以我们不喜欢。当黑色素开始增多，肤色就开始变得暗沉。长时间的色素堆积，皮肤的代谢就会越来越缓慢，色素就会从肌底层逐渐向上，最终到角质层，形成肉眼可见的斑点。

我们的员工如果能把斑的成因用专业化的表达方式传达给我们的客户，会不会增加客户对后续祛斑的信心？当然会。因为我们的员工能给出专业的解释让客户信服，这样客户也觉得你既然知道斑点的形成原因，也应该能知道怎么祛斑。对不对？

斑有很多种，比如雀斑、老年斑、黄褐斑、肝斑、脾斑等。如果员工对每类斑的成因都有专业的表达，比如雀斑，那么客户会对你的专业性持认可态度，自然会相信你的推荐。

雀斑成因话术：

美容师：雀斑，大多是因为缺水或者防晒做得不到位引起的，并且黑色素细胞活跃度高，所以雀斑又称为活性斑，具体可分为12种。姐，具体哪12种以后您有时间想了解，我再详细和您聊。

再来看一个常见症状的话术，比如下颌以及淋巴长痘。

下颌长痘话术：

美容师：姐姐，您看下边这个区域经常长痘痘呢，刚刚长的还是反复长痘？

是不是要了解、要提问。

美容师：下巴这个区域是人体的肠道反射区。一般排便不是很好的人这个区域容易长痘。

在分析原因。

美容师：人体肠道每3.5厘米就有个褶皱，每个褶皱里都会藏着宿便。像夏天气温高，一碗米饭放在密不通风的环境里一两个小时就会馊。肠道里的大便一天、两天、三天排不出去，而且是在密封的肠道里，反复地发酵会不会有恶臭？这就是为什么有的人排便不好就会有口腔异味。刚出生的小宝宝排的便没有那么臭，是因为小宝宝今天吃了明天一定拉，甚至刚吃完，不一会就会排出去。但是便秘的成年人有可能两天、三天，甚至一个星期都不排便。

客户：是排便不太好。

美容师：像这一类下巴有痘痘的情况，建议姐可以采取几种方式改善。

第一，一定要小口喝水。小口喝水才能被肠道吸收，因为舌下面有金津穴和玉液穴，就是我们经常讲的金津玉液。这两个穴位其实可以帮助我们吸收水里的矿物质和微量元素，这是人体所需要的。但是大口喝水的话，水很难被吸收。

第二，我们要加强肠胃的按摩，强化肠道的蠕动能力。有些人排便不好就是因为肠肌无力，肠道壁被宿便堵住了，挪不动了，所以要通过按揉几个穴位，最后疏通肺经与大肠经。

第三，早晨起床后一定要大口喝一杯水，帮助肠道冲刷。因为夜里身体中的水分被蒸发和流失，大口地喝水可以直接冲刷肠道。这样长期坚持就可以从内环境改善下巴痘痘的症状了。当然外在原因形成的痘痘，应需要对皮肤、毛孔进行深层的清洁。

通过下巴长痘痘延伸到肠道问题，会给人感觉非常专业。有穴位吸收，有经络作用，有肠道功能恢复，客户会不会认可这个建议？后续，如果让客户尝试接受肠道穴位按揉项目是不是更容易？所以，咨询中的话术重点是给客户做出专业的分析，让客户信服，然后才有可能接受推荐项目。

所有在客户面前呈现的专业分析话术，都是在平时的培训或面诊中不断学习和积累的，咨询和面诊中能否给出专业的解释回答，就看平时的积累是

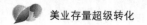

否到位。专业的内容想变成自己的专业化表达，别无他法，选择权威而专业的书籍，勤于学习和表达练习，一定能让我们变得专业而又自信。

第十三节　按"把大象装进冰箱"思维划分的护理流程

美业客户实操护理流程也可以轻松划分为三步：护理前、护理中、护理后。

在央视春晚小品《钟点工》中，宋丹丹问赵本山，把大象装进冰箱需要几步？这是个脑筋急转弯，答案是三步：第一步把冰箱门打开，第二步把大象装进去，第三步把冰箱门关上。

"把大象装进冰箱"这个脑筋急转弯火了之后，由这个逻辑衍生出的急转弯周边也顺道火了，而且人们还进一步把这个答案逻辑进行移植。比如，把论文顺利地写到试卷上需要几步？有同学就会说："两步，第一步读题，第二步作答。"同理，美业客户实操护理流程也可以轻松划分为三步：护理前、护理中、护理后。宏观上来说的确是三步，不过这三步中的每一步仍需进一步拆分，细化要点，固化流程，反复练习。

1. 护理前

（1）观察问题

可运用皮肤检测仪器、虹膜检测仪来观察问题。如果没有仪器就采用面诊或触诊，观察客户问题，同时从专业层面告知客户问题形成的原因。

（2）护理设计要点

通过一次咨询找到问题，设计当次护理要点，哪个部位手法要轻柔，哪个部位手法要加重，然后适时调整。

（3）告知护理要点

单纯通过一次咨询设计护理要点还不行，需要在服务前将设计护理要点告知客户，同时让员工配合，确认当次护理要点是否有调整，调整内容是什么？这是给客户安全感。

2. 护理中

（1）效果比对确认

护理中，一定要做效果比对，可以通过照镜子比对或者触摸比对，并且最好能得到客户的认可。美容师在操作过程中需要确认客户效果对比的满意度。顾问在进行二次咨询时，也需要确认客户的满意度及效果。

（2）反预约

反预约最佳时间就是护理过程中效果比对之时。

（3）情感交流

每次服务除了聊效果，也需要聊相关的客户基础资料信息，从而建立客情。除本职工作服务以外，还可以聊聊其他客户感兴趣的话题，提升与客户的互动水平。

（4）善用案例

每次服务前一定要向客户说明坚持做护理的好处，某些问题如果不解决会转变为更严重的问题，需要更多时间、精力、金钱投入才能改变。可以通过讲故事、举案例的方式将持续做护理的好处逐一说明。比如，之前有位客户与现在的客户年龄相仿，问题相似，没有坚持做护理，导致护理效果大打折扣。如果再护理得多花几倍的时间和费用，而且因为错过最佳护理期，护理效果得大打折扣。

3. 护理后

（1）满意度确认

及时了解客户对当次服务的满意度，不仅是对美容师的技术服务满是否满意，还包括门店卫生服务、前台接待、服务衔接等是否满意。有任何不满

意的地方，及时给予反馈。

（2）反预约

前台签单再次确认下次护理时间，并且在预约本上写清楚相关信息。

（3）"137"法则

第一天：注意事项；

第三天：效果回访／效果提醒；

第七天：已预约提醒（见表3-11）。

表3-11 "137"法则

	具体话术
第一天：注意事项	效果提醒： A：××姐，您今天做了这个××项目已经有××效果了，您×号过来再做×××项目就可以有×××所以您一定要坚持哦。 A：××姐，您今天做完这个××项目，记得回家要做×××，（生活起居要注意×××，护理做×××），您下次××号过来，我们就可以达到×××的效果了，我帮您约了××号，为了您的美丽一定要来哟。 效果回访： A：××姐，我是昨天给您护理的美疗师×××，昨天您做的××项目，有没有××的感觉？ B：对，好像有×××感觉。 A：记得在家一定要做好×××。有什么问题您可以随时联系我。 B：好的。 A：那不打扰您了，祝您心情愉快，再见！
第三天：效果回访／效果提醒	A：××姐，我是××美容院的美容×，打扰了。××号您过来做的护理，现在有没有什么不舒服或者其他感觉。您做完后应该会感觉皮肤亮白、光滑、紧致。 B：好像是有×××的感觉。 A：您在家的时候自己有没有××××（生活、饮食、起居要注意什么，护理要注意什么等），再按时调理一段时间您的皮肤整体会越来越好。
第七天：已预约提醒	A：×姐，我是××SPA会所您的护理师××，提醒您正常的护理时间是明天下午3点，您一定要准时过来！ B：不好意思我明天还有安排，可能去不了。 A：那我帮您改约到后天下午3点或4点，可以吗？ B：好的。 A：好的，×姐，那后天见！

第十四节 做专业学习的"优等生"

> 学习可能离不开碎片，但学习是反碎片化的。
>
> ——《刻意学习》

无论是美业老板还是美业员工，无论是专攻营销的顾问还是主攻技术手法的美容师，掌握专业知识是胜任岗位职责的必备技能。不管是和客户的日常交流还是在给客户咨询、诊断的过程中，都离不开专业知识的积累。其中，皮肤生理学是美业从业者员必须掌握的专业知识。市面上这方面的专业书籍不少，也有一些博主开通了短视频课程，都为我们学习皮肤生理学知识提供了很好的学习方法。

学习方法主要解决两个问题：一是解决应该怎么学的问题，也就是解决知识输入问题；二是学完之后怎样把学到的专业知识落地，也就是知识输出问题。

在我们这里，不仅有皮肤生理学方面的教授，更有针对美业经营者和从业者不同岗位层级的系列课程。下面以皮肤生理学为例，一起探讨下专业知识的学习方法。

我们应该怎么学习专业知识呢（见图3-13）？

1. 系统化地学习

我们小时候学数学，先学加法再学减法，然后先学乘法再学除法，最后学一些复杂的公式。按照从易到难的顺序和认知规律安排学习内容。

同样的，学习皮肤生理学方面的知识也不能急于求成，什么都还不懂，就想着解决问题，只要技术，那是不可行的。

学完皮肤生理学方面的知识，后续很多知识点会在咨询、销售过程中运用到。

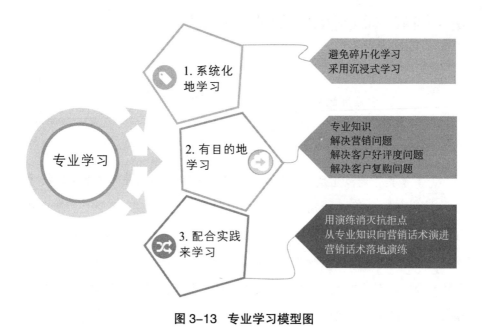

专业学习

1. 系统化地学习 → 避免碎片化学习 采用沉浸式学习

2. 有目的地学习 → 专业知识 解决营销问题 解决客户好评度问题 解决客户复购问题

3. 配合实践来学习 → 用演练消灭抗拒点 从专业知识向营销话术演进 营销话术落地演练

图 3-13　专业学习模型图

因此，我们最好要系统地学习，不要碎片化地去学，"学习可能离不开碎片，但学习是反碎片化的"。在《刻意学习》这本书里，作者总结了很多好用的学习方法，我们可以买一本读读，相信在学习方法上会受到一定的启发。

皮肤生理学的知识涉及生理学和医学相关术语和知识点，美业从业者绝大部分不是医学院校专业出身，所以必须在专业知识上投入精力，每次在专业板块的学习上至少要半个小时，沉浸式学习才能真正地收获效果。

作家格拉德威尔在《异类》一书中指出："人们眼中的天才之所以卓越非凡，并非天资超人一等，而是付出了持续不断的努力。一万个小时的锤炼是任何人从平凡变成世界级大师的必要条件。"也就是说，要成为某个领域的专家，需要一万个小时，按比例计算就是，如果每天工作八个小时，一周工作五天，那么成为一个领域的专家至少需要五年。这就是一万小时定律。

所以，美业从业者要系统地学习，提高学习效率，让学习进度循序渐进。一万个小时的成长路径和美业初级美容师到高级美容师在专业技能上的成长时间也是相当的。

2.有目的地学习

知道学习这个专业知识的最终目的是什么，然后从这个目的出发，倒推自己的整个学习流程和学习逻辑。

学习任何课程之前，尤其是皮肤专业课程之前，要考虑到一点，在什么样的场景之下能够用到这些专业知识，以及怎样运用专业知识去成交客户。带着这样的目的逆向推进非常重要。

在学皮肤生理学的时候，还要注意一个问题：学习的目的不是成为一名皮肤科医生，这一点一定要搞清楚。美业从业者学习皮肤方面的专业知识是为了给店内的营销赋能，为了让客户的皮肤能够得到更大的改善，但不是为了成为一名皮肤科医生。

学习皮肤生理学的核心点一定是在于怎么样通过专业来帮助门店解决以下三个问题：解决营销的问题，解决客户的好评度问题，解决客户复购的问题。这三个核心点在专业学习过程中要落实。

3.配合实践来学习

所有的学习必须进行实战演练，也就是在学完理论知识之后，必须把这个场景通过一对一演练的方式把它模拟出来。就像在打仗之前，先要进行军事演练是一样的，越接近实战越好。这个演练越真实越好，所以在学习完专业知识之后，需要演练来检验专业知识的掌握程度和我们运用知识解决问题的能力。

①用演练消灭抗拒点。演练需要演练对象，可以是一个，也可以是多个。演练对象扮演客户，给学习者的专业演练找碴，也就是演练对象给学习者找抗拒点，越多越好。演练中能找到更多的抗拒点，以后给客户解决问题的时候就会少很多抗拒点。

基本上皮肤生理学的课程都会设置理论部分。这部分内容专业术语比较多，学习要讲究方法。比如，皮肤的代谢周期、皮脂膜等都属于基础的理论知识。在皮肤管理板块，理论跟实践同样重要。

理论知识中的专业术语或概念都比较抽象，因此要用尽可能形象化、通俗化的方式帮助记忆和理解。比如，学会用图示记忆知识，这个方法以后也可以运用到给客户讲解的皮肤知识过程上。

皮肤生理学里有很多专业内容，而这些知识是我们的从业工具，工具要想用得顺手，就得多熟悉、多磨合、多使用。里面的一些核心知识点必须得背下来，总不能当着客户的面掉书袋吧。比如，皮肤的代谢周期是多久，这个知识点就是咨询阶段的营销话术，一定要能够背出来的。不仅要背下来，而且要通过自己的话把知识点自然融入营销话术中表达出来。

②从专业知识向营销话术演进。无论是跟医生学还是跟其他老师学，很多专业术语对美业从业者来说最大的作用就是跟营销相结合。作为美业老板，最好能将其整合成驱动营销的一套系统。美业老板，要好好考虑这个问题。

学完理论知识之后，要把相应的知识点变成营销话术，真正在落地。比如，课程里可能有10个重要的知识点，提炼出对应的案例做好演练。要学以致用，因为客户认可的话术最终还是需要通过门店的美容师、顾问嘴里说出来。

老板制定的话术可能更符合老板的性格和成交逻辑，但不一定适合所有岗位层级的员工。但是老板可以确定框架，员工理解这个逻辑框架后，在这个框架下自由发挥同样有效。所以，理论知识是营销话术里非常重要的内容环节。

③营销话术落地演练。学习完专业知识之后，我们必须进行营销话术的落地演练。最好采取顾问式的问诊方式。把专业的内容真正地转化成自己内在的知识逻辑，并结合不同场景，随时随地结合实际应用，即实操、实操、再实操。

学完专业知识之后，要找一个演练对象，用专业营销话术应对，消除演练中营销过程的盲点、卡点。如果这样都能成交，那么未来成交客户就是水到渠成的事情。

学习评价也很重要，没有经过考核的学习就是无效的学习。建议美业门店采取一对一的考核方式，可以设定具体的考核标准，帮助员工更好地掌握学习内容，巩固学习效果。

如果能真正地做到学有所用，美业门店两年内是不会缺客户的。希望每一家美业门店能做到以上几点，依靠专业做到方圆 2~5 千米，没有人比自己的门店更专业，没有人可以和自己的门店竞争。

第四章

存量超级转化：客户管理为魂系统

美业的核心竞争力在于客户管理。如果美业老板拥有长线思维，并知道如何将其运用到深耕客户管理上，那么一定能把门店经营好。

当然，只有10%的人拥有这种思维。这类美业门店业绩往往十分喜人，门店扩张速度快。

早在10年前找我做咨询的门店，40万元咨询费就干一件事：第一年专做客户管理。今天某音上90%的老板都不知道客户管理是什么，对于客户的分类、客户的分析、客户的分配、客户的档案管理也不太懂。

现在一些美业老板的焦虑、痛苦的焦点都在客户，却没有认清美业门店的一个真谛：开店不是为了卖货，而是为了做好客户管理。要围绕客户管理做极致提升，提供差异化服务，这才是美业门店在行业立足并与竞争对手拉开差距的根本原因。所以，美业门店真正的"护城河"就是客户管理，美业存量超级转化的核心也在客户管理。

第一节　美业真正的护城河是客户管理

"护城河"应该是动态的、变化的，我们从长期的、动态的、开放的视角去进一步理解"护城河"，其中最重要的就是以用户和消费者为中心。

——高瓴资本创始人

什么是"护城河"？在投资圈，看一家企业是否具备投资价值，要看这家企业是否有"护城河"，这也是著名投资人巴菲特推崇的方法。寻找好生意、好企业的关键就是寻找"护城河"。

"护城河"是企业独特于其他竞争对手具有领先优势的资源，这个资源可能是强大的品牌、较低的生产制造成本、独立自主的知识产权，也可以是特许经营资质等。

受到巴菲特"护城河"理论的启发，高瓴资本创始人张磊认为，"护城河"应该是动态的、变化的，我们从长期的、动态的、开放的视角去进一步理解"护城河"，其中最重要的就是以用户和消费者为中心。张磊以高维度的视角审视企业"护城河"的真正要义，他的高瓴资本也在很多企业创始阶段就成功投资，比如京东、腾讯、拼多多、格力电器、蓝月亮、良品铺子、公牛电器、宁德时代、恒瑞医药等，这些企业后来成为行业内的头部企业或巨头公司，这或许得益于张磊动态的"护城河"理论。

美业门店的"护城河"在哪里？从张磊的观点出发，美业门店的"护城河"就是以客户为中心，做好客户管理。那么到底什么是客户管理？

客户管理是客户关系管理的简称，就是通过对客户详细资料的深入分析，采取对应服务举措，提高客户的满意程度，从而提高竞争力。

客户管理的核心是客户价值管理，通过一对一营销原则，满足不同价值客户的个性化需求，提高客户的忠诚度和保有率，实现客户价值持续贡献，

从而全面提升企业盈利能力。

在美业门店，客户管理就是要实现存量客户转化，实现盈利最大化。

管理客户的关键在于方法。拿学习举例，在相同条件或相同情况下的学习，比如老师、课程和内容相同，有成绩好的学生，也有成绩差的学生，那么造成不同学习结果的因素，最大的可能是学生学习方法的不同。

学习成绩好的学生有一个共性，那就是课前预习、课上认真听讲、课后及时复习总结，所以学习成绩好。那么工作是不是也要有好的方法才能有好的结果？当然。可见，工作结果的好坏与工作方法的优劣是密不可分的。

如果美业的"护城河"是客户管理的话，那么客户管理的"护城河"就是用对的方法进行客户管理。行动计划表就是客户管理的正确方法和有效工具。

我在深圳曾经带过一家店，门店的月消耗从来没有突破 25 万元，就在制订行动计划表并运用后的一个月，门店消耗就达到了 38.7 万元，增加了 13.7 万元。老板当时就说了一句话："我从来没有觉得我的店在人数不变的情况下，消耗可以增加这么多！"因为老板发现门店消耗从稳定到增加，业绩特别好做，客户消耗完后特别容易买单。

客户管理实际上是通过行动计划表将客户信息、客户管理情况、业绩目标等分项指标都集成到表格中，最大化方便美业员工管理客户，美业老板能够迅速收集、归纳各类信息。

之前有学员在不同渠道、不同老师的课程上接触过一些内容，拼凑了管理表格，但是工作流程是被切割的，用起来非常混乱，因此很快就被打回原形。所以，方法的行之有效非常重要。

第二节　客户管理从行动计划表开始

美业门店也可以建立一套完整的工作模式，而客户管理的行动计划表就是工作模式的集中呈现。

很多行业课程都有客户管理表格，真正适合美业门店的客户管理表格又没有那么细致、全面。如果你认真阅读本书，回到店里把相关的客户管理表格全部取消，只用这一张表格就可以。如果这张表格真正用好，门店的工作模式也就建立起来了。

什么叫工作模式？举个例子，我们到快餐店吃饭，点餐、取餐、买单所有环节是不是一套前后衔接的工作模式。去医院看病，先要挂号、看诊、拿药，之后医生告诉患者服药的剂量和频次。现在越来越多的医院一开始就加入售后服务的流程，复查会给患者提供电话提醒服务，这个从挂号到提醒服务的工作流程就叫作工作模式。

快餐店、医院等都有各自的工作模式。美业门店也可以建立一套完整的工作模式，而客户管理的行动计划表（见表4-1），就是工作模式的集中呈现。

行动计划表的四大板块内容如下：

第一个板块是客户信息，也就是从客户资产、时间、关系这三个维度来区分。

①按照客户持有的资产来划分，可分为A、B、C三级。

A级客户的资产在千万元以上，B级客户的资产在300万元到千万元，C级客户的资产在300万元以下。

②按照客户到店频次可将客户分为A、B、C三个等级。

A级客户一个月到店大于等于4次。

表 4-1　行动计划表

美业门店名称：＿＿＿＿＿　　所属顾问：＿＿＿＿＿　　美容师姓名：＿＿＿＿＿

客户信息					剩余项目/需求		余额	本月业绩目标		1	2	3	4	5	6	7	8	9	10	11	12	13	14	15	16	17	18	19	20	21	22	23	24	25	26	27	28	29	30	31
姓名	资产	关系	时间	卡别	面部	身体		疗程卡	实操消耗																															

B 级客户一个月到店 2~3 次。

C 级客户一个月到店小于等于 1 次。

③从客户和员工的关系区分，可以将客户分为 A、B、C 三个等级，具体体现在购买习惯上。

A 级客户是让买啥就买啥。

B 级客户是让买啥得考虑。

C 级客户是让买啥都不会买。

第二个板块是剩余项目。剩余项目是什么？行动计划表是不是每天都在更新剩余项目，如果剩余项目小于等于 4 次时，成交的概率就会很小。尤其是剩一两次，跟客户说"姐，您的项目快用完了，您要不要再买一个疗程的时候"，往往客户是不买单的。

因此，我们要做的就是在剩余项目小于等于 4 次的时候，把这类客户的项目列为本月的销售业绩目标。把客户所有剩余项目全部列在剩余项目这一栏，小于等于 4 次的项目就要转为本月目标。

第三个板块是本月业绩目标。其主要包括疗程卡目标、实操消耗目标。

疗程卡目标来源：一是源于剩余项目小于等于 4 次的，直接列为新的目标。二是发现客户的新增需求，有新增目标的可能。比如，客户在门店只做了一个头部的项目，可是员工和客户沟通发现，客户只要一累，腰痛的毛病就会犯，这时客户腰痛就可以列为员工的新增业绩目标。

实操消耗目标，请大家一定要记住一点：客户消耗得快，复购的速度就快，所以我们一定要加快客户的消耗速度。消耗就是实际操作，消耗和外卖家居产品都属于门店的实际消耗。

第四个板块就是客情关系管理。提到客情关系管理，大家回顾一下美容师、顾问、店长岗位的日目标表格（见表 4-2）。顾问和店长的客情维护，要落实在日目标中，每日客情关系维护结果要汇总体现到行动计划表上，行动计划表就是以客户信息为切面呈现的信息集成，即客情计划表（见表 4-3）。

表 4-2　美容师、顾问、店长岗位的日目标

岗位	工作目标 / 日	客户	项目	预约	成交
美容师	"363"	3 个客户实耗	6 个项目实操	3 个预约	
顾问	"161"	1 个客户客情	6 个有效铺垫		1 个客户成交
店长	"131"	1 个大客户维护 1 个大客户关系提升			3 个大客户成交

表 4-3　客情计划表（案例）

顾问	客户姓名	客情等级	第一周 15—20 日	第二周 21—27 日	第三周 28 日—下月 4 日	第四周 5—11 日
婷婷	某某	B 级	给她表现的机会，增加认同感 说聚餐要给我们加餐			送三包代餐粉给她，帮她加强效果 她很认可
	某某	C 级		防蚊喷雾赠送给她。下班约喝酒 防备心降低		
	某某	C 级		准备防晒口罩，清洗后给她 很开心		
	某某	B 级		给她女儿小蛋糕，她很开心，经常邀约她，表示重视 到店率增加		
	某某	B 级	不喜欢店里的吸管，另外给她买了 开始喜欢我			

行动计划表是咨询的专门培训项目之一，很多门店通过运用这张表格，一个月的消耗增长了十几万元，客流也可增加几十到上百人次，甚至几百人次不等，客户的消费也随之拉高。所以，这张表格要真正用起来并用好它。

第三节　行动计划表的管理优势

一张好用的表格可以把员工的客户管理、客群、客户关系、客户的沟通内容及下次预约时间全部囊括在内，而且可以对员工进行有效的时间管理。

曾经有一个门店员工跟我说："张老师，我真的很痛苦，我每个礼拜二闲得很，每个礼拜三忙得很。"我问她此话怎讲？员工说礼拜二她没有客户来做护理，很闲。礼拜三她从中午11:00忙到下午3:00，有5个客户。一个客户做一个项目都忙得吃不上午饭。

这个员工面临的情况就是客户管理不到位导致的，员工工作量要么不饱满，要么超负荷，长期下来，客户的服务体验也会大大打折扣，影响门店客户的到店率和业绩。其实这个问题用行动计划表就很容易解决。

上一节我们介绍了行动计划表的四大板块内容和经营指向作用，那么行动计划表在门店经营管理中到底有哪些优势呢？

第一，能够准确地制定销售方案与价格目标。我们不要预估这个月做多少业绩，而是把业绩通过计划做出来。

第二，及时掌握客户所剩的项目，避免客户的项目只剩一两次做完直接续费。

第三，清晰地了解本月业绩目标，不要每个月做完了，不知道下个月的业绩目标来源于哪里。

第四，稳定地邀约客户，不会出现重复和漏约的现象。如果不用表格管理，我们日常一定会出现关系好的客户天天约，不怎么爱讲话的客户或联系了不理睬的客户爱来不来，或约了客户，结果因为没跟客户反复确认，最后客户来了，美容师当时正在服务别的客户，这对门店的客情一定会有非常大的影响。所以，行动计划表对门店做客户管理的优势非常直观。

行动计划表对销售动作的执行也有帮助。

第一，可以清楚地了解客户的状况、剩余项目余额、需求点。

第二，清楚地提醒下一次的服务时间，掌握客户的到店率。

第三，提醒客情关系的维护。

第四，是一种很好的辅助完成目标的工具。

每个月罗列目标一定是要有工具的，而这个工具就是行动计划表。如果管理一个客户需要用到三五张表，那么多张表格实际是没有用的，要么不会填，要么太烦琐，最后被弃用。

之前一位做了 15 年的美业老板找到我的团队做咨询就聊到了这张表格，他说："张老师，这一张表格顶了我之前使用的 5 张表格。"

能想象出员工要用 5 张表格管理一个客户有多累。一张好用的表格不仅可以把员工的客户管理、客群、客户关系、客户的沟通内容及下次预约时间全部囊括在内，而且可以对员工进行有效的时间管理。

员工在门店辅导期间，我们教授员工使用行动计划表后，员工使用表格统筹规划客户的预约时间，做有效的客户时间管理，客户集中出现在同一天或同时间段的概率大大降低。一段时间后，员工的工作节奏特别好，不会闲一天忙一天，业绩也有所提升。

有效的个人时间管理非常重要，通过表格可以清晰地知道每周每日的工作目标，为日会周会月会的召开奠定基础。因此，如果想要开好会议，行动计划表必须做好。

门店在客户管理中扎实推进行动计划表，对门店业绩的增长功不可没。

第四节　行动计划表的使用策略

对美业门店而言，该如何使用行动计划表才能发挥其最大的效用呢？

某大型商场搞活动，满 100 元送杯子，满 300 减 50，满 1 000 元抽奖（一等奖彩色电视机），这是商场的活动策略。

那么，对美业门店而言，该如何使用行动计划表才能发挥其最大的效用呢？

第一，行动计划表要有计划。计划是做任何事情的首要步骤。当我们做计划的时候，比如对客户要有销售的计划，这样就会有计划地沟通，而不是瞎聊。

第二，行动计划表要有执行。有了计划必须要执行。执行什么？把关键的重点信息记录下来。之前，一些学员的门店在涉及执行内容时，有些员工记在脑子里，有些员工记在本子上，也有些员工左耳朵进右耳朵出。员工说很累，一天要记的东西非常多，确实记不住。所以，员工在服务过程中，要填好服务记录表（见表 4-4）。就是针对这次服务，和客户沟通了什么，以及记录当天的工作总结，这是针对当次服务做的记录。

表 4-4　服务记录表样表

服务记录表		
操作技师：	本次操作项目：	操作日期：
操作之前问题分析	操作之后效果改善分析	
下次服务改进方案	本次沟通内容重点	

（续表）

服务记录表		
操作技师：	本次操作项目：	操作日期：
新的需求	顾问点评	
下一次预约时间	☐ 自己设定　　☐ 客户同意	

第三，行动计划表上的工作内容要有总结。当天的日会、夕会要对表格所列的计划做总结，且要有相应的会议流程。如果希望门店的管理能得到实实在在的结果，那么工作中必要的步骤不能省略，会议不能走形式，会议流程必然是对工作计划表的工作内容进行总结。

比如，员工在夕会总结提到对某位客户有推荐做头疗的计划，在以往的沟通中了解到客户工作压力特别大，平时工作时间久一点就会头疼。在执行的过程中，客户到店后通过沟通聊天，了解到客户近期头部的问题较严重，经常失眠，睡眠不好，偏头痛。了解清楚客户的这一系列问题，跟客户沟通推荐头部的项目，而客户则反馈，在某某店已经购买了头部的疏通项目。

那么，在这个会议环节中，老板或店长该做什么呢？一是肯定员工的做法并鼓励员工继续努力。二是当日工作要有具体计划。三是在执行的过程中，注意了解客户的需求点和痛点。四是推荐项目契合客户痛点并大胆向客户推荐。五是知道客户的真实想法。

作为老板或店长，在开会时了解到，客户已经在做头疗项目的时候，在员工这个层面的汇总就结束了。

在老板或店长层面，得到的信息是什么？客户正有做头部疗法的想法，正在找寻头部疗法的项目，找多久了？心里价位是多少？希望达到什么样的效果？最想解决的是什么问题？有的人想解决头痛的问题，有的人想解决睡眠的问题，有的人可能只想舒缓、放松、解压。每个人的想法不同，愿意付的费用和要想得到的效果也不同。我们是不是可以围绕这些方面，继续和客户保持联系，如果后续我们的头疗项目效果更好、性价比更高，客户会不会愿意在我们的门店购买头疗项目？

这是行动计划表在会议总结中提供的价值功用——广开言路，汇总不同层面的信息，拓宽接续动作的思路，这些都是后续拓客和目标业绩的源泉。

第五节　行动计划表执行中的沟通策略

现在的企业管理，表单化、流程化能最大限度地提高工作效率，销售成功率遵循大数据法则，运用一套正确的逻辑方法，不断重复能最大概率得到想要的结果。

有的美业老板说："我的员工性格内向，胆子小，不知道也不敢跟客户沟通，怕推荐项目引起客户反感。"那么，我们要做的是把正确的方法教给员工，鼓励员工按照正确的方法去做。现在的企业管理，表单化、流程化能最大限度地提高工作效率，销售成功率遵循大数据法则，运用一套正确的逻辑方法，不断重复能最大概率得到想要的结果。所以，运用行动计划表在执行阶段的沟通环节要掌握正确的方法。

第一，要有销售目标计划，围绕销售目标去和客户沟通。

第二，销售目标来源于哪里呢？源于过去为客户的服务中，通过观察、沟通了解到客户存在的需求。客户存在的需求又有哪些呢？有看得见的显性需求；也有看不见的隐性需求，隐性需求就需要通过沟通、观察才能感知的。

比如，客户是睡眠非常浅的人，只要轻轻敲门就会醒。如果没有仔细观察或跟客户沟通，就不会知道客户睡眠浅这个习惯，那么在给客户做皮肤护理、做肩颈项目时就要注意这个情况，让客户有良好的服务体验，这对于后期服务代入相关产品项目有非常大的帮助。

其实，美业门店和客户聊天的话题大多围绕饮食、睡眠、排便等和健康相关的内容。对于女性而言，与美丽和健康有关的大多是这些。有的客户出于信任感缺乏，可能不认可自己的需求，所以导致我们即使知道客户的需求，但是不知道让客户如何接受销售方案。

这种情况要注意，态度要真诚，得先确认这是不是客户内心想解决的需求。

例如，客户眨眼频率比较高，因为客户有干眼症。客户平时眼睛感觉很干，喜欢湿润，这确实是客户的需求，但不代表客户愿意去调理。因为客户觉得没有时间，或者考虑在美业门店调理不够专业等。

这类情况有没有办法进行沟通说服？有，但是不要直接跟客户沟通调理方案，而是在需求不断的碰撞过程中跟客户对接方案，让客户自己说出来："想调理。"

话术示范：

美容师：姐，您也觉得这是问题，想不想调理一下？

客户：嗯，就是想让眼睛舒服些，不那么干。

美容师：您想调理的话我们有不同方案，调理周期不同，效果不同。A方案是3个月××元，B方案是一个半月××元，C方案25天是××元。

在A、B、C方案抛出时，要了解客户平时的最高消费。客户消费可以通过资产判断。客户消费该如何去搭配方案呢？比如，最高消费是5 800元，可以分别设置10 000元的方案、5 800元的方案和3 800元的方案。A、B、C三个方案，一般有一个方案是客户愿意接受的。

不要害怕客户拒绝，销售永远不要怕失败，所以必须得说出来。如果提供了 A、B、C 方案，客户不愿意买单，我们接着挖掘是价格原因还是客户需求没有满足，要继续沟通。总之就是找需求，有需求才能有碰撞，有碰撞才能有想法，有想法才能开花结果。

第六节　行动计划表的集成管理策略

管理不仅提高了个人能力，还通过管理把许多单个独立的劳动整合起来，从而融合成一股新的力量。而且这股新的力量的效力要远远大于元素个体的简单相加。

——卡尔·马克思

集成管理是一种全新的管理理念，是一种效率和效果并重的管理模式，其核心就是强调运用集成的理念指导企业的管理行为实践。也就是说，传统管理模式是以分工理论为基础，而集成管理则突出了一体化的整合思想，集成并不是一种单个元素的简单相加。

马克思谈到管理时就指出，管理不仅提高了个人能力，还通过管理把许多单个独立的劳动整合起来，从而融合成一股新的力量。而且这股新的力量的效力要远远大于元素个体的简单相加。

对于美业门店来讲，行动计划表是门店客户管理信息的集成，也是管理流程的集成。行动计划表汇集了美业门店管理的四大板块：第一是客户信息管理，第二是剩余项目管理，第三是本月业绩目标管理，第四是客情关系管理。

第一，客户信息管理。

用表格记录客户信息，主要围绕客户管理的三个维度，即资产 A、B、C

级，时间就是按月内到店频次分为 A、B、C 级，关系就是按成交概率分为 A、B、C 级。

如果你的行动计划表做出来有 3A 客户，业绩目标达成率高不高？如果是 3A 客户，那么达成率自然差不了。

如果客户是 3B 客户，要着重提高客户的满意度，增加客户的到店率，加快消耗。

如果客户是 3C 客户，就要从客情关系入手，因为客户仍然到店消费，说明是有需求的，增加客情关系，提高客户对服务的满意度，培养客户黏性，防止客户沉睡或者流失。

第二，剩余项目管理。

一定要做到及时更新，而且每个月 25 日都要填写这张表格，做好下个月的行动计划。剩余项目小于等于 4 次的客户要找到其需求点，从而将客户管理的重点转到本月目标板块。

第三，本月业绩目标管理。

对于本月业绩，一定要制定相应的目标，采取相应的管理方法。因为有了目标，才能确定每天应该怎么做。

第四，客情关系管理。

即使我们给客户到店时间进行了分类，也避免不了还有不按常理出牌的客户。这类客户到店看心情或时间，想来就来，有空就来，每个月到店次数不定，时间也不固定。

因此，这类客户也要做好分类，具体如下：

①一个月内到店 4 次的客户，就要把客户使用项目效果做出来。每次、每周都要跟客户打电话，或用短信、微信联系确认客户的下次护理时间。同时，要了解客户的护理效果有没有提升。

②一个月内到店 3 次的客户，要给出效果，让客户能够看到或感受到，建立客情，开发需求点。只有当下开发需求点，购买了新的疗程，客户的到

店率才会增加，所以要不断地找寻新的需求点。

③一个月内到店大于等于 2 次的客户，要给客户描绘问题点，告诉客户要如何做，才能达到更好的效果，努力让客户一个月内多进店 1 次。

比如，客户有腰痛的问题，但没有太多时间去解决这个问题，所以要给到客户建议："姐姐，您每次疲劳的时候，腰就会痛，是不是很影响您的工作？您这两个月给我一些时间，一个星期到店至少一两次，来做做某某项目，然后我针对这个部位给您重点加强，每个月您再多来一两次就成，现在每个月来的次数太少，时间也不固定，要想达到满意效果，减轻疼痛，说实话确实困难。"

通过这样的沟通，客户会更容易接受。因为客户觉得美容师是从减轻自己的腰疼、疲惫的角度出发，仅仅建议让自己抽时间多来一两次，说得合情合理，客户不会起防备心理。对于没有时间的这类客户，要采用一定的方式方法进行沟通，提高这部分客户的到店率。

不按常理出牌，想来就来，每月到店次数不定且毫无规律的客户，要寻找原因：一是可能对美容师的信任不够；二是客户对自己的消费非常有规划，来一次只消耗 100 多元，所以一定要放大客户的需求点，只要找出客户需求点，总有需要改善或解决的问题。总之，找到或创造需求点就能让客户多进店。当然，还要善于使用一些管理工具，以提升客户到店率，助力业绩倍增。

1. 把三个符号利用起来

#、▲、√ 这三个符号很有用。如果日常管理中邀约客户不仅打了电话，也发了信息，在表格上写文字太麻烦，可以用符号代替文字。例如，# 符号代表已发信息或微信，▲ 符号代表已打电话，√ 符号代表进店。

行动计划表横向看 1—31 日是客户的到店情况，纵向看是员工对客户管理的情况。比如纵向看，周三客户下卡后一次也不来怎么办？办卡了就是有需求，不来的原因有很多种，要找到客户不来的原因。可能是当时消费，后面没有人及时跟进预约或当下客户有什么事情暂时没有时间来，我们就要做好定期不间断的预约到店。

2. 行动计划表的填报、总结与现金业绩管制表

我们辅导的美业门店，会定期在每个月 25—27 日由美容师填写行动计划表；28—30 日，美容师与店长、顾问对接行动计划表的客户目标；每个月的最后一天提交店长现金业绩管制表。因此，到老板这里必有现金业绩管制表，该表对门店当月业绩目标进行总结（见表 4-5）。

表 4-5　现金业绩管制表

序号	客户姓名	现金目标	项目搭配	实际完成金额	完成时间	顾问	本月到店时间记录	计划外客户	完成金额
1									
2									
3									
4									

当我们对客户需求的分析掌握得越来越准的时候，业绩目标就会越来越准，反映到现金业绩管制表上就是现金目标和实际完成金额越来越准。

工作顺畅，工作结果就有保障。我们从现金业绩管制表倒推回来，现金业绩管制表来源于客户行动计划表，客户行动计划表来源于美容师、顾问、店长三方各司其职，协同配合。更关键的在于，美容师要做好工作总结，工作总结一定是围绕数据目标的。比如，本月的业绩目标是多少？今日实操、今日产品、今日客流、今日项目数；本月业绩、本月现金、本月产品、本月客流、本月项目数，把日目标和月目标结果全部厘清，便于工作总结。

工作总结主要是为了了解以下几点：一是美容师的想法，对客户后续服务、品项的设想。二是客户的想法，客户对当下品项的体验感和效果满意程度，是否有升单可能或意愿。三是美容师对客户品项或疗程的近期规划。美容师本次跟客户沟通了自己的想法，客户反馈是什么？针对客户的反馈，判

断客户的想法和意图，美容师向客户提出近期的设想和方案。

以下是之前辅导的门店员工写的工作总结。

客户做了腰部项目觉得很轻松，客户腹部寒气重，垫了艾灸，客户很认可，但没成交。（是不是美容师沟通的结果）

原因是客户自己已有某品项，觉得和艾灸的功效一样，不想重复投入。

解决方案：下次客户过来让其体验本店的艾灸，感受一下效果，分析艾灸和客户所持有项目的不同之处。

这就是在针对客户做总结。做总结是为了让员工清楚下一次该怎么办，客户的需求是什么，员工该如何满足客户的需求，提高成交率。

比如，工作总结，明日计划，针对明日某个客户我的想法是什么？我的铺垫目标是什么？明日我要达到的效果是什么样？我的沟通话术是什么？这就是行动计划表提供给美容师做工作总结带来的帮助，行动计划表为大家提供方式和方法，帮助其更好地管理客户。

第七节 为行动计划服务的客户档案表

任何一个美容师通过客户档案表会比客户更了解客户。

我们有计划、执行、总结，接下来我们要做什么呢？要完善客户档案表。任何一家美容院都会建立客户档案表。客户档案是专业美容护理的第一步，也是日后服务的重要依据。美业门店通过建立档案表获得翔实的客户资料，通过资料了解客户的需求，完善美容院的服务，并满足客户的需求。

客户档案表包含客户的基础信息，如姓名、血型、星座、婚姻状况、每月支出情况、职业职位、回访时间及方式、家庭成员、运动习惯、化妆品使用习惯等。

真实详细的客户档案是美业门店宝贵的无形资产，任何一个美容师通过客户档案表会比客户更了解客户。客户档案表的主要内容应能较全面地反映客户的一般情况，如皮肤诊断、护理方案、效果分析、客户意见等（见表4-6）。

我们通过什么了解客户的具体情况，是不是通过咨询、问诊、服务过程中的一次次接触了解到的。所以，客户档案表的信息收集关键在于沟通。

跟客户沟通永远记住一句话："请说人话。"

直接跟客户聊斑、聊痘这些问题，极可能造成客户的反感。

记住所有的话题都不要直奔主题，而要顾左右而言他。假设我是美容师，其实我就是想了解客户的问题，但是要举例子，讲故事让客户愿意听。

话术示范：

美容师：姐姐，您知道为什么干性肌肤的人脸上容易长斑吗？

这个时候一般人的反馈是为什么？接下来我们要做的是揭示原因。以举例子或讲故事的形式讲出来。记住：不要说客户都知道的知识，说了作用不大。

美容师：脸上长斑得从内因和外因两方面找。内因方面就看褪黑素分泌和代谢是否正常。举个简单的例子，我们人体有八大腺体，脑垂体里有个松果体，松果体分泌褪黑素，在晚上 1:00~3:00 大量地分泌，我们的肤色就不会那么暗沉、晦暗。如果褪黑素代谢不好，脸上就容易长斑。中医上讲夜里 11:00~1:00、1:00~3:00 是肝胆排毒的时间，肝胆把毒素代谢掉，脸上自然透亮，皮肤自然通透干净。

客户：褪黑素影响的不是睡眠吗？

美容师：影响睡眠呀，睡眠不好是不是影响体内的毒素代谢。体内毒素代谢的好坏在面部上表现的不就是斑的问题了吗？也包括长痘、敏感等一系列问题。

美容师：外因主要是水分不足。

客户：呀！天天不也在你家补水吗？

表4-6 客户档案表

姓名		卡号		生日	
婚姻状况		星座		血型	
身高		体重		三围	
学历		籍贯		家庭成员	
职业职位		伴侣职业		年收入	
回访时间及方式				月到店次数	
每月支出情况				消费习惯	
住址				年消费金额	
饮食习惯				排便习惯	
生活习惯				病史	
运动习惯				情绪	
化妆品使用习惯				经期	
面部皮肤状况				原因	
五官状况				原因	
眼部皮肤状况				原因	
颈部状况				原因	
胸部状况				原因	
腰部状况				原因	
臀部状况				原因	
大、小腿状况				原因	
私密部位状况				原因	
身体皮肤状况				原因	
内分泌状况				原因	
五脏分析					
整体需求点分析					

所以，这个时候就要讲到补水。

美容师：姐姐，说到补水，不知道您注意没有，小孩子的皮肤再怎么晒都不会长斑？而我们成年人可能30多岁，人一晒脸上就有斑斑点点了，是不是？

说到给皮肤补水，话题有更多延伸的方向。可能是皮肤受损，锁不住水；可能是补的水分营养不够；可能是补水方式不对；可能是补水的产品到达皮肤表层后水分流失得太快；可能是天气原因导致，天气太干燥，皮肤容易缺水，每个原因分析都可能引发客户进一步探知。

在填写客户档案表时要掌握几个原则，具体如下：

一是要向客户讲清楚填写的目的，以便客户积极配合。

二是填写时字迹要清晰，不可随意涂改，客户资料由客户本人填写，皮肤状况由美容顾问或美容师通过问话形式协助填写。

三是填写内容要及时、真实、准确、翔实，详细登记每次客户到店的记录。

四是美容师应注明客户护理过程中的注意事项，当次与客户介绍的产品和项目，下次美容师应主推的产品和项目，客户在护理中所关心的话题和客户对护理的喜好（如皮肤受力程度等）。

五是美容师需将客户的最新资料送到前台汇总，及时更新记录，同时记录客户每次护理后的感受、效果前后对比确认等信息。

六是客户档案应按一定的顺序编辑，如按制卡时间顺序或皮肤情况等，将其装订成册，可以定制成活页册，有门店标识和特定格式，或制作成表格数据储存在电脑中。

七是档案要由专人管理，客户信息设置保密管理规定，随意散布要承担责任，电脑数据库设密码，定期备份，以防遗失。

完善客户档案表的目的是为后续的客户盘点、分级、分配、分析和诊断提供依据、精准销售策略及服务，所以客户档案表的信息收集、汇总、更新要全面、及时、准确。

第八节　客户分级策略

对于美业门店来讲，存量超级转化的秘诀是在做护理服务的过程中不断做效果比对，用事实说话，一步步打动客户，从而赢得客户的信任。

客户管理的必修课之一是客户分级。为什么要做客户分级呢？资源不是无限的，在资源有限的条件下，投入要想获得较大的产出，就必须把有限的资源投到能产生较大价值的客户身上，这就是客户分级的思想。

1897年，意大利经济学家维尔弗雷多·帕累托发现了二八法则（又称帕累托法则），即关键的少数和次要的多数，比例约为2:8。对于企业来说，80%的收益来自20%的高贡献度客户，即少数的客户为企业创造了大量的利润，而多数的客户仅为企业带来了少量的利润。

可见，客户有大小，贡献有差异。每个客户给企业带来的价值不同，有的客户提供的价值比其他客户提供的价值高10倍甚至更多，而有的客户不能给企业带来利润甚至还会吞噬其他客户带来的利润。

有些美业门店在管理客户时，不重视大客户，因为大客户可能脾气不好，不好沟通；对小客户往往勤于联络，因为常到店。有些客户频繁消费，有些客户就是不消费，还有些客户怎么约也不到店。所以，针对不同消费量级和不同消费习惯的客户，我们要进行分级。

1.按客户的资产分级

为什么要做客户的资产分级呢？针对客户资产做分级，清楚客户的资产实力，有助于门店做精准销售。

界定客户的资产是按照固定资产来划分的。比如，一线城市，A级资产可以按照3 000万元以上划分，也可以是1 000万元以上的；B资产可以是300万元到1 000万元；C资产可以是300万元以下的。

根据城市级别划分的，比如，一线城市、二线城市、三线城市、四线城市房价是不同的，一线城市一套房子就几百万元，几百万元在二线城市能买好几套房。所以，我们可以根据房产也就是固定资产对客户进行分级。美业门店也可以根据所处城市和门店情况，进行客户分级。可以将拥有 100 万元以上豪车的客户列为 A 级资产客户；拥有 50 万元到 100 万元豪车的客户列为 B 级资产客户；30 万元以下的就列为 C 级资产客户。按照持有资产标准划分并不是绝对的，这只是帮助门店识别客户消费能力的一个辅助手段。

要动态分析 A、B、C 级资产的客户，有的客户目前是 B 级资产，但是将来有没有可能升为 A 级资产客户？因为资产是决定消费大单的首要因素，所以客户资产情况掌握得越多就越有利。对客户资产分级不是为了在服务上区别对待，而是为了要精准服务和销售。就像资产实力薄弱的客户买大单的可能性微乎其微，因为超出其消费水平，实力强劲的客户买小单的可能性也微乎其微，因为和其消费水平不匹配。

2. 按客户的到店率分级

客户的到店率，即一个月内客户能进店几次。我们按到店次数把客户进行分级。

3 个月内每个月进店 2~3 次或以上的客户叫作活跃客户。近 3 个月每个月至少有一次到店叫作有效客户。近 3~6 个月客户有进过店叫作半休眠客户。6 个月以上没进店的就是休眠客户。具体划分标准见表 4-7。

表 4-7 客户分级标准表

客户类别	到店频率
活跃客户	3 个月内每个月到店 2~3 次或以上
有效客户	近 3 个月每个月至少到店 1 次的
半休眠客户	近 3~6 个月有进过店的
休眠客户	6 个月以上没进店的

按照到店率对客户进行分级后，我们可以制定有针对性的措施，提高客户的到店率。

比如，每次做护理的时候增加反预约来增加客户的到店率。还可在每次做护理的时候多与客户在效果引导上进行沟通："姐姐，今天给您做的某某项目效果多好，做之前皮肤状态是什么样？做之后皮肤状态是怎样的？我觉得特别好，你觉得呢？所以姐姐护理一定要坚持，因为每次护理所保持的时间是有限的，咱们得按时到店做护理。"

所以，提高客户到店率可以从反预约上、从客户的项目效果上着手。

客情关系如何改进，从而增加到店率呢？比如，客户只要进店有一些小动作，比如头痛、眼睛痛或喉咙很痛等不舒适的举动，我们可以通过一些细节给予关照。如操作过程中注意到客户颈部疼痛，即使她今天只做脸部护理的，可以给她的颈部来个热敷。再如，进店做护理的客户穿了绸质衣服，做完护理之后衣服起褶皱，用挂烫机给熨一熨。如果遇到感冒的客户，进店后给客户煮点生姜水，客户会不会感觉到温暖又贴心。

通过增加客情关系，让年消费三五万元的客户增加了三五万元，这是我们辅导过的门店实实在在的客户消费升级。所以，让客户到店率提升的有效方法就是要提高客情关系。

3. 按客户消费力对门店和客户分级

年销售千万元以上的门店为 A 级门店，300 万元到 1 000 万元为 B 级门店，300 万元以下的门店是 C 级门店。这是一线城市标准。如果门店是在二线城市，可以参考 800 万元以上的是 A 级门店，200 万元到 800 万元的门店是 B 级门店，200 万元以下定为 C 级门店。如果是在三线、四线城市，500 万元以上的门店为 A 级门店，100 万元到 500 万元的门店为 B 级门店，100 万元以下的门店为 C 级门店。

当门店的定位出来了，紧接着要对客户进行等级的消费定位。比如，年消费 30 万元以上的是 A 级客户，年消费 10 万元到 30 万元的是 B 级客户，年消费在 10 万元以下的属于 C 级客户（见表 4-8）。

表 4-8 客户分级表

按照客户消费力	客户级别
年消费 30 万元以上	A 级客户
年消费 10 万元到 30 万元	B 级客户
年消费 10 万元以下	C 级客户

有一些超 A 类门店，会细分出 A^+ 客户、A 客户、B^+ 客户、B 客户、C^+ 客户、C 客户，甚至还有 D^+ 客户和 D^+ 客户，其实逻辑是一样的，就是做好客户消费力的盘点。

把 A、B、C 级客户定位划分清楚，弄清楚每类的客户是在增加还是在递减。增加原因是客户消费力增加，还是员工的能力提升促进客户消费力越来越高。根据二八定律，美业门店 80％的业绩来源于 20％ 的客户，而 20％ 业绩的客户我们要通过做消费定位给区分出来。比如，A 级资产客户，目前是 C 级关系客户，通过提高客户的到店率来增加客户的消费次数。

如何提高客户进店的消费力？无外乎就是从项目的效果入手。一个新客户进入你的门店，客户一般不太愿意听产品描述。长期泡在美业门店的客户，很多时候比美业小白老板都要专业。因此，对于美业门店来讲，存量超级转化的秘诀是在做护理服务的过程中不断做效果比对，用事实说话，一步步打动客户，从而赢得客户的信任。转化是服务，是行动，是效果。提高客户消费次数的第一件事情就是要让客户感觉到护理的效果越来越好。

4. 按从客户关系进行分级

客户关系分为三个级别。

A 级关系：让买什么客户就买。

B 级关系：让买什么客户会考虑。

C 级关系：让买什么都不买。

如果项目或产品效果不到位，客户关系自然要打问号。此外，美容师多做一些温暖的举动，可以提升客户关系。优惠活动或超值赠送也可以拉近与客户的关系。

客户关系定级对业绩目标制定有非常密切的关系。定月度业绩目标，美容师手里的 A 级关系、B 级关系、C 级关系客户数量多少往往决定业绩达成效果。假设月度业绩目标为 5 万元，有 10 个 A 级关系客户，这 10 个客户有 4 万元的业绩，这样美容师本月的业绩目标就会很轻松。因为这 4 万元的 A 级关系客户全部都是让买什么就会买什么，所以达成率肯定高。对于 B 级关系客户就要思考如何增加客户关系。对于 C 级关系客户做基础的客情维护，这就是完成本月业绩的重点工作。

很多时候门店客户管理之所以凌乱，实际上是没有把客户界定好等级关系。

资产等级是我们改变不了，但是客户关系等级我们能不能改变？时间等级（客户到店率）我们能不能改变？客情关系等级我们能不能提升？换言之，除了客户资产我们没有办法帮忙提升，客户消费力、客户关系以及到店率，都是可以通过恰当的方法改变的，把客户消费金额、客户关系、到店率由 B 级提升到 A 级、C 级提升到 B 级，努努力，还是可以做到的。

第九节　从需求出发的客户分析策略

客户走进美业门店消费必定存在一个需求：想要变得更美，想要变得更好。

为什么要做客户分析呢？客户是企业生存的基础，赢得市场的关键在于赢得客户。充分了解客户，可以帮助企业实现利润最大化并提高客户留存率。

客户分析就是根据各种关于客户的信息和数据来了解客户需求,分析客户特征,评估客户价值,为客户制订相应的营销策略与资源配置计划。

客户管理的每个动作,如做行动计划表、客情计划表、客户档案表可以为管理提供便利服务;而做客户分级、客户分配等动作的目标指向是销售业绩。因为知己知彼,百战不殆。每位客户都是独立的个体,都有自己个性化的特质,那么个性化是不是客户需求?

美国心理学家马斯洛提出的需求层次理论认为,人有五个层次的需求:第一个层次是生理需求,第二个层次是安全需求,第三个层次是归属和爱(情感)的需求,第四个层次是尊重需求,第五个层次是自我实现需求(见图4-2)。

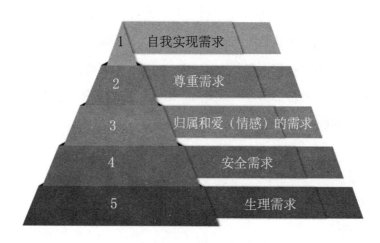

图4-2 马斯洛的需求层次理论

马斯洛的需求层次理论最初被用在企业对员工的管理上。这个需求层次模型变化一下可应用在美业门店的客户管理上。

客户走进美业门店消费必定存在一个需求:想要变得更美,想要变得更好,这是生理需求;客户对门店的服务同样有需求,要细致、周到、热情,这是一种情绪需求（尊重需求）。对产品成分和效果要求安全可靠，不希望大几千、几万元花出去，弄出一张激素脸，所以产品要满足安全需求。

客户有需求就要有分析，客户分析要有标准化的方法。

1. 客户分析要源于客户档案表

客户档案表就是客户的资料来源。客户的身高和体重决定了客户是否需要减肥。如果本应该减肥减脂，但客户没有这方面意识，美容师可以在这方面多与客户进行引导和沟通。

客户档案表由基础信息和健康状况报告组成。有了基础信息，就能对客户做出基本的判断。根据客户的基础信息和健康状况报告，可以形成客户分析报告。客户分析报告要通过日会和客户研讨会来逐步完善。每天要完善客户的服务记录表，每次服务后要把表格填写清楚。俗话说："好记性不如烂笔头。"人的记忆遵循艾宾浩斯的遗忘曲线规律，人的遗忘速度先快后慢，所以当天刚刚服务完的客户，要把与客户沟通的详细情况记录在服务记录表上，下一次客户进店，只需翻看记录，就可以清楚地看到上一次客户的沟通情况。所以，要学会收集客户档案表，做好客户的资料调查，对客户做出全面精准的分析，然后定好目标和实施方案。

2. 客户分析的内容

客户分析的内容主要有两个方面：一是消费行为分析，二是沟通方式分析。

（1）消费行为分析

在消费行为上，性格起着决定性作用。根据性格对人的消费行为影响，可以将其分为以下类型：习惯型消费、理智型消费、冲动型消费、感性型消费、经济型消费、疑虑型消费、不定型消费。

①习惯型消费。有没有这样的客户，习惯在一家门店消费，店长让买啥就买啥，一般这种属于习惯型消费。对于习惯型消费客户，一定要经常渲染门店的企业文化，培养客户对门店的感情，从而增加其对门店的信任感。

②理智型消费。这类客户依据自己的经验收集信息，先分析，后购买。

客户很有主观意识，不受他人影响。这类客户面对顾问或美容师所讲的内容，会用自己的方式印证，比如在百度上搜索，确实如你所说的那样才会购买门店的产品或疗程。对于理智型消费客户，最重要的是不卑不亢，切忌夸大功效。

③冲动型消费。客户受到刺激就会买，比如攀比型客户，本身就冲动，往往会这样消费。顾问或美容师说："姐姐，这个产品好是好，就是太贵了，不要买，你买点其他的就可以了。"这类客户好面子，买贵的显示自己消费层次高，就会去买贵的产品。对于冲动型消费客户，要给客户讲故事。讲故事的时候要注意逻辑性、故事前因后果的一致性，并具有可信度，如果出现逻辑漏洞让客户觉得可笑，可能就不会消费。

④感情型消费。这类客户想象力丰富，特别容易受到感情和宣传的影响。可以给客户做感动式服务，比如给客户过生日，营造温馨又热闹氛围，客户会很感动，此时推荐客户买疗程、产品、卡项就特别容易。

⑤经济型消费。比如，从事财务、老师这类职业的客户就属于经济型消费客户，对价格非常敏感，对于服务产品的要求就是品质加实惠。经济型消费客户，既要品质，也要效果，还想要实惠，重点在于谈价格的时候一定要留有余地，时不时给点优惠，不要一次性把优惠放到底。

⑥疑虑型消费。疑心大，担心上当，三思而后行。这类客户要取得客户信任，用专业知识、案例说服客户，解除疑虑，客户就容易购买。和习惯型消费客户一样，这类疑虑型消费客户，也要她渲染门店的企业文化，营造正规、大厂感觉，给到安全感，切忌夸大功效。

⑦不定型消费。客户缺乏经验，无主见，和朋友一起来，总会咨询朋友的建议。对于这类客户，也要渲染门店的企业文化，真诚、不卑不亢，适当介绍产品给到效果。

（2）沟通方式分析

要确定角色定位，面对客户，我们的角色既是闺密，更是专家。

无论我们是什么角色，面对不同类型的客户，采用恰当的沟通方式能更好地服务客户，从而为业绩提供保障。在沟通方式上，我们可以借助九型人格模型来分析。

九型人格可能很多人都听过，在人的性格分析模型中，每个人都是独一无二的个体（见图4-3）。面对不同性格类型的客户，我们该如何去沟通？接下来我们逐一分析。

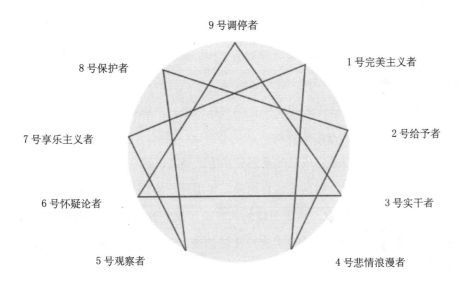

图4-3 九型人格图示

1号完美主义者。针对这类客户，沟通要真诚，直截了当，然后要有一些幽默感。因为这类客户脾气秉性比较僵硬，适度的幽默能很好调节沟通氛围，带好节奏感。

2号给予者。对于这类客户，要表现出感激、关心，鼓励客户多谈谈自己，如个人的改善。2号客户在沟通中要讲故事、举案例。说某某的客户改善以及受益。当客户的情绪发生变化时，可以询问客户的需求，给予关心。

3号实干者。针对这类客户，最有效的沟通方法就是告诉客户这样做有助于获得更好的效果。比如说："姐姐，像您的肩颈，我建议多做一些热疗，我相信会有更大的好处。"尽量配合客户，让客户觉得大家是站在同一战线上的。所以，要真正改变这类客户，我们应该多爱客户，并设身处地为客户着想。

4号悲情浪漫者。对于这类客户，沟通时一定要重视其感觉，因为这类客户非常容易有负面情绪，容易自我否定，所以要有更多真诚的赞美。

5号观察者。在沟通中，顾问或美容师要态度亲和，但不要表现出依赖或让客户有压力的亲密。有的人对社交距离很敏感，离得太近反而不舒服。在做决定时，要尽量给客户留有独处的空间。换句话说，就是要让客户自己做决定。

6号怀疑论者。这类客户多疑，面对这类客户关键是多倾听，要保持言行一致，否则客户就会产生怀疑，甚至不信任。同时，必须态度真诚，这类客户习惯猜测，所以多将成功的案例分享给这类客户。

7号享乐主义者。和这类客户沟通，要用轻松愉快的方式交谈。因为这类客户不喜欢过于严肃、拘谨无趣的人。顾问或美容师如果遇到这类客户，准备好一双耳朵就成，因为这类客户比较健谈，更容易也更喜欢交流，那么多倾听就对了。

8号保护者。和这类客户打交道，尽量说重点，因为这类客户不喜欢太啰唆的人。

9号调停者。沟通中，尽量倾听并鼓励客户说出自己的想法。其实这类客户不太擅长沟通。我们要尽量多倾听，适时地给予赞美、鼓励、认同。因为客户常常不知道自己的优点，也不知道自己的重要性，所以沟通时我们不要急于表达，让客户充分考虑再做决定。

第十节 巧用中医的客户诊断策略

诊断的目的是要找到对应的解决方案，最大化缩短标准和事实之间的差距。

在客户管理体系中，除了行动计划表，做好客户诊断也是非常重要的。为什么要有诊断这个环节呢？因为有了诊断，才能找到问题。如果我们没有经过找问题、做诊断、下结论、给方法这个过程，如何让客户觉得我们给出的方案是可行的。所以，诊断的目的是要找到对应的解决方案，最大化缩短标准和事实之间的差距。标准是客户想要的，比如客户都希望皮肤光滑细腻，诊断就是为了发现存在的问题并找出与标准（客户想达到的理想效果）之间的差距，从而解决客户的问题。

怎么做诊断？中医上讲望、闻、问、切。当然，有的美业门店有虹膜检测仪、CT 光谱扫描仪或量子能量检测仪，借助工具非常方便，同时巧用中医传统的望、闻、问、切方法找问题，效果会更好。

望是观察问题并思考问题形成的原因。比如，客户额头太阳穴的青筋暴露，那么要思考为什么会这样？口周的地方长痘痘是什么原因？面诊对于顾问来讲，是做咨询、诊断环节必要的专业能力。

闻是通过气味来判断。例如，口臭是什么原因，是不是因为排便不好，所以口腔有异味？肠道长期的宿便，如果没有排出去，清气往上走，浊气往下走排不掉，口腔异味会很重。

问就是询问。通过询问判断问题大概形成的原因有哪些？比如，客户偏头痛，就要询问。

Q 1：姐姐，您偏头痛的问题大概持续多久了？

Q 2：有没有想过偏头痛形成的原因？

多向客户提问，要了解客户想达到什么样的效果。

Q 3：头痛起来肯定特别难受，什么也干不了，连躺着睡觉都困难是不是？

共情客户的痛点，为下一个问题埋伏笔。

Q 4：疼得这么厉害有没有想着调理一下？

Q 5：咱们门店有专门针对各种头痛的调理方案，如果调理达到您的理想效果，请问姐姐您这边的经济预算是多少？

通过提问了解到客户想要什么样的效果以及客户的经济预算。有的客户可能会说，只要能治好我的头痛问题花多少钱都没关系。这可能是 A 级消费力的客户。

Q 6：最后，要问您一个问题，您后期是否能够坚持配合呢？如果您可以坚持配合调理的话，相信效果一定可以达到您的期望值。如果没有办法保证配合调理的话，项目效果也达不到您的期望值，那我建议您还是不要买了。

学会问问题，问对问题能减少很多沟通障碍。

切就是用专业的角度分析判断问题形成的原因。有内因，也有外因，通过诊断，做专业分析，明确客户的问题，给客户搭配一整套解决问题的方案，然后结合店里的项目进行宣传和推广。

判断出问题，我们要给客户提供中肯的调理解决方案，以及后期会有哪些益处。

实战演练：美女下巴周边有脓包型痘痘，我们用望、闻、问、切的沟通方式进行分析，感受一下销售是如何变简单的。

望：下巴区域属于妇科肠道反射区。

闻：客户的口腔是否有异味。当然闻是在和客户沟通的过程中注意感知，判断味道气味属性，是否有便秘等。

问：这个过程要问问题，注意怎么问。

Q 1：美女，注意到了吗，您下巴这里长痘痘，自己有了解过是什么原因吗？

这是第一个问题，客户会说出自己的想法。

Q2：您有没有尝试用一些方式调理下颌这儿的痘痘，还有淋巴这一块儿的痘痘呢？

这个时候客户也会继续沟通，比如之前在哪里调过或压根也没有调过。紧接着第三个问题给到客户。

Q3：如果我有很好的方式可以帮助您调理下颌和淋巴部位的痘痘，请问您是否会考虑调理呢？

问了原因，问了客户过去是否有调理过，是不是要考虑客户当下是否想要调理，前提是我有很好的解决问题的方法给到客户。客户可能出于好奇或者本身也想调理解决问题，会回复"有什么样好的方式让我听听"，这样成功地引起客户探知的兴趣。

切：如果不想调理，客户则会说："哎呀，我已经花了很多钱了，在很多地方都调理了。也没有觉得有任何效果。"客户丧失信心，这个时候要做的是给客户信心。

所以姐姐，针对您的情况，建议您使用我们××项目，您只需要每周到店一两次，配合我的专业手法护理，1个疗程就会看到效果，2个疗程会明显改善，基本上3个疗程您就告别痘痘了。当然，这个项目在家也要使用，同时饮食、睡眠要配合改变，只要坚持×个月，一定能看到明显的变化。因为我这边有很多像您这样的客户，她们就是用这套方案调理好的（列举案例），姐姐要不然咱们就按照这个疗程先体验一下，好不好？

只有我们做好诊断，下好方案，再给员工操作指导方式方法，整个诊断流程给客户的感受会非常好。

1个疗程想要有效果，必须满足以下要求：首先，时间配合，即客户要保证到店率，3~5天到店一次；其次，要家居产品配合，不仅到店做调理，在家要同步使用配套产品，并且要按照要求操作。

第十一节　强化客户记忆的反预约管理

在客户遗忘点出现之前，要不断重复强化传播，避免客户遗忘，把品牌的聚焦点变成长期记忆，从而真正植入客户的心智。

德国著名心理学家艾宾浩斯以无意义音节为材料，依据保持效果，绘制了著名的艾宾浩斯遗忘曲线，也叫记忆力曲线。这条曲线表明，遗忘在学习之后立即开始，最初的遗忘速度很快，随着时间的推移，遗忘的速度逐渐下降，达到一定程度后就不再遗忘了。由此看出，遗忘的进程是不均衡的，其规律是先快后慢，呈负加速型（见图4-4）。

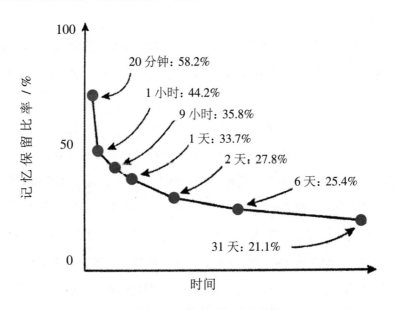

图4-4　艾宾浩斯遗忘曲线

掌握遗忘规律，就能很好地掌握增强客户记忆力的方法，就能让其更好地记住品牌。

每个客户的记忆空间基本是一样，而客户对品牌记忆力好坏的差别在于后天的开发，哪个品牌战略聚焦开发、传播得好，那么客户就会对哪个品牌更加记忆深刻。

在商业案例中，运用遗忘规律抢占客户心智的品牌有很多。比如，"去屑就用海飞丝"用简短的一句广告词，在消费者心智中强化植入海飞丝与去屑等同的概念。

上述品牌的成功在于对所有客户触点持续强化，就是品牌的核心价值、核心功能、核心卖点、核心创意。在客户遗忘点出现之前，要不断重复强化传播，避免客户遗忘，把品牌的聚焦点变成长期记忆，从而真正植入客户的心智。这就是为什么很多品牌首先找明星代言（建立好感），然后在一个顶端渠道（植入综艺或者电视广告），首先占领客户的感性认知（你是大牌，大家都在买），之后避免客户的遗忘点出现，会持续在各渠道重复投入大量的广告，而且大部分广告的内容都一样。很多知名品牌基本上常年承包了一些顶端的广告位（央视）的原因也是害怕客户的遗忘点会出现。对于知名品牌来说，客户的遗忘点是最大的麻烦。

那么，美业门店如何利用艾宾浩斯遗忘曲线，通过搭建不同服务场景，重复某一个动作，从而将某一理念植入客户心智呢？这个应用模型就是美业门店的反预约管理。

在客户管理中，反预约对美业门店来说是特别重要的一个管理环节。因为有预约，才能有序地去管理客户，才能保障门店的基础运营。

什么叫反预约？它是指客户没有提出下次到店时间或者没有预约习惯的情况下，由美容师或顾问（店长）主动提出预约时间与项目，使客户养成主动预约的习惯。

对于美业门店和员工来说，客流量是特别重要的指标。一起来算个账：如果美容师每天客流量只有1人次，一个月30天有30个客流量，每个客户做2个项目，只有60个项目消耗；如果每天有3个客流量，每个客户仍做2

个项目，每个月有 180 个项目消耗，美容师的工作量也会相应增加 3 倍（见表 4-9）。

表 4-9 美容师日客流与消耗量增加对比

每日客流量	每客项目	月度天数	每月消耗
1 人次	2 个	30 天	60 项
3 人次	2 个	30 天	180 项

客户进店率高伴随的是成交率的提高，因为护理效果明显，所以客户与门店及美容师的信任度得以建立。此外，客流量对门店护理实操业绩以及现金业绩的影响很大。因此，做反预约的目的直接指向门店客流量，也就是客户到店率。

一是店里的客流增加之后，实耗业绩才能增加，护理效果才能有保障。

二是客情也会进一步提升，客户和门店之间的黏性会越来越高。进店次数多，客户和美容师更熟悉了，感情、信任都在加深，势必会提高门店的营业额。

三是做好客户反预约也会使美业门店的运营更加顺畅有序，从而更好地安排美容师的工作量，保障服务质量。

四是方便门店客户安排时间，使客户得到星级服务。大客户可能时间不固定，随时会空降门店，没有预约，如果美容师没有相应准备，和其他客户的服务发生冲突，不好更改，产品效果和服务体验都难以让客户满意。所以，做好反预约就是对客流负责，对效果负责，对客情负责，包括对门店以及门店的所有客户负责。因此，要做反预约流程设计和执行。

1.反预约的关键点

反预约的关键点是什么？就是客户的需求和效果。客户办卡就是为了解决问题，达到效果。怎样达到效果？是不是要跟疗程按期到店做护理然后才能达到效果？沿着这个逻辑，要分析客户需求，引发客户探知的兴趣。

一是从一个点上去找，往往一个点能够延伸出很多问题。比如，就眼角出现鱼尾纹，是不是应该做抗衰产品？鱼尾纹出现代表皮肤处于松弛状态，日常保养的眼霜也要用上。这是鱼尾纹一个点引发的问题和相应的需求。我们可以通过分析需求去激发客户的购买欲望。

二是可以通过专业的分析去引导。

三是要给予客户效果和愿景渲染。

四是规划护理时间，达成共识。比如做面护，客户一个月来一次没有什么作用。所以，不仅要给客户去规划护理时间，还要跟客户达成共识。

2.反预约的原则

首先，坚持原则。很多门店员工初期跟客户做预约的时候往往半途而废。比如，给客户约了下周三的护理，客户说到时候再看，最近没有时间，然后就没有然后了。客户说没时间，到时候再说的时候，是不是我们还有50%的机会确定客户可以来的，有50%来的可能所以一定要坚持邀约。

其次，标准原则。这里的标准就是时间限制。比如，这个疗程，客户当下做的这个阶段是7天做一次、3天做一次或5天做一次，所以为了保障客户的效果，要按照美容师或顾问给的疗程时间做护理。

再次，有效保障原则。这个保障不是给客户的保障，而是保障员工每天要有明确的量化工作数据指标要求。比如，在第一章美容师岗位工作日均"363"，每天约3个客户做6个项目预约，第二天3个客户的客情维护。"363"其实就是服务客户数量，同时在预约电话数量和短信数量上对员工都要有要求。要教会员工答疑的话术。美业门店要针对这些工作内容做出相应的奖罚制度。美业门店的薪资一般不要随意更改，但是可以通过奖罚机制提高员工的工作积极性。

最后，分析原则。管理层在早、晚会上做数据分析。管理粗放的门店没有开晨会和夕会的习惯，不值得学习。早会的内容之一就是做客户分析。小组长、顾问、店长、甚至是老板，一定要带着员工分析今天到店的所有客户的情况。分析一下今天要做什么？今天要给客户聊什么，怎么聊？做反预约的时候应该从哪些方面着手？

下面以面部保养为例，希望能在反预约方面给店提供帮助（见表4-10）。

表4-10　面部保养的周期性护理

时间	生理周期	表现	生理原因	护理重点	效果
月经后第一周期	修护期	1. 皮肤干燥、粗糙 2. 呈现修护、更新状态	在排出毒素的同时，身体内的营养物质会随之流失	此时把握时机立即调整肌肤含水量，提升细胞更新能力	细胞更新、皮肤变白
月经后第二周期	蜜月期	皮肤光泽度较差	激素降低，大量补充营养及胶原蛋白，水分等	大量补充胶原蛋白、水分等营养物质，提高皮肤的含水量，使皮肤恢复弹性	营养细胞，饱满塑形
月经后第三周期	排毒期、增生期	1. 面部出现大量的油脂 2. 肤色暗黄、粗糙、色斑加深 3. 浮肿	激素降低，毒素囤积在局部，造成人体体能下降	清洁、按摩，去除面部的死皮与油脂。保持皮肤的清洁是预防粉刺、痤疮的最佳选择	清爽、透亮
月经期	生理期	1. 粉刺、痘、痤疮印 2. 肤色暗黄、粗糙，有色斑 3. 浮肿	由于激素下降至最低点，情绪不稳定，易疲劳，抵抗力下降	预防干燥，减少碱性洗剂对肌肤的刺激，将清洁的重点放在出油较多的T字部位上，以彻底清除肌肤表层的角质细胞和毛囊深处的污垢。将日常的普通日霜，改为具有补水保湿作用的日霜，以保持肌肤水润	细腻，有弹性

面部护理按照女性月经生理期的不同状态，把生理周期分为4周，在4个周期内做相应的面部护理。

按照这个周期去反预约，给客户定项目做护理就一目了然了，因为每次约客户都有对应的重点和目标。

接着再看身体保养的周期性护理重点和效果，具体如表 4-11 所示。

表 4-11 身体保养的周期性护理

时间	生理周期	表现	生理原因	护理重点	效果
月经后第一周期	修护期	1. 乳房变得松松软软，呈下垂状态 2. 身体虚弱、疲软无力	排出毒素的同时，身体内的营养物质会随之流失	1. 生理机能修复与营养补充 2. 为乳房补充胶原蛋白、水分等，缓解乳房松弛 3. 加速代谢和减肥	1. 营养得以补充 2. 紧致得以提升 3. 减肥效果较明显
月经后第二周期	蜜月期	1. 心情开朗，身体轻松 2. 代谢能力最好	激素达到最高点，荷尔蒙分泌最旺盛，细胞最活跃，身体机能最旺盛	1. 激素调理 2. 为乳房补充大量胶原蛋白 3. 加速代谢和减肥	1. 营养得以补充 2. 皮肤饱满，有光泽 3. 减肥效果较明显
月经后第三周期	排毒期、增生期	1. 全身无力、便秘、心情烦躁、失眠等 2. 乳腺增生、结节、痛等 3. 腰酸、胸腹胀痛等症状	激素降低，毒素囤积在局部，造成人体体能下降	这个时期最重要的是保养，应选适合敏感肌肤的清洁用品，并保证肌肤有充足的水分，平衡油脂，注意防晒，让痘痘和黑斑没机会现形	新陈代谢变得更好

表 4-11 列出客户做身体护理的重点和效果。月经后第一个周期也就是修护期，这个阶段的护理重点是生理机能的修复和营养的补充。

月经后其他周期的护理重点和效果是不是都可以依此类推，为项目做铺垫，比如排毒、暖宫、卵巢保养等常规项目，包括一些私密项目可以借此向客户铺垫引导，后期做反预约时可以用上。

第十二节　反预约流程的正确打开方式

在门店实际经营管理中，客户不一定约一两次就会到店，客户的到店习惯需要慢慢引导、养成。

我们总结了现场反预约的九大步骤。下面通过思维导图的方式呈现，如图4-5所示。

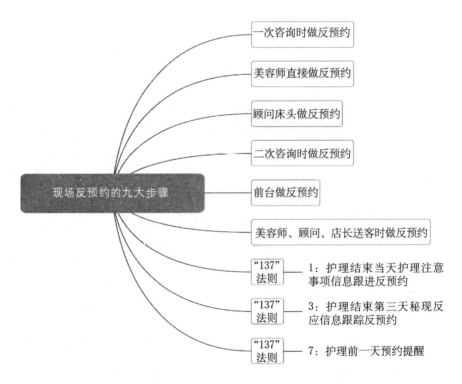

图4-5　现场反预约的九大步骤

1. 一次咨询时做反预约

（前提客情好）一次咨询时，做症状关怀，回顾上次（之前）护理的效果，结合客户需求进行引导与确认。

顾问：姐姐，您看第一阶段做了 3 次深层清洁＋补水，发现您 T 区干净好多，再看看 U 区水润度也提升了（互动让客户认同）。您现在是排毒期，皮肤油脂分泌和排泄比较旺盛，今天深层做细一点，按摩手法走向以向下排毒为主。

客户：好的，谢谢。

顾问：姐姐，现在您的皮肤调理重点是 T 区的深层清洁、U 区的补水滋养，5~7 天做一次效果会更好。

客户：看时间吧。

顾问：可以的，姐姐，最好不要超过 7 天哦，今天记得确定好下次到店时间。这样本阶段的护理效果才会达到预期哦。

2. 美容师直接做反预约

美容师：姐姐，您现在是排毒期，整个皮肤的油脂分泌会比较旺盛。

是不是跟前面顾问说的话都对上了。

美容师：今天顾问特意叮嘱我要帮您深层做细一点。按摩手法走向以向下排毒为主。

然后拿着镜子去客户看。

美容师：姐姐，您看，确实 T 区干净了很多，一定要按照疗程过来做护理。

客户：我没有空或者那要不你看着来吧。

美容师：姐姐，这样吧，下周我帮您排个时间，刚好下周是您的蜜月期，做面部护理的效果是最好的。而且下次您来的时候我帮您加强补水和提升。我先和前台帮您暂定下周三或者下周四，可以吗？

客户：要不下周三吧，到时候再说。

美容师：好的，那我暂时帮您约周三同样的时间。到时候我会让前台提前一天和您确认。

3.顾问床头做反预约

顾问：姐姐，我发现您目前最需要改善的是皮肤的滋润度与光泽度，今天重点帮您加强了。您有没有发现肤色均匀、皮肤紧致了一些，整个人的气色都好很多。姐姐，如果您想要效果更好，肌肤持续白皙更紧致，一定要配合疗程的时间来。下次您来的时候我帮您继续，加强这几个点。像您这种情况，第一阶段隔三天来一次，前三天每次都帮您加强面部深层清洁，让您的毛孔每天都可以自由呼吸。再连续做三次，您会发现整个面部的肤色都会变得白皙通透，擦护肤品吸收也会变得更快。而且擦粉妆也会比较贴，不会出现卡粉的尴尬现象。第二个阶段就是7天过来一次，配合疗程来调整效果最明显了。

顾问：姐姐，您下次还做肤色和水润度，特别是T区、下巴和额头，那我就帮您约后天，您看怎么样？

4.二次咨询时做反预约

二次咨询反预约的前提是效果对比了，客户满意了，前台配合顾问了，然后再做二次咨询的时候才能做到有效的反预约。

顾问：姐姐，我看您特别在意皮肤的清洁度、水润度和光泽度，我今天帮您做了加强清洁和补水，所以做完后皮肤毛孔特别干净通透。以您今天的吸收效果来看，最好5天左右再过来做深层加强，效果会更好。所以我帮您约下周三，您看可以吗？

客户：我不确定到时候有没有空。

顾问：好，姐姐，要不您下周排个时间？刚好下周是您的蜜月期，做面部补水紧致护理的效果是最好的。下次我帮您重点加强补水和提升，我现在与前台暂时帮您定到下周三可以吗？

5.前台做反预约

前台：姐姐，这边和您确认一下今天的护理项目。确认好了之后您帮我签个字。

前台要拿出当客户档案，客户确认过签字。

前台：好，姐姐，我这边还是帮您预留下周三同样的时间。

或者这边也可以加一句："我们顾问这边特别交代了，按照您的疗程，我帮您预约了下周三的同样时间。"

客户：不好确定，到时候再说。

前台：没关系，先帮您预留了位置，到时候有事取消，也没有关系。

不要给客户太大压力。

6. 美容师、顾问、店长送客时做反预约

一般门店在送客的时候会说："姐，慢走，再见！"如果没有约好下次到店时间，则白白浪费了一次反预约的机会。

如果门店有这个环节的反预约，在送客前，美容师或顾问一定要在客户的旁边。

顾问：姐姐，皮肤做完毛孔干净了很多。您摸摸看，水分、柔软度都超级好的。

客户：是吧，可能刚做完效果是最好的。

顾问：姐姐，想要效果持续当然是要配合女性生理周期有规律地护理，这样效果才会更好。

把周期性护理的观念教育植入给客户，让客户有周期护理意识。

顾问：下次请我们的小花特别帮您加强补水和提升的手法，效果要比今天还明显。

客户：会吗？

客户可能就会疑惑，反问一句。

顾问：您配合好时间一定会的。我们前台已经帮您约好了周三的下午一点，到时候同样安排小花来为您服务。

客户：好的。

送走客户的时候一定要再讲一句："我们下周三下午一点见！"到这一步

的时候客户已经有这个印象：下周三下午一点，要回来做护理。

反预约流程到这一步骤，是不是每个环节话术中都有周三做护理。如果您读完这章肯定也会想：全篇都在说周三做护理。

比起单独交代美容师周三这个客户要过来做护理，要做什么？要做提升补水而且是小花去给客户做，效果更明显。所以，这就是我们设计出来的反预约流程话术。建议把这个流程按照项目整理，再按照角色分配相应内容，做好实操练习。

7. "137"法则之"1"——护理结束当天护理注意事项信息跟进反预约

姐姐您好，我是今天给您服务的小花，今天做完肩颈之后回家一定要多喝开水加快代谢，回去4个小时内不要洗澡，不要受凉，不要喝酒，也不要吃生冷食物。注意保暖。如果长时间不做肩颈，可能背部肌肉会疼，这是正常现象。有什么不舒服的，随时可以咨询我。为了保证项目效果，这边帮您约了下周四下午2点做下次护理。

分析一下这个话术：首先，发信息的时候要自报家门，让客户知道是谁发的信息。同时要提醒客户注意事项：长期不做肩颈，可能会出现什么情况，这是正常现象。再展现责任和关怀：如果有什么不舒服的，请随时咨询我。最后，从维持效果角度出发，顺势反预约：为了保证项目效果，所以这边帮客户预约了下周四下午2点的护理。

为什么用肩颈做话术模板，因为做完面部之后基础的项目没有什么太多的注意事项。注意事项提醒更多的是身体的项目。肩颈项目可以借助提醒注意事项和可能出现的情况，顺势反预约，而且这个反预约客户认同度比较高。

8. "137"法则之"3"——护理结束第三天秘现反应信息跟踪反预约

像上面的反预约案例，借助注意事项提醒顺势反预约。同样在护理结束第三天，一般这个时间是好转反应出现的时期，也要联系客户进行反预约。

信息模板：最近有没有不舒服呀？这个肩颈项目刚做完这几天背部的肌

肉可能会疼，很久没有做肩颈的话，背部肌肉发疼是正常现象。坚持做效果会更好。按照疗程已经跟前台预约了下周四下午 2 点，您有什么不舒服，一定要记得随时咨询我。（再次提醒客户按时到店做项目，又是一次反预约）

9."137"法则之"7"——护理前一天预约提醒

信息模板：

姐姐您好，我是上次为您服务的小花，为了达到更好的项目护理效果，咱们一定要按时来做护理，您上周护理之后约的周四，明天（周四）再过来做护理哦，给您预留了下午 2 点的位置，明天见。

从一次咨询开始，美容师及其他的环节参与人员全都在做对应疗程的反预约。核心观点就一个：就本次服务得到的效果，引导客户按期到店还有哪些效果，直接预约，给客户选择题，周三还是周四，或帮客户做时间安排。

这是九大步骤的反预约流程，美业门店要在客户到店管理中抓住这些机会做好反预约。在门店实际经营管理中，客户不一定约一两次就会到店，客户的到店习惯需要慢慢引导、养成。

第十三节　电话反预约的切入点在哪儿

反预约跟进做好，客户到店率稳定，才不会形成沉睡客。

电话是反预约流程的重要工具，那么通过打电话预约要选好切入点，否则电话打给客户，不仅客户不会到店，可能还会当成骚扰电话拒接。

①从客户的需要出发，从售后关心的角度出发做反预约。

②利用客户的需求和痛点做反预约。

③利用疗程效果的时间要求做反预约。

④利用公司吸引力法则做反预约。

⑤向沉睡客做反预约。

⑥美容师多次打电话都不到店的，顾客、店长或老师做反预约。

1. 从客户的需要出发，从售后关心的角度出发做反预约

美容师：王姐，上午好，我是××门店的美容师小芳，现在方便接电话吗？距离您面部护理已经有10天了，请问您这段时间面部的问题怎么样了呢？

要准备好客户的资料，要知道这个客户上次做的是什么项目。

客户：一般般。

美容师：我记得您上次来做护理的时候，您面部缺水比较严重，尤其是面部皮肤比较薄，会让整个面部出现紧绷感的现象。

这个时候要去重复客户的一个需求和症状引起共鸣。

美容师：最近天气会比较热，面部皮肤都会比较干。开空调的时候一定要记得拿个小喷壶，皮肤干燥的时候喷两下，注意保护好您面颊两侧的皮肤。

客户：好的，谢谢！

美容师：王姐，您卡上还有××面部疗程，深层补水的同时可以修复皮肤的皮脂膜，您近期方便的话，我给您预留时间，您可以到店来做护理。这周三或周四下午2点，您看可以吗？

整个话术，首先在关心客户的问题，从客户的需求角度出发，以关心的方式，让客户在吹空调的时候准备小喷壶。这个时候客户不会警惕、排斥打电话的人，等有了好感，再强调卡上的疗程有什么样的作用，顺势反预约。

美容师：这段时间，客户好多人都过来调理面部问题，因为换季，都会有面部问题，所以做面部护理的比较多。您看这两天帮您提前约一下位置，到时过来我在面颊和T区的位置帮您多加强护理，这样的话效果会更好。

所有的话术一定要清楚它的逻辑性。

2. 利用客户的需求和痛点来做反预约

美容师：姐您好！我是××店的美容师小花，您现在方便接电话吗？您已经有 10 多天没来做护理了。

客户：最近太忙了，有空就去。

美容师：您这么忙，身体一定很累吧，那我给您安排个时间来做护理吧。

客户：唉，哪里有时间去。

美容师：没有关系，姐，1 个星期 168 个小时，抽出两三个小时做一下调理如何？再忙咱们也要注意劳逸结合，我帮您把时间调配好，很快的。

美容师：您的肩颈肌肉僵硬、淤堵，循环代谢不畅。按照生理周期现在刚好也是排毒期，这两天帮您做一下疏通排毒效果会很好。那我先帮您约到下周二晚上 7 点。您不能再推了，您花了钱，我就要对您的效果负责。

3. 利用疗程效果的时间要求来做反预约

美容师：王姐，你好，我是××店的××美容师，现在方便接电话吗？姐，您一直很在意身体的循环代谢，还有免疫力，同时想要背薄一点，肩颈轻松一点。根据疗程效果的要求，前面已经重点帮您疏通了结节，后面的几次帮您重点做排毒腺体的激活。

要根据客户的疗程去做渲染，要按照疗程时间来效果才会更好。

美容师：您过来，我会为您去做加强的。那我先帮您约到下周三，可以吗？

客户：到时候再说吧。

美容师：好的，没有关系，那我先帮您约到周三的同样时间，到时候我也会提前一天确认。

这时候客户是不是就没有压力了。

所以，反预约一定要注意预约流程的顺畅，一定要规划好到店时间，这样客户才能养成一个提前预约的习惯。

4. 利用公司吸引力法则做反预约

我们常说"春养肝、夏养心、秋养肺、冬养肾"，所以我们要把四季的养生都规划好。

美容师：王姐上午好，我是××店的美容师小花，您现在方便接电话吗？有没有看到我给您发的信息呀？这个时间是排毒的最佳时间，咱们店特别举行了××项目的推广月活动，每位客户到店就可以送一次疏肝理气的免费体验。这两天我帮您提前预约一下时间，这次过来我会在肝胆区的位置帮您多做疏通，效果会更好。

5. 向沉睡客做反预约

从上一个美容师接到手里的客户，这任美容师跟客户没有见过面，但是要打电话做反预约。

新美容师：王姐，您好！我是××店的美容师小花，上周给您打电话的，您还记得吗？

客户：忙，没什么印象。

新美容师：没事儿，姐，贵人事忙，今天给您致电是看到您还有××项目，这个季节我们面部皮肤都比较容易敏感缺水，您在咱们门店的项目正好能提供强效修护补水，帮助增强皮肤的抵抗力和免疫力。您平时是周一到周五有空还是周末有空呢？我帮您预约个时间。

其实这个时候，客户是不会直接拒绝的。有空的话客户可能会回答："周一到周五都有时间，到时候再说。"如果只有周末有空客户也许会说："现在也不确定，我有空会给你们电话的。"

新美容师：好的，那我暂时给您约到周末，到时候我会短信或者电话提醒您，您看可以吗？

不管客户有没有时间，先做大致时间预约，然后预留下一次电话沟通的理由。

6. 顾问、店长或老板做反预约

美容师常打电话客户都不来，可以让顾问、店长或老板做反预约。门店肯定有这样的客户，美容师怎么约都不来，这个时候顾问、店长或老板要以检查工作的理由切入，给客户打电话。

顾问：王姐，我是××店的顾问大花，刚才在检查美容师工作的时候，发现您很长时间没有过来。这次打电话回访了解一下，姐这么长的时间没有过来，您卡里还有××项目，是不是我们手法或服务上面做得不满意？做得不到位？

客户其实不会很直接讲这个不到位，或者不满意，如果有，客户早就说了。我们应该怎么去讲？

顾问：没有关系，姐姐，希望您能给我们多提一些宝贵的意见。在您没来的这段时间里，店里给我们的技术和服务细节做了强化培训，希望能给您带来更多的惊喜和超值服务。我帮您预约一下时间，您过来，我来接待，为您服务。

反预约管理工具主要是表格。如果门店有前台的话，可以让前台做一个反预约跟进表，备注客户姓名、上次到店时间、上次到店距离今天的天数、最新更新记录、最新跟进时间等。表格不复杂，就是要做到及时更新（见表4-12）。

表4-12　反预约跟进表

序号	客户姓名	上次到店时间	上次到店距离今天的天数	最新更新记录	最新跟进时间

为什么要做这个表格呢？反预约跟进做好，客户到店率稳定，才不会有长时间不再消费的客户，客情才会越来越好，黏性才会越来越高，到店率提升，成交率自然稳中有升。所以，我们要做好反预约，就要用好反预约的跟进表。

第十四节　反预约这件事谁来做

在美业门店中，前台、美容师、顾问、老板都是反预约这项工作流程的不同层面执行人。

在美业门店中，前台、美容师、顾问、老板都是反预约这项工作流程的不同层面执行人。因此，反预约对这些岗位层级的人就有不同的工作要求。

1. 对美容师的要求

①每周给每位客户发 2 条短信，打 1 通电话。

②护理时，一定要给客户做效果对比，并引导下次效果预期。

③护理时需要进行二约、三约流程。

④美容师进房 5 分钟内为客户做好三度四报。三度：房间温度、操作力度、操作速度；四报：报美容师姓名、报操作项目、报操作产品、报项目操作时长。

⑤护理完需在前台登记反预约情况（预约时间、项目、服务人员及约定人员姓名）。

⑥制订个人的周反预约计划跟进记录。

⑦每天进行反预约计划的滚动调整与反预约心得总结。

2. 对前台的要求

①接收预约，确认客户的全名、预约到店的时间、护理项目、服务美容师、服务时间。

②提前为客户安排护理时间、护理项目、服务美容师，并通知该服务人员相关注意事项。

③合理有效安排反预约，客户跟客户之间前后间距 15 分钟，为客户提供有准备的全程服务。

④提前一天给客户打电话，提前一小时打电话或短信确认。

⑤客户到店、离店要有相应的标记，预约安排要清晰明了。

3.对顾问、店长的要求

①每天固定时间段分工指导小组员工做反预约电话或短信提醒（一般这项工作可以安排在早上 11:00~11:30 或 14:00~14:30 的时间段）。

②每天检查反预约跟进表，指导员工进行反预约计划的滚动调整。

③对员工有明确的定量要求：日反预约电话数量、日反预约客户人数、日服务客户人数、月不动产（沉睡客）激活人数。

④客户到店护理前与护理后的"137"反预约确认。

⑤日总结会做反预约的检视与分享。

⑥有效的奖罚制度的实施。

从反预约的流程步骤、设计的相应话术到反预约的关键点、工具使用以及工作安排，大家可以看出反预约都是门店主动行为，通过流程步骤和话术，不断给客户植入按期到店做护理效果才会持续或更好的理念。客户接收到多次的强化植入，头脑里会留下"下周做护理，留出时间做护理，下周约了我做护理"等信息印记，这些强信号带来的心理暗示，会促进客户到店率和成交率的提高。所以，一定要掌握主动权，扎扎实实做好反预约流程设计和操作执行。

第五章

存量超级转化：店务为绳系统

美业门店未来的发展趋势是什么？这几年，我从参加的行业会议上得到启发，从做美业咨询的经验来看：拥有解决问题的能力，并做好人、产品和关系的管理，这样的美业门店一定能在行业内起飞。

什么是拥有解决问题的能力？打个比方，一家社区医院，通过针灸调理好了病人的腰椎病，这样病人不用到医院做腰椎手术，实现大病小治。这家社区医院的针灸就是解决问题的能力。同理，在美业门店，拥有多大解决问题的能力，决定其在行业发展的高度。门店有善于销售的顾问，业绩有保障。有手法好的美容师，客户体验好，黏性增加，客户愿意持续消费，同样能提高业绩。有好的产品，客户得到想要的效果，不用去做医美，也不用担心做医美后的潜在风险，客户信任感增加，也会持续消费，业绩同样不会差。销售能力强的顾问，手法好的美容师，效果好的产品，这些无论是单独拎出来还是综合在一起都是美业门店拥有的解决问题的能力。

既然门店解决问题的能力大小决定了门店在行业内的业绩天花板，在这个点深耕下去，努力提升解决问题的能力，从客户、员工、产品等方面着手，不断提升，必然有所收获。

第一节　存量超级转化的载体：店务系统

　　了解门店六大管理核心定位，实现业绩倍增，就要从提高员工的能力、提高客户的消费力、提升项目的等级这三个方向入手，都做到提升才能业绩倍增。

　　店务管理是门店发展的重中之重，要想提升业绩，必须做好店务管理。要想做好店务管理，可以从以下方面着手。

　　1.店务管理

　　业绩来源于客户，员工在服务客户，员工通过使用项目来服务客户，所以客户、员工、项目这三大基础的管理即客户管理、员工管理以及项目管理是店务管理中必不可少的。在这三大基础的管理上衍生出三种关系管理：第一，员工和客户之间的关系管理，员工和客户关系好更容易出单。第二，项目和员工之间需要做技术管理，一个项目做得好不好，用什么评定？是客户体验和项目业绩。第三，项目业绩取决于项目的技术管理好不好，这个项目在员工的操作上能给客户带来什么样的效果，这就是效果管理。

　　美业门店店务管理的核心是客户管理、员工管理、项目管理，以及员工和客户之间的关系管理、员工和项目之间的技术管理、项目和客户之间的效果管理（见图5-1）。

　　要想实现业绩倍增，就要从提高员工的能力、提高客户的消费力、提升项目的等级这三个方向入手，都做到提升才能业绩倍增。

　　客户的消费提高和项目升级有没有关系？比如，同样是肩颈项目，有的项目是基础的手法操作，有的项目是用套盒来做，也有的项目是用仪器来做。同样一个部位的项目，如果做出不同的价格，是不是要将项目升级呢？所以，业绩倍增的核心是要提高员工能力，提高客户消费水平，提高项目等级。

客户管理与关系管理

客户

员工   项目

员工管理与技术管理   项目管理与效果管理

图5-1 客户管理、员工管理、项目管理之间的关系

在这几个方面提高的基础上，门店要建立核心工作模式。建立门店的工作模式要做客户的分级，如客户的资产分级、客户的消费能力分级、客户的关系分级以及项目的单价分级；要对客户的成交率、到店率做分析；基于员工成长和技能层面的提高，要对美容师、顾问做分级。

2.店务管理的数字化系统

美业门店的店务管理是一个综合性的工作，需要协调美业经营的诸多方面。为了在行业竞争中实现赶超，美业门店则需要做好高效经营和创新营销。美业门店可以通过使用店务数字化管理系统来提高店务管理的效率。因此，设计一套好用的店务数字化管理系统就非常必要。一般来讲，美业门店的店务数字化管理系统在融入基础店务管理内容的前提下应包含以下几个要素。

（1）客户管理

店务管理系统应包含会员运营模块和营销模块，这两个模块的功能让美业门店能够管理客户信息，跟踪客户群体的消费喜好，分析客户的标签，并从丰富的客户数据中获取营销机会，改变营销战略，并以此来提供切实有效的个性化服务。

（2）预约管理

该功能可以让美业门店实现高效管理，打通线上线下经营。比如，客户线上预约，选择相应的项目及服务，员工收到系统分配的任务做好及时的接待准备工作。这样高效的联合操作，不仅可以提高美业门店的预约效率，防止服务过度或者服务不足等情况发生，也能够提高客户的体验感，达到锁客的目的。

（3）库存管理

能够帮助美业门店管理和跟踪其库存，帮助员工定期更新库存和提前预警库存不足，以便及时填补。

（4）员工管理

帮助美业门店管理员工的考勤、业绩、提成、客户等数据，让美业门店能够更好地管理员工和业务，实现员工激励、有效降低离职率。

一些基于微信或钉钉平台的数智化应用已经非常普及，开源设计的零代码编程应用也非常多，比如，产品进出库管理、客户管理、预约管理、员工的工作日志、绩效薪酬管理等，并不需要有编程基础，编程小白同样能够设计出适合门店需要的应用程序。数字互联网时代，我们可以拥抱这些变化，提升美业门店的管理水平。

图 5-2 是基于钉钉平台的数字化应用界面，可以将员工的绩效管理和销售业绩管理建立数字化信息流，从而节省系统开发费用，达到提高工作效率的目的。

图 5-2　数字化应用界面

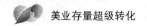
第二节　美业门店阶段化运营该做什么

要想让运营能够持续获得最优效果，在运营过程中必须设置边界原则。

过去，西方学者把与工厂联系在一起的有形产品的生产称为 production，或将提供服务的活动称为 operations。后来的企业管理将生产和服务两者均称为运营。

现阶段，美业运营就是为了帮助美业门店将其提供的服务和产品与客户之间更好地建立起来关系，我们需要使用一切干预手段。更好地在产品和用户之间建立纽带，让客户了解和体验服务及产品，也让服务和产品向客户传递价值，最终实现客户获取。

要想让运营能够持续获得最优效果，在运营过程中必须设置边界原则。

1. 客户至上原则

客户至上是门店运营的基础，任何服务和产品无论是美肤补水类还是美体养生类，其存在的商业逻辑即是满足客户需求。

2. 目标导向原则

目标导向，方向汇聚力量。目标是什么？为了达成这个目标，门店全员要做什么？为什么要这样做？做这个事情可以带来什么利好？做了以后是否可以达成真正的目标？要以目标为先导去倒推过程节点，判断节点的设计和执行是否能最大化接近目标。

3. 效率优先原则

效率优先是商业基本准则，商业逻辑即是盈利逻辑，用更短的时间、更少的成本完成工作永远是最受欢迎的能力。

在这 3 个原则边界下，美业门店运营节奏可以划分为 5 个阶段。

第一个阶段：一般是开业 3~6 个月，门店运营要做经营数据的盘点和经营诊断。美业老板要学会看数据，要对现金、实操、产品、客流、项目等这些基本的数据和数据之间的关系了然于心。

这个阶段的门店要建立员工档案。作为老板要学会思考门店组织架构，也就是组织运作模式。也要学会做客户分配，做好管理。

每天有日会、晨会、夕会、月度有经营会议、技术研讨会，还有大客户会议。这是在做门店店面运营管理第一个阶段涉及的店务内容。

第二个阶段：标准的工作流程导入。首先，在客户管理上，门店要建立预约制度，很多门店的客户都不按照预约制执行，要使用预约表，导入预约机制，把预约制执行好。其次，在效果管理上，要导入服务记录表。最后，在员工管理上，各层级和岗位的员工都要有与自己工作内容相关的表格。美容师、顾问、店长都要有各自的工作流程和工作表格，让员工学会在固定模式下按部就班地走流程办公。

第三个阶段：工作方向调整。组织架构决定员工工作方向，其实也就是组织架构决定薪酬制度，薪酬制度决定员工工作方向。所以，工作方向调整的前一个阶段，是思考如何做好组织架构，从而正确引导员工的工作方向。我们通过导入表单，如行动计划表、日会记录表，包括效果管理的服务记录表都是为了调整员工的工作方向，员工的工作有了方向，我们才能做薪酬制度的改革。很多门店做薪酬制度改革常常是"头痛医头，脚痛医脚"，没有系统性的薪酬制度，导致老板永远都觉得门店的薪资不太合理。薪资改革的核心是要以数据为依托，因此员工一定要知道做数据管理。数据是薪资的导向，只有清楚数据问题，才能有针对性地去设计薪资模型。

第四个阶段：项目整合调整。要做信息的收集，就要做项目整合表。老板审核完之后，缺的项目要填充，同质化的要砍掉，每一个项目要设定阶段性的培训计划以及阶段性的项目推广计划。客户希望通过使用我们的项目达到想要的效果，所以门店要有配套推广的项目供客户选择。

第五个阶段：建立会员机制。美业门店无论老店还是新店，无论有会员还是没有会员，都要有相匹配的会员制度。只有与门店相匹配的会员制度，才能让客户进门，形成客户的消费路径。同时，员工要清楚客户进门后该如何进行销售。也就是说，门店要有客户的消费路径，那么门店就要建立相应的销售路径。

第三节　基于工作模式的基础管理

美业门店在存量转化上必须建立属于自己的工作模式，搭建相应的工作流程。

工作模式是什么呢？工作模式是指在工作中所采用的一种特定的方式或方法，它的目的是提高工作效率、降低成本、提升质量等，从而实现经营目标。工作模式通常包括工作流程、工作方式、工作内容、工作目标等方面。不同的行业和企业有不同的工作模式，但它们都旨在提高工作效率、降低成本、提升质量等。

最简单的工作方法和思路是 PDCA[1]循环，展开来就是凡事都要有计划、有执行、有实施、有处理，在这个过程中时刻体现目标驱动。

先要有计划。计划要导入行动计划表，行动计划表是客户管理的总纲，门店对客户的管理和业绩目标都在行动计划表上体现。

第一，在执行的过程中，员工有销售目标，因此需要和客户沟通，了解客户的满意度。

第二，对此次服务的效果满意度、客户满意度要做登记，要有服务记录

---

[1] plan（计划）、do（执行）、check（实施）和 action（处理）。

表，最后形成总结。总结是日会的流程，要有日会记录表。美业门店日会标准流程的会议核心内容通过日会记录表就能体现。

第三，要完善客户档案，为客户分析做准备。总体上客户分析要基于客户行动计划表和客户档案表，分析客户的消费能力等情况，分析的目的是为了制定精准的销售方案，然后进入下一轮销售。

如果已有资料不足以支撑团队或员工做销售方案，那么回归客户档案，进行资料更新。这是 PDCA 循环工作模式（见图 5-3）。

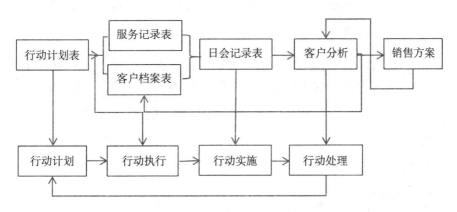

图 5-3　PDCA 循环工作模式

建立工作模式后，要对工作进行分类，把美业门店基础管理的模块植入工作模式中。

1. 客户管理

做客户管理，就要熟悉客户管理的标准服务流程。

第一步接待流程。前台接待时要建立客户档案，有了客户档案的基础资料，就可以开始做咨询，咨询和体验环节之后的服务追踪是对客户的必要管理。

2. 技术管理

从本质上来讲，进入咨询和实操环节，就是顾问或美容师的专业素养和技能展现阶段，专业精不精，技术手法好不好，客户体验后便知。

第二步咨询流程。这个环节由顾问来做，因为这个环节主要是诊断、出方案、挑选美容师。出方案有沟通话术，挑选美容师也有相应话术，是对顾问专业素养和销售能力的考验。

第三步实操过程。无论是咨询流程后的体验实操还是客户的日常保养服务实操，美容师都要按操作流程进行。核心目的是做出效果，通过观察、微调做比对，并做好反预约。这个过程不仅考验美容师按揉技术手法的娴熟程度，也考验美容师的沟通能力。

第四步二次咨询。实操后是顾问进行二次咨询，咨询的目的是做效果比对，然后销售疗程、产品，并预约好下一次的时间。

第五步服务追踪。美容师和顾问都要做这个步骤。首先，追踪是提醒产品的使用，提醒操作的注意事项。如果有在家配合使用的产品要提醒客户使用的注意事项。其次，分享是让客户帮我们做效果分享。最后，下次进店的回电提醒。这就是门店的服务流程，每一个细节、步骤都要建立标准化的服务程序。

3. 项目管理

有一些美业门店在品项管理上比较混乱，公司有很多产品，却不知道怎么做项目管理。

第一步严格审核产品供应商资料。一定要了解厂家，做厂家分析，确定是否要合作。

第二步建立技术手册。建立技术手册的第一步是建立门店的项目整合表。之后要制作项目说明书，也就是该项目的操作标准。每个项目都有操作标准，之后的员工培训则会变得更容易。

第三步针对项目每个月都要做经营分析。主要分析需要引进新的项目，还是淘汰旧的项目。1 个项目如果进入门店 3 个月甚至 6 个月，都没有经营好，那么就要做经营分析，分析其在门店推广得不好的原因。项目管理可以从以上这几个板块入手，核心是门店要建立项目技术手册和项目操作标准。

4.员工管理

一是建立完善的员工档案资料，帮助员工做职业生涯规划、教育和培训规划。每个员工的原生家庭不一样，与人相处和交流的方式也不一样，所以老板要了解员工，从而可以更好地与之相处，更好地为其做培训。二是员工要记录好自己的工作，这是绩效考核的依据，老板要教会员工制定目标并给其提供具体的工作思路。薪资记录可以通过工作的稳定性来检验，如果员工的薪资一直是往上涨，我相信这个员工的稳定性一定是可以的。

5.效果管理

美容师的效果管理是通过日服务记录表来检验的。在日服务记录表上做上一次的方案分析，新增方案的分析要包括下一次的需求分析，这叫效果管理。效果管理通过日服务记录表来反映，确定客户下一次的进店时间，比如，给客户约定好下一次时间，客户不来，顾问要给客户打电话，要追踪客户，并填写客户追踪表。不追踪，客户没有按照既定的频率到店，没有相应的效果，客户怪的一定是门店。店长可以通过审核美容师和顾问的行动计划表和服务记录表来检验工作的效果。

6.关系管理

一是美容师要有项目工作计划，针对新增项目以及需要蓄卡的项目做目标规划。这些项目有效果就要匹配在家使用的产品，同时要预约客户按时到店。美容师要不断地给客户做新增的项目。

二是顾问要通过行动计划表来制定和执行管理制度。客户往往因为认同顾问的专业讲解而买单，所以顾问要训练自己的综合规划能力，为业绩的增长助力。

三是店长要制定执行的准确度以及针对客户设定的年度目标达成度。业绩证明了一切。只有有效果，关系提升，客户才会买单。检验关系好不好就看买单多与少。

美业门店在存量转化上必须建立属于自己的工作模式，搭建相应的工作流程。科学的方法和有效执行是实现门店运营优良、业绩倍增的根本。

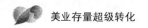

第四节　快速打造顶尖团队的真香定律

如果你不懂得开放，不懂得分享，不愿意承担责任，你是走不远的。

——马云

　　人才的储备决定美业门店运营的好坏。有的美业门店客户很多，但是员工不多。有的门店员工多，但是有效的人力少，这说明什么？员工的质量决定了门店业绩的稳定性和持续性。举个例子，门店普通员工的流失，对老板来说无关紧要。但如果是有三五年工作经验的优秀美容师离职，一个可以创造门店 80% 业绩的 A 级美容师流失则会影响门店半年的效益，甚至会把门店的客户带走。由此可见，优秀员工对门店业绩的贡献很大。

　　人才的数量决定了门店经营发展的形式，是单店、多店，还是连锁店。门店就一两个人才很难发展成多店，所以要把员工变成人才。通过培养、训练、监督、考核等系统化打造，让员工变成人才，让单个优秀骨干支撑门店业绩的现状变成团队作战，把员工打造成具有战斗力的团队，是美业门店要干的事情。让优秀团队持续优秀，是美业老板要操心的事情。

　　让优秀的团队保持优秀，优秀的企业和企业家做出了示范。

　　传统做客户服务都强调制度，但是对于小米的客户服务，人比制度重要。小米的一位客服部门主管，做了十几年的客户服务工作，经验非常丰富。2012 年，小米的业务飞速发展，用户数量猛增，客服工作也随之"压力山大"。这位主管的到来，为客服团队带来了非常宝贵的经验。不过很有意思的是，她第一次汇报工作计划时，抱进来厚厚一沓纸。原来她非常认真总结了过去小米所有的客服数据、工作报表，然后根据这些数据和她对小米的业务增长预期，做出的多达好几十页关于客服的未来改进计划。

　　小米的某位联合创始人花了一下午好不容易看完，对她说："做客户服务这件事情，你是专业的，我是业余的。你弄这么多图表和计划，说实话我看得不大懂。你专业，你自己懂就好了。咱们能不能不要这么多 KPI 数据？我只给你一个指标：怎么让你的小伙伴发自内心地热爱客户服务这份工作？"

如何让员工热爱工作取决于老板。马云说："如果你不懂得开放，不懂得分享，不愿意承担责任，你是走不远的。"

所以，想打造优秀团队，不仅是老板的一个愿望想法而已，而是老板躬身入局，愿意利益分享，愿意与员工打成一片，成为团队里那个优秀的"领头羊"。最出色的猎人往往是以猎物的身份出现，尽管老板是美业门店的最高决策者，但是老板如果能熟知各个岗位层级员工的业绩、流程、效率，优秀团队的雏形就具备了。

第五节　顶尖团队怎么"揪"服务流程细节

如果老板能抽出精力做这件事情，亲自盯店三个月并按照晨会流程走，三个月之后门店管理会发生质的飞跃。

员工数量和人才质量决定了门店能否平稳发展。单店盈利模式的重心在于老板如何激励员工。员工为客户服务好，客户就稳定，满意度高，流失率就低。向前追溯，服务的前提是客户到店，客户到店需要把预约做好。如果反预约系统植入得好，客户到店率自然高（见图 5-4 ）。

一个门店团队销售做得好，业绩就稳定，员工就稳定。大多数员工离职是因为没赚到钱，因为店里没有业绩，员工看不到未来。

如果销售做得好，即使这个员工心情不好，但能赚到钱，也依然会继续干，不会因为小事而考虑离职。所以门店稳定的关键是员工稳定，销售好，有钱赚，人心就稳。

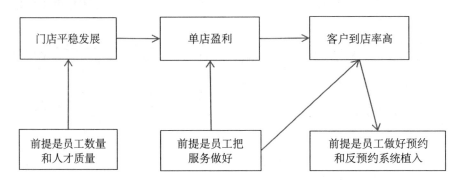

图 5-4　反预约植入工作流程

我们在辅导美业门店老板时常说："只要晨会开得好，流程做细，那你一天不在店里都没关系。"通过晨会让每一个员工都清楚地知道今天有几个客户，具体该做什么。在晨会结束之后，员工按部就班地做即可。如果老板能抽出精力做这件事情，亲自盯店三个月并按照晨会流程走，三个月之后门店管理会发生质的飞跃。

1. 在晨会中将服务流程梳理一遍

晨会的内容简单来说，就是让每一个员工确定自己今天要服务哪几位客户，要做哪些护理项目，应该有什么样的效果，写出三个效果。只有梳理清楚服务流程，工作时才能得心应手，获得客户的认可。

2. 服务的三个效果

晨会时把一系列服务流程全部敲定好。让员工知道客户来了，就按照晨会上说的流程服务，就可以达到预期效果。每位客户的护理服务要有三个结果。第一，技术效果，让客户感受到今天美容师在技术上给了我什么变化或体验；第二，服务效果，从服务层面上讲，就是让客户感受到什么样的变化或体验；第三，情感效果，门店员工和客户之间有客情关系维护，加之技术和服务两种效果，通过沟通才会产生情感结果。

所以，要看门店的员工服务是否有效？每一次的服务都能做好一个完整的交付吗？每一次的服务都能得到这三个效果吗？

3. 要对服务进行总结

每一次服务送客后，管理层要直接带员工总结并确认今天的目标是否达成？今天服务的效果是什么？今天的服务存在哪些问题？下次如何修正？这是一次完整的服务流程。要根据客户的个人喜好，制定私人接待流程，注意细节，然后对服务进行总结。

我们要确认客户的目标，并预计铺垫的时间，何时可以销售，预计销售卡项目标。第一时间跟员工总结，其实就是 10 分钟的事情，但这是一次完美服务的交付。这不仅是对员工负责，也是对客户负责。

每天早上带领员工梳理服务流程，让员工真正感受到老板的初心是想把客户服务好。当服务好了之后，效果自然而然能达到。做任何一件事情初心很重要，坚持也很重要，但打造有效的流程更重要，所有的业绩、良性运营都是设计出来的。表 5-1 展示了晨会汇报事项，美业门店老板可以参考使用。

预约层面怎么提高客户的到店率呢？要让客户在这一次到店时就确认好下次到店的具体时间。如果员工没有预约意识，要先给员工树立反预约的观念，严格执行反预约流程。

第一，反预约大致流程：每天早上带领员工确认今天服务哪几个客户，客户的护理项目是什么，预约到店的理由是什么，客户为什么要到店，话术是什么，要讲出来。设计反预约话术时一定要注意给客户讲故事，讲别人的故事，说客户的问题，不断渗透客户再到店的好处，如会有什么样的效果。

表 5–1 美业门店晨会汇报事项

工作内容	当日服务客户人数：				
客户情况	A客户	护理项目	对应部位问题	预期效果	护理重点	今日客户到店次数及应达到的效果
客户情况	A客户	面部 + 肩颈	面部问题： 1. 2. 3. 肩颈问题： 1. 2. 3.	1. 2. 3.	1. 服务过程中的注意事项是 2. 服务流程是 3. 仪器和房间搭配方案是	到店次数： 第 × 次 应达到的效果： ×××
效果未达到预期时的处置方案						效果未达到预期时的处置方案： 1. 技术： 2. 话术：
老板或店长听汇报	√	√	√	√		员工不会，老板教学示范。员工学会后复述，直至合格达标
总结	每一次服务后送客，管理层直接带着员工做总结。 1.今天的目标是否达成？ 2.服务的结果是什么？ （1）技术结果是　　　（2）服务成果是　　　（3）情感结果是 3.今天存在哪些问题？ 4.下次如何修正？					

第二，在护理的过程中通过问题植入反预约。在护理的过程中，注意及时发现客户的问题，告诉客户下次做会产生什么效果，不做会产生什么样的问题，跟客户讲清楚。引导客户植入理念：没有连续到店（到店率低）才是

导致没有效果或效果不明显的原因，按期到店才能达到预期效果。引导客户按时到店护理，让客户感受到门店是真心帮其解决问题。

第三，护理后要针对反预约流程进行总结。护理后，客户离店后要总结这次预约是否成功，这次想要达到的目标是否达成，有哪些问题，下次怎么修正，这是一套完整的预约流程。把这套预约流程细节真正做到了，老板才能真正轻松，客户才能真正满意，员工才能真正成长。

第六节　顶尖团队销售系统的奥秘

老板真正地做到躬身入局，带动员工把销售做起来，把流程梳理出来，让员工感受到门店的正规操作，门店有了希望，员工自然干劲十足。

美业门店必须要建立一套好用的销售系统，打造一支优秀的团队。在销售流程和动作执行层面，需要一套完整的机制。

每天晨会需要明确，今天的目标客户有几个，目标客户的整个成交环节必须全部提前设计出来，不要随机去做销售。

确认今天要给目标客户销售哪几个项目。预想一下客户想要达到什么样的效果？根据客户的性格、消费习惯，总结出三个销售重点。

老板亲自带队设计销售方案，然后带着员工模拟训练。老板是客户，提出所有问题，让员工回答。如果员工答不上来，老板负责教员工，直至员工学会。这就意味着在成交那一刻，客户想什么、说什么，员工全都演练好了，知道如何应答，如此业绩才有保障。

销售方案执行后也需要总结，总结得失和改进方案。具体见表5-2。

表 5-2　美业门店晨会销售方案

工作内容	当日目标客户人数：				
客户情况	A 客户	销售项目	预期效果	护理重点	销售重点（客户性格和消费习惯）	客户的对抗点
		1. 2. 3.	1. 2. 3.	1. 2. 3.	1. 2. 3.
客户对抗点处理方案					处理方案： 1. 技术： 2. 话术：
老板或店长听汇报	√	√	√	√	员工不会，老板教学示范。员工学会后复述，直至合格达标，才能开始做销售
总结	管理层直接带着员工做总结。 1. 今天的销售目标是否达成？ 2. 销售的结果是什么？ 3. 今天的销售方案存在哪些问题？ 4. 下次如何修正？				

在做咨询过程中，提到门店销售，经常有美业老板问我："为什么我的门店留客率低？为什么拓了客结果不好？为什么客户就买一张卡不再购买其他卡？为什么这客户买了一个套盒不再买了？"

客户管理做得不好，销售必然不会好。在服务过程中客户一直在被打扰，销售流程和动作没有提前设计好，很容易卡单、跑单甚至客户流失。

按照设计好的流程做，只需要坚持一周以上的时间，老板会发现门店的员工状态变了，甚至自己的状态都变了。继续坚持，老板真正地做到躬身入局，带动员工把销售做起来，把流程梳理出来，让员工感受到门店的正规操作，门店有了希望，员工自然干劲十足。

在这个过程中，员工面临压力会有情绪，老板一定要学会表扬员工。一定要总结到位，如昨天有哪里做得不好，有哪些地方需要完善。不管是哪个方面，卫生也好，服务也好，预约也好，销售也好，都可以总结。今天的执行重点是什么？要告诉员工，如果错了，老板先引导员工改正；再错，给予警告；还错，直接处罚（罚抄专业知识，罚讲专业手法都没问题，罚是为了让员工真正有成长）。

问题员工要及时沟通，发现员工有情绪，要马上沟通，不要拖。人是需要二级反馈的，要把员工的情绪全部都解决掉，才算是一个真正的好老板。培养和管理员工是需要时间的，循序渐进，慢慢来，不要操之过急。一定要让员工感受到自己跟着老板干有前途。其实，梳理服务流程、销售系统，老板每天只需要在晨会多花 30 分钟，然后找重点员工重点训练，最后以点带面，全面开花。

第七节 顶尖团队新员工的成长路径

老板把员工变成人才就是用心，并且教授员工真本领。

想打造优质的团队，新员工加入后该怎样培养？一起来看下新员工 100 天培训体系，让什么都不会的美业小白经过 100 天的训练，是如何成为优秀员工的。

第 1~7 天，只需要教会员工本季度主推的项目。未来 3 个月内门店准备推什么项目、什么样的卡项、什么样的产品。切记，在第 1~7 天不要把门店所有的产品、所有的专业、所有的手法都摆在新员工面前。第 1~7 天这个阶段就是告诉员工现在就干这件事情，只要学会这件事情就可以上手服务，当然技术要过关。同时，第 1~7 天给新员工做一下职业规划，告知门店的发展

目标，未来这个行业的发展前景。

第8~30天，第8~30天会培训3套手法。门店本季度要推广的3套手法，80%可做的就是把王牌品项手法练到极致，手法不在多，在于客户满意，在于能让新员工快速上手。一天就死磕两套手法，比如一套手法有30个动作，动作细节一个一个地把控，把细节给新员工讲清楚，把每一个动作指法的轻重缓急，下手力度、角度讲透彻。让新员工操练手法时复述每个动作要领，形成手脑的配合肌肉记忆和理论逻辑记忆。

第31~40天，教新员工做销售。从门店当季的卡项、产品入手，教新员工尝试给客户植入产品理念，做品项规划，让新员工有销售层面的成长。

第41~50天，教新员工拓客。在学习过程中，锻炼员工在拓客时被拒绝后的自我心理建设，锻炼员工的抗打击和抗压能力。

第51~100天，进入实习阶段，要拜师。让老员工带新员工，无论新员工的流失还是取得的成绩，任何变化都要与作为师傅的老员工有关，关联老员工的绩效，要把传帮带做好。

老板把员工变成人才就是用心，并且教授员工真本领。有训练就有成长。在老板的帮助下，员工的客户越来越多，客户越来越认可其技术，对门店也越来越认可，只有这样环环相扣，门店才能真正地运营起来。

第八节　存量超级转化的源头活水——品项架构

如果门店的品项架构做得不合理，那么意味着门店要么不赚钱，要么赚的都是辛苦钱。

有不少门店都曾出现一个现象：老板门店开了三五年，但是门店每个月的业绩总是在 2 万元到 3 万元之间徘徊，没有突破，没有增长！之后找到我咨询，我们入店调查之后，只做了一个动作调整，让门店业绩实现了 2~3 倍的增长，从原来每个月只能做 2 万 ~3 万元的单人经营门店到月度近 8 万元的业绩收入。什么动作调整让这些美业门店实现业绩快速增长？那就是品项架构调整。

如果美业门店品项架构做得好就变现快，门店的客单价就高。如果门店的品项架构做得不合理，那么意味着门店要么不赚钱，要么赚的都是辛苦钱。

经营品项，就是我们的经营业绩。我们一定要设计一套完整的店面销售路径，形成一个闭环。品项决定品项架构，品项架构决定销售路径，销售路径决定员工培训的内容。

有些老板根本不去经营和设计，客户一进到店，靠经验去猜客户的需求，看见胖的就推减肥，看见有斑有痘的就推问题性肌肤，没有专业的打法，员工更是一脸蒙，业绩全靠碰运气，所以很多门店业绩不稳定！

因此，门店一定要设计品项架构，要有一条量身定制的闭环销售路径！不管客户是谁，员工都能按照设计的销售路径去做！这样才能有的放矢，门店才能稳中发展，持续盈利！

什么样的品项架构够让门店利益最大化呢？在品项架构时要遵循一个定律：品项越全意味着变现的工具就越多，门店的业绩就能做得越好。当然，要摒弃盲目上品，要搭建合理的品项架构。

想做百万门店一定要有百万门店的品项架构，想做千万门店也一定要有千万门店的品项架构。

品项架构搭建就像金字塔，塔基服务量大的基础客户，塔尖服务高净值客户。

正常经营的美业门店，应该具备哪些品项？

①基础引流品：能够满足客户到店，帮助门店做基础业绩。

②王牌延展品：当门店通过品项的性价比让客户进到门店以后，要不要给客户展示使用后的效果？要不要让客户长期地复购？靠的是什么？王牌延展品。

③利润品：让客户长期留在门店持续复购消费，实现门店业绩倍增的品项，叫利润品。

④裂变品：门店有了稳定的业绩以后，想要更高业绩则要去做客户裂变。单凭现有的客户量能不能满足门店未来发展的需要呢？如果不能那就要设计客户裂变品。

⑤旗舰品：又称造神品，它主要是用来吸引高品质客户的。我们常说没有高端的品项就进不来高端的客户（见图5-5）。

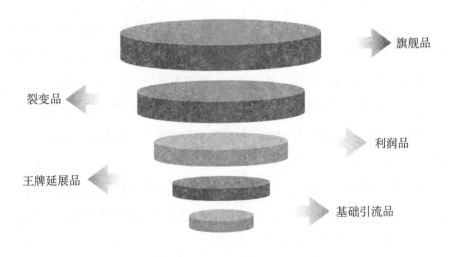

图5-5　品项搭建示意图

不管什么类型的门店，想要盈利、业绩倍增，必须做产品项目的品项搭建。美业门店要做好以上五个维度的品项分类才是一家标准的门店。

第九节 让客户到店不弃店的基础引流品

基础引流品对客户而言性价比是极高的，但门店的利润是极低的。

美业门店的基础引流品非常重要，但是如果不懂得基础引流品的搭建，就会出现一个结果：基础板块貌似做得很好，有大量的客户到店，但是要么是客户不消费，要么是消费的没有品质，员工只会卖便宜产品，门店赚不到钱。

美业门店如果只在基础引流品里转圈，永远只给客户提供基础的舒适感、基础的体验感，护理效果不明显。当客户得不到希望的效果，客户有什么理由持续到店呢？当客户的需求得不到满足时，客户又有什么理由复购呢？那么，门店出现客户复购难、员工销售难、门店业绩难等"老大难"问题就不足为奇了。

问题何在？从品项搭建层面归因，要么品项搭建不合理，要么不会做品项搭建。有同样焦虑和困惑的美业老板，回看下门店的数据指标，有没有考虑过是品项搭建不合理的原因。门店是否存在这样的现象：没有给到客户能够产生效果的品项或者调理方案，所以员工在向客户推荐产品、项目时客户不愿意买，甚至拒绝购买。

基础引流品是门店品项搭建中最重要的一个板块。在这个层级的品项架构中，基础引流品对客户而言性价比是极高的，但门店的利润是极低的。基础引流品就是为了产生联系而将客户锁定在门店，一旦它的使命结束，应尽快导入下一类品项。

别踏进苦力型门店这个坑。如果门店只做引流品项，它要具备什么特征属性？门店上基础引流品，目的是希望让基础款吸引客户，增加到店机会并与客户产生黏性。与客户产生黏性以后，增加一个让客户持续到店的理由，客户持续到店才能和门店及员工形成客情关系。

基础引流品项解决客户到店的问题，但它能真正让门店赚到钱吗？方向不对，可能未来面对的结果就是基础款做得非常好，客流量非常大，但是不赚钱！我们称这类门店为苦力型门店。

为什么会产生这样的结果？是因为基础品项本身的属性就是靠性价比来吸引客户的。它利润稀薄，而且需要大量的服务投入。品项架构真正盈利的秘诀是在基础品范围之内去做深挖，把根基做得更扎实，通过搭建合理的品项，打造高品质的门店。如表5-3、表5-4所示，分别是皮管门店和传统美容养生门店项目手册表。

表5-3　皮管门店项目手册表

专科类别	管理系列	项目名称	原价	疗程	单次体验价
基础优化专科	清洁管理				
	补水管理				
分龄抗衰专科	肤色管理				
	肤质管理				
	肤龄管理				
亚健康调理专科	痘肌管理				
	敏肌管理				
	色素阻断术管理				

表5-4　传统美容养生门店项目手册表

专科类别	管理系列	项目名称	原价	疗程	单次体验价
养颜优化专科	基础保养管理				
	问题肌管理				
	抗衰管理				
养生调理专科	舒压管理				
	管理体质				
	疼痛管理				
养形优化专科	曲线管理				
	减重管理				
	减脂管理				

　　从两类门店的品项搭建可以看出，无论是皮管门店还是传统美容养生门店，品项搭建中主打的问题肌和抗衰老两类都不会纳入基础品项中，皮管门店的基础品项就是清洁、补水。因此，从品项搭建上要引导到店客户，做品项疗程规划，价格低的品项解决的问题也有限，如果想达到更好的效果，要做更高端的项目，投入自然也高。

第十节 带客户跳出舒适圈的王牌延展品

王牌延展品打造的就是客户的满意度，就是解决客户对皮肤、健康、对美的不同阶段的要求。

客户到店的目标实现，基础引流款的使命就已经完成了，客户持续到店的理由，长期的复购着落在哪儿？是不是在接续基础引流品项的后端还应该有功能品项跟进服务？这类品项我们叫王牌延展品，它的主要功能是帮助门店树立效果口碑的品项。

围绕升单路径和升单过程展开，当客户通过高性价比的基础引流品吸引到达门店之后，而基础款引流品不能够持续满足客户对效果的要求，只能满足初级舒适度的要求时，接下来就是王牌延展品要承担起让客户满意的使命。所以，王牌延展品打造的就是客户满意度，就是解决客户对皮肤、健康、对美的不同阶段的要求。而且决定一个客户是否能够持续到店，并且长期到店消费，取决于王牌延展品的搭建。

从客户进店留下的那刻开始，直接让其购买一个更高阶方案，可能性大吗？

有，但是可能性很小。如果在这个过程中，有一个过渡品项，让客户看到效果，且有针对性地解决了客户的某个问题痛点，让客户产生信任，再去推荐高端品项会更容易。

门店的品项搭建决定了客户的信任度，门店的收益和业绩源于持续给到客户的效果。品项搭建足够合理，客户看到效果，才会有成交的可能。

所以，员工的成交与否不是谁决定的，而要靠门店的整体运营管理，特别是合理的品项搭建，这样员工的销售路径自然有章法，升单路径更畅通，门店业绩产出也会更容易。

怕的是无打法，无标准，无流程，无设计。如果没有品项搭建的设计，怎么卖产品？拍脑门、凭运气、看情况。所有凭运气、看情况、拍脑门卖产品的门店，门店的业绩肯定不理想。

美业门店单靠老板或员工个人能力支撑运营是件很危险的事情，要让门店所有人都成为卖手，不依靠员工的销售天赋，而是通过合理品项搭建打通升单路径，打造全员销售能力才是提升业绩的最大保障。

梳理门店现有的品项，哪些适合做引流品，哪些适合做王牌延展品，哪些适合做更高阶的利润品？还有哪些不合理的品项，比如利润低、复购低，或者成本核算后既不适合做基础引流品，功能上也不适合做王牌延展品，按照成本、利润、复购等要素列出清单，不适合的品项就要及时调整和清理。比如，在980元和1980元之间有个1280元的品项，与980元相比做基础引流品不能带客，做王牌延展品功效又不足，且复购率低，这样的品项就没有必要留存。如果不能附加值，就应该及时调整或者清理。

第十一节　让客户持续复购的利润品

利润品是可以满足客户持续复购的品项。

清晰地了解了一家门店必备的几个品项以后，才知门店真正赚钱在哪类品项上。美业门店如果能盈利，在品项搭建上一定不是所有的品项都能让自己赚到钱，而是一些品项不赚钱，是来打造打市场的，赚吆喝的；一些品项是为了产生客户黏性和效果的，赚信任的；只有利润品才可能实现赚钱，在此之前的品项都是为盈利做铺垫。所以，真正的正价利润品一定是建立在王牌延展品之后，这样的流程路径才能让正价利润品销售得更加容易。

利润品项是可以满足客户持续复购的品项。

首先，卖得贵，利润就大，并一定不是这样的。如果一家门店的客户单次消费足够高，但是配送的赠品特别多，那么不叫正价利润。

真正的正价利润是可以持续复购且提供的服务相对少，利润还很高，并且不会对客户有极端要求，比如必须一个月到店 4 次以上等前置要求。

利润品哪怕单次操作都可以有利润收益，而且客户可以持续地做，只有这样的品项才能让门店真正赚到钱。

很多老板仍然保有一个理念，觉得利润品一定是通过跟别人合作产生的，要不就是把品项价位设置得特别高，觉得这样的品项才能真正赚到钱。至于门店里小的品项，不一定是能赚到钱的。

当美业老板有这个想法的时候，您已经进入一种误区。所有门店里跟别人合作的品项，不管利润是五五分，还是四六分，让出去的才叫真正的利润，而客户的真正消费实力是有限的。您把利润让出去，而能分到门店的只能称为单次消费，合作者可能拿高了，这样的合作品项是不是容易被复购？如果今天只是为了消费一次把客户终身需求买断的情况下，这样的品项要不要有？可能这样的品项只是为了一次满足客户的效果，但是让客户持续消费复购的理由没有了。

比如，抽脂、溶脂这样的品项门店带出去了，但是有多少客户会持续地抽脂、溶脂？没有的，虽然这样的品项价格高，但能把它称为利润品吗？虽然它只能称为单次收益相对比较高的品项，但不能称为门店持续可盈利的品项。客户不会持续复购的品项也许能赚一时的钱，却无法赚长久的钱，所以说美业门店标准的利润品必须要做到让客户持续复购。

在门店搭建品项架构的时候要回看，门店哪些品项能赚钱，并且能持续赚到钱。

那么这类品项将具备的功能和属性，一定是建立在通过引流品进来以后把客户留下来，王牌延展品给到了客户一定的效果，有了不断的信任度，才有了高客单的植入。高客单的植入一定是让客户看到效果，解决某个方面的问题。

梳理下您门店里的哪些品项可以产生利润，满足持续复购可以留下客户的就是利润品。

第十二节　设置以客带客不伤客的裂变品

美业门店做客户裂变、吸引客户到店没有行不行的做法，只有恰当与不恰当的方式。

美业门店除了利润品之外，还必须有能够以客带客的裂变品。很多门店在设计裂变品时告诉客户，加入门店的会员，帮门店转介绍一个客户，就能得到什么好处。

美业门店做客户裂变、吸引客户到店没有行不行的做法，只有恰当与不恰当的方式。如果一个销售动作让客户去做，会让客户觉得很有压力，那这件事情就做不好。但是一个销售动作让客户觉得是一种动力的时候，这件事情就会做得很好。所以，一个品项是否具备发展天赋，是由它的属性决定的。

裂变品是帮助门店做以客带客的，这个品项如果只是为了让客户换取一定的好处和利益，它反而没有以客带客的价值属性了。所以，把一个品项设计成为专门为客户做裂变的功能时，首先不能让它给客户带来压力。比如，门店员工和客户说介绍一个朋友到店消费给客户多少比例的提成或者回扣等，总之让客户有钱赚，这样的说法会让客户的心理压力倍增。因为客户的朋友一旦成为会员，也会知晓这个优惠，客户会不会担心朋友觉得自己是为了门店那点提成才使劲儿介绍，而不是从朋友的需要出发真心推荐，客户还能不能把这个转介绍做好呢？

所以，裂变品的设计重点要放在它的功能属性上，并能帮客户解决大的问题，但大众不适用。比如抗衰品类，很多客户想做，但是它的价格特别高，很多人接受不了。那么，在这个阶段如何推进呢？

话术示范：

店长：亲爱的，这个项目对于您来讲是急需，但是您不需要通过购买获得，只需要把您身边那些想变美的、伙伴们带到我们店里，帮我们做一个引荐。只要您的伙伴到店，这个项目我就赠送给您，好不好？

所以，一家门店能不能裂变，能不能以客带客，关键在于有没有把这样的属性在品项搭建初期就设计进去。如果没有设置或设计得不恰当，裂变品就很难做好。美业老板可以对店内品项进行重新梳理，把裂变品话术先设计好，然后用起来。

第十三节　打造具有高端感属性的旗舰品

旗舰品不是为了满足所有人，而是用来提升档次的，让门店显出品质和品牌是有高度的。

每一家美业门店，如果有的品项别人都有，那就是同质竞争，最后大家陷入价格战的泥潭。

如何突围？如果我的门店跟别人的门店不一样呢？如何承载那些有高标准、高要求、高消费能力的客户呢？

旗舰品就是专门为这类高净值客户设计的。美业门店一定要有通过升单路径针对极少部分客户可以购买的品项，我们把它称为旗舰品或造神品。

旗舰品在皮肤管理店设置得特别多。为什么？某些皮肤管理门店就是把市场上大家都熟悉的大牌进到门店，客单价做得非常高。这样的品项就是为了拉升门店的规格标准，为了提升档次。所有客户都会购买这样的品项吗？不一定。

所以，美业门店想拥有高标准的客户，想满足更高标准的要求，就要设计搭建这个品项。对于客户来讲，不管是自己使用，还是在送给别人使用造神品项，走的都是高端精致的路线。只要能够与自己的财富地位、审美品位、高端标准匹配上，就会有客户愿意为这样的高消费品项买单，所以这个品项搭建的重点在于美业老板是否会造神，在效果王道的前提下，把高端品项的高端感、氛围感拉满，档次感提升上去。

旗舰品并不是为了满足所有人，而是用来提升档次的，通过它显示出门店的品质和产品品牌的高度。有了这样的高度，很多客户会选择退而求其次，选择那个次高端的，而次高端的也是被这个旗舰品品拉起来的，所以说一家门店能不能做出好业绩，关键在于掌门人对门店的定位和品项的架构设计。

哪怕您现在经营一家小小的美业门店，麻雀虽小，五脏俱全。具不具备品项搭建的功能不是您说了算，而是市场说了算。

美业门店想赚到钱必须做到有深度才有结果，如果没有深度的品项搭建，只是单纯做了一个品类或者品项，在行业当中生存会极其困难。那个时候门店最终会变成一个苦力型门店。

美容行业本质就是一个服务型的行业，但是在这个行业发展的过程中，很多人通过营销操作，把它变成了一个销售型行业，所以才有了让客户不断买单、升单伤客的销售行为。

现如今，想把一家美业门店经营好，单纯靠卖卡能持续发展吗？不能。要回归到本质上，把客户经营好，把服务做好。因此，只要是涉及服务客户的美业门店，势必要做这五个维度的品项搭建。毕竟，谁也不希望自己的门店付出劳动与时间却没有收益。

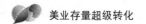

第十四节　赛道定位不要跑偏

<u>美业门店主营业务就是它所处的赛道定位，品项架构是经营深度，是门店强的基因，赛道定位就是经营宽度。</u>

门店的品类是帮门店去做深度的，把深度做好才可能盈利，同时要选准赛道，使业绩倍增。那么如何选准赛道，门店的赛道又如何定位呢？我们从市场公开资料中一窥究竟（见图5-6）。

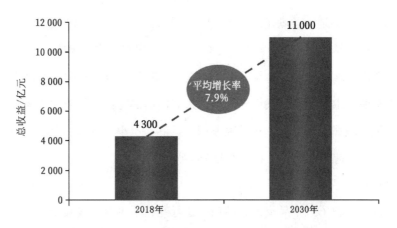

图 5-6　2018—2030 年美业市场总收益年预期增长率

资料来源：市场公开资料，泽平宏观。

近年来，随着消费升级使居民对自己的外貌要求逐渐提升，人们对美、健康、自信更加关注，追求个性化与精致化的生活方式，美业规模持续增长。

2023 年，中国美容行业市场规模巨大，据市场公开资料显示，自 2018 年以来，美业市场总收益以 7.9% 的年增长率递增，其中包括护肤品、医疗美容、洗护发、食品美容等细分赛道，未来可达万亿量级。

1.美业四大赛道

①功效性护肤品加速发展，消费者愈加重视护肤品具体的功效、成分效果。

②防脱、头皮健康成痛点，大众对外貌形象重视程度提高，消费意愿强，继续拉动防脱洗护市场增长。

③口服养颜成消费新趋势，基于养生意识和护肤认知的升级催生口服美容市场的繁荣。

④轻医美将成为未来更多人的选择，符合现代快节奏的大众消费。

从行业市场趋势切入美业当前的四大赛道雏形已经形成，美业老板要着眼于门店的赛道定位，清晰锚定门店所属赛道，是专业的美容皮肤管理店？还是专业的美体养生馆？或者是美甲美睫专业门店？还是专业做头疗养生门店？

2.美业门店主营业务就是它所处的赛道定位

品项架构是经营深度，是门店强大的基因，赛道定位就是经营宽度。一家美业门店如果主营业务不清晰，没有选准赛道或者选择了多条赛道，比如美容、美体、美甲、美睫、养生等品类都存在于一家门店，又没有拳头品项，就像大杂烩。这类门店虽然引流工具较多，如面部引流品，身体项目引流品，美甲、美睫引流品项等，他把引流品项的面铺得极大，但是结果会理想吗？

引流品项是把"双刃剑"，一方面可以吸引客户到店，另一面则需要投入大量的服务且客单价还比较低，所以门店是无法单靠引流品项盈利的。因为引流品的属性决定了其不具备做大业绩规模的功能，无论铺得多么广，如果不在品项架构深度和主营业务赛道上做好定位，盈利和业绩规模都难以搞定。

很多美业老板咨询我之后，回头盘点门店的所有品项时，发现在品项搭建上大多存在这个问题：基础引流品占比居多，没有后续的王牌延展品接续，只是把品项做宽了，无限地放大了门店的服务量，无限地扩张了门店的留客能力，却没有提升门店深挖、做强的能力，把时间、精力、成本花在了不断地引进新品项、不断的拓客上，却没做品项架构搭建，这样门店赚不到钱。

这是非常常见的现象，比如有的美业老板主营头疗的门店，通过头疗品项实现让客户进店，然后靠着头疗去做面部品项、做身体品项，结果导致转化率极低。

原因何在？赛道跑偏了，又没有搭建合理的品项架构和正确的升单路径，客户会觉得门店就是在"挂羊头卖狗肉"。

美业门店想要升单容易想要做出高客单，永远满足客户进入门店的第一诉求。第一诉求是什么？客户想做头疗，那么升单路径一定是和头疗相关的品项，比如，头皮养护、生发、养发、植发、染发等，这样的品项才有可能满足升单路径。如果眉毛胡子一起抓，主营业务赛道不明确，客户不知道门店的特色是什么？有啥效果突出的项目？继续消费的意愿就会降低。

我们去小餐馆吃饭，都想知道餐馆有啥特色菜。作为给客户提供美丽效果的美业人更应该知道这个道理。

所以，一个门店赛道定位和品项架构不是拍脑门想做什么做什么，或者是看行业中别人在干什么就跟着干什么，要根据门店的经营属性和客户群体决定。

3.如何确定赛道定位是否清晰

美业老板可以从客群定位入手，弄清楚客户群究竟是在哪一个年龄阶段，在哪一个消费层级（见图5-7）。

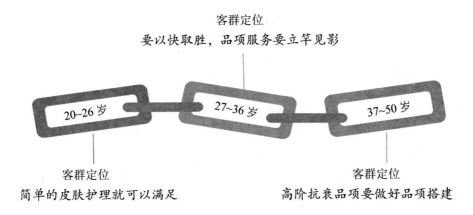

图 5-7　客群定位

如果通过筛选，比如经营了半年，甚至到一年，根据长达一年间的数据分析，门店的客户群体在 20~26 岁。这样的群体就是年轻客群，年轻客群的需求究竟在哪里？

这个群体处于上大学或大学毕业初入社会阶段。这个阶段的客户的生活重心一是婚恋，二是找工作。这两件事儿都有一个共同要求叫作颜值担当！渴望靠形象来改变命运！让形象走在能力之前的定位。

这部分客群消费能力当下还不高，而且皮肤没有特别大的问题。如果有问题，也是长痘痘之类的问题性肌肤，简单的皮肤护理就可以满足，能够跟这类客群接轨的品项就是想改面向或对面向的项目，比如医美方面。

所以，年轻客群对美的需求和渴望要么不会有，要有就极高。比如，胆子大的年轻人想让自己的形象变个样：今天隆个鼻子，明天做个双眼皮等，让自己的美丽再升一个级别，因为客户认为形象决定命运。如果门店开在学校附近的，客群都是这样的年轻群体，那么门店赛道和品项规划应该从这方面切入。

27~36 岁这个阶段的客户群体又有什么特征呢？

这是成家立业的年龄段。奔事业的奔事业，结婚生子的结婚生子。这是一个从早到晚忙忙碌碌的群体。这个年龄段的客户群体长痘的较少，但

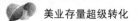

是有知识、有精力，也有消费能力，又处在上有老下有小事业奔波的年龄，能够每天进美容院消费吗？不能。所以，门店如果主要是服务这个年龄段的，要以快取胜。

品项服务一定要立竿见影，能够让客户快速见到效果。而且这类群体对品质、门店、感觉的要求极高，我们称为多、高要求客群。这类群体更适应时代的发展，皮肤管理店中的小针剂、仪器类、光电类的品项就是聚焦这类客群而设计的。为了满足这类客群的需求，单次到店服务的时间要快，品项疗程时间要在短期内看到效果。可以说，小针剂和光电类的品项就是为其量身定制的。如果当门店的客户群体集中在这个年龄段，这个赛道就清晰了。

37~50岁客群，什么样的门店经营这个类型群体的客户？标准的美业门店。一家标准的美业门店一定是在这个赛道上，定位在这类客群上。37~50岁的客群，大多物质丰盈，有实力，这个年龄段的客户在抗衰方面是刚需，结婚生过孩子以后身体走形了，尤其女性35岁以后，体质和皮肤都急需护理维持稳定状态，社会大环境和客户本身的保养意识，决定了这类客群必须得做保养。所以，客群集中在这个年龄段的门店赛道也很清晰：高阶抗衰品项要成为门店品项中的主营产品。

第十五节　品项架构的命门——自销渠道

真正的自销渠道打通需要做好客户分析，尽快拿到客户的第一需求，让客户从进门的那一刻开始，只做一次销售。

门店自销能力是什么？就是所有员工都要会卖品项。门店起店的基础要靠自销能力。

但是到目前为止，在你的门店当中，有多少员工可以把所有的项目都卖好？很多门店总是指望一个员工把所有的品项卖掉。

在我的咨询案例中，接触过的门店员工们说，为了卖卡到什么程度，比如今天来了一个客户，想做成交："亲爱的，今天我们门店里在搞一个什么样的活动，特别适合你，4 980 元做 30 次，您参加吧，特别合适？"

客户可能说今天因为某些原因先不买，员工为了成交，达到销售目标，下一次告诉客户："姐，上次开活动，4 980 元套餐护理身体，可能您觉得多，今天我们还有一个小卡 980 元，做 10 次的身体调理，可以试试这张卡。"

这个销售动作之后，客户直接质问员工："为什么我到店里，今天在推销，明天也在推销，后天仍然在推销？"

客户不仅不买，还会产生极度的反感和厌烦，这样的销售过程或销售动作叫伤客。伤客的症结就在于美业门店在打通自销渠道的过程中出了问题。有的门店让员工卖的卡项内容太多，所以员工跟客户讲的时候，不知道重点在哪里，能否卖出完全凭运气。

真正的自销渠道打通需要做好客户分析，尽快拿到客户的第一需求，让客户从进门的那一刻开始，只做一次销售，让客户真正地感受沉浸式的服务。

美容师卖 5000 元以上的高阶产品是很困难的。客户在一家门店消费，但凡升入高阶品项时，会不会要求见到更高层级的管理者来给出确定性？所以门店如果要卖到 5000 元以上的高阶产品，一定是顾问、店长或者是在门店里充当管理层角色的人，而不是各层级员工谁来卖高阶产品客户都会买单。

那么，设计自销路径就要给员工赋能，给员工聚焦。靠什么聚焦？靠一张会员卡，把客户某类需求点聚焦在一张卡项上，这是一张能激活门店所有员工自销能力的会员卡。不需要员工考虑客户要什么，因为这个需求不是员工来挖掘的，是由我们另一个层级的人来挖掘的。只要员工办好一件事情，就是见到客户做专卖就可以。

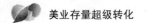

很多门店卖不出去的品项，厂家老师到店就能把这件事情办好。问题出在哪里？不一定是厂家老师的营销和销售能力有多强，而是厂家老师天天只卖一个品项，已经把这个品项卖精了，闭着眼睛都能把品项讲明白。

所以，打造员工自销能力就是让员工、美容师聚焦在某个品项上，见到客户只卖这个品项，熟练再熟练，留客率和品项普及率自然会达到更高。

美业门店在开业初期打造自销能力时，只要设计一张超级会员卡，所有员工一门心思，进入店内的客户只要普及这张卡就可以。

在后端的升单路径当中，再设计留锁一体卡项，提高门店服务品质一次性锁定客户，客户只需在门店里做一次销售就可以。后端设计好一套完整的、沉浸式的、不需要多次销售的卡项，提高客户的体验感及舒适度，一旦有效果，客户留店消费就水到渠成了。

第十六节　赋能团队产值的会议流程

要在月会上制定好目标，分解下去，再通过周会推进，调动所有人的状态，这是开月会的核心目的。

经营松散的美业门店存在一个共性问题，那就是门店都不重视会议，也有很多门店甚至没有会议这项重要工作内容。为什么不重视会议呢？因为老板或店长不知道会议的重要性，更深层的原因是他们不知道如何开会，没有好的方法。在没有方法的前提下开不好会，开完会没有太多作用，所以慢慢的很多门店也就不重视开会。

门店能不能开好会，开会之后有没有作用呢？几乎所有行业，不仅在美业，高效会议是优秀企业实现高业绩和高质量运营的必经之路，包括世界

500 强企业和中国 500 强企业，没有哪一家企业是没有会议却实现高效运转的。上市企业必有股东大会、董事会，企业的重要决策和部署都是通过会议达成的。

会议如此重要，美业门店也必须掌握这个管理工具，勤于使用、善于使用，达到为门店实现高业绩增长目标。

美业门店的会议流程包含日会、周会和月会，其中日会流程又包括晨会和夕会。说到这些会议，门店的日会、晨会、夕会有没有被老板开成批斗大会呢？门店的周会、月会在你们开着开着的过程当中有没有变成门店的茶话会呢？

如果你不知道如何通过定时定点的会议来提高门店团队的产值，一定要花时间来了解如何开好会议，明确门店的目标，使团队有思路、有方向、有方法。通过会议去发现问题，总结问题，同时可以进行销售演练以及分析，让团队有更多学习的路径，让员工有更多的方法。

1. 日会流程做培训和激励

美业门店的日会流程并不复杂。辽宁盘锦的一家美业门店和我们合作后，这家老板每天会议结束后都会把今日销售冠军奖励写到白板上，奖金 20 元，再美美地拍个照，然后这个奖金累积到月底发。通过会议，老板和员工找到了方法，找到了方向，也有了工作的状态。当有员工成为月销售冠军时，员工的工资肯定增长，每一次都拿到结果的时候，就会变成团队的榜样，对于团队来说这是老板想要看到的。所以，美业门店一定要重视会议，而且会议要讲究流程，要有方法、思路和内容。

上面辽宁盘锦这家门店的老板，会上除了请当日销冠分享，所有前一天工作拿到业绩结果的人依次分享。分享的内容围绕成交了多少业绩、在成交的过程中是如何说服客户的来展开。

这些分享看似零散，但是往往会激发其他人，触动其他员工思考在服务客户的过程中遇到困难如何去解决。事实上，员工遇到的绝大多数销售问题都类似。要么是产品效果不明显，不成交；要么是员工铺垫不到位，不成交；要么是员工没讲清楚，客户对产品功效和性价比没感觉，不成交。所以，成交的员工在分享的时候，其他人也会学习。

分享结束以后，讲一下今天的重点工作？有没有员工过生日？有没有客户过生日？有没有很重要的客户一定要亲自回访？

想要提升团队的销售能力以及专业能力，还要做好服务能力培训工作。店长 80% 的时间其实都是在门店的，主要的工作内容其实就是开会加培训，通过会议统一思想，通过培训落地解决问题，同时拿到结果。很多门店不开展培训工作，团队就会止步不前。如果员工不主动学习，说明门店没有鼓励员工通过不断提高专业水平去做，员工自然不会把焦点放在学习提升上。所以，门店要把日会的会议变成标准化、流程化的工作事项。

老板或店长要很清晰团队当下的薄弱板块在哪里。虽然老板都想找到在销售方面很厉害的顾问，全国的美业门店那么多，不是每一个顾问都是老天爷赏饭吃的天选之人，很多都是通过后天的学习（一次一次地被客户拒绝，然后再学习、再出发，再去冲销售业绩，一点一点地累积经验）最后成长为一个优秀的销售顾问的。所以，要想让团队变得更优秀，销售变得更轻松，学习培训必须安排起来，会议则是培训的最佳方式。

每天只要抽出 20 分钟，在会议结束后，10 分钟用来培训专业，可以培训话术，本月或者本周主推的项目，也可以培训经络养生、面部的专业知识。剩下的 10 分钟就用来考核前一天学习的内容。日积月累，整个团队的专业能力就会显著提升。讲着讲着团队就会越来越专业，在不断的演练中，成交就会变得越来越容易，门店就会拥有一支很强悍的销售团队。

总体说来，日会板块的流程如下：

①会前调动员工情绪。

②店长要提前 5 分钟到店，检查卫生以及门店表格的填写情况并在会上反馈。

③当日销冠分享。

④分析业绩目标。

⑤门店重点工作安排。

⑥培训提升。

按照这个标准的流程来进行每天的日会工作就会非常清晰（见图5-8）。

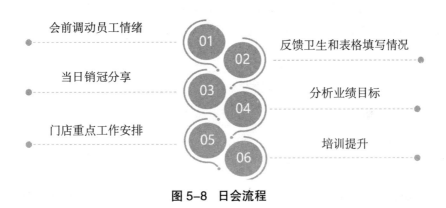

图5-8 日会流程

再说一说夕会。夕会的目的是什么？夕会的目的就是对一整天的工作进行复盘。

一是总结和鼓励有结果的人。

二是总结有问题的事件，当天的问题一定要当天解决。如果今天的问题不解决，在未来的时间里这个问题就会一直存在，慢慢地积少成多，小问题就会引起大的纰漏。所以，当天的问题一定要及时调整。

三是总结一天的数据，门店的指标有没有完成？同时，要调整员工的工作方向，帮助团队拿到业绩。

夕会时间尽量控制在15~20分钟，不要太久，关键是把所有的人都聚集到一起。一开始的时候可能大家会不耐烦，慢慢地通过固定的时间、固定的内容板块和流程，一点一点地帮助团队拿到结果以后，大家就不会再排斥，也就不会不重视会议内容。

2.周会流程盯目标结果

周会怎么开？如何开好？召开会议要有会议目的，就是为什么开会？开周会的目的就是让我们的目标能够有结果。

很多门店虽然有会议流程，但是开周会时一不小心就把周会开成了茶话会，大家坐在一起讲很多，也把之前的问题翻出来再讲一遍。开完会以后，可能前一两天员工还会有状态，但后面几天员工就完全没有状态，没有目标。如果门店遇到这样的情况，需要对会议的召开方式进行调整。

美业门店的会议，就是日会、周会和月会，会议的目的是制定目标，是完成我们的业绩。要让团队持续有激情、有状态、有方向，有目标感地去完成每一天的工作。

如何才能开好周会呢？我总结出了几个核心要领。

周会的第一个核心内容是做指标的排名。

周会不要讲太多事情，把数据列出来看一看各项的排名。比如，工资的排名分析从第一名再到最后一名，叫什么名字？拿了多少钱？工资组成是什么？完成多少消耗，完成多少转介绍，完成多少新客成交，老客户续单以及总的工资排名。从第一名直到最后一名用表格展现出来。还有上周的工资排名以及到这一周的工资排名拿出来做对比。数据出来以后，让所有人都清楚地知道每个人的数据指标情况、完成度以及彼此之间的差距到底在哪里。

其他数据排名。除了做工资排名以外，还要看几个数据的排名情况：一是所有人的项目操作排名，团队服务了多少个客户，有多少个客户进店。二是项目的排名，转介绍的排名、销售的排名、项目升单的排名、美团好评的排名等，只要是跟门店经营数据指标有关的这些排名数据，都罗列出来。让所有人都清晰自己这一周的工作成果。三是目前和第一名的差距在哪里。也就是要知道短板在哪里。通过这些，老板或者店长就会很清晰地知道团队的弱项板块在哪里。

通过数据排名检视问题。如果销售有问题，是不是要从专业板块、技术板块方面进行提升？如果这个项目数排名有问题却没有操作项目，是不是店长的工作安排有问题？美容师的客户管理"363"有没有完成？如果顾问的销售业绩没有达标，每天"161"的指标有没有完成呢？通过数据排比，就能够清晰地知道团队当下的工作内容、工作状态是否存在问题。

所以，整个周会的核心就是把各项指标、数据罗列出来，让所有人都清晰自己和第一名以及和上一周的差距到底在哪里。工资的排名能让员工很清晰地知道自己该往哪个方向去使劲。门店管理者也很清晰地知道接下来要帮助团队如何去提升各项数据，抓各项指标。员工就会很清晰地沿着各自的管理路径检视、改进、提高，所以通过数据就能很清晰地知道当下团队的管理能力到底是怎么样的。

周会的目的就是通过数据来"看病""治病"，所以周会不要花太多的时间讲具体的事情，更多的是要根据数据找问题，找方向，找解决的办法。

周会的第二个核心内容是做团队的表彰。很多门店会表彰很优秀的员工，如工资第一的员工，销售第一的员工。

表彰进步的员工。在这里给大家的建议是周会不表彰优秀的员工，要表彰进步的员工。

为什么要表彰进步的员工？通过标准会议流程的植入，通过一个完善并完整的方法帮助团队完成业绩，周会执行后，整体团队氛围会提升。

通过数据发现，如果邀约量和客户进店不够的，员工要增加邀约电话。如果某位员工手上的客户很多，但是不买单，员工就要制订客情计划。如果门店之前客户的售后管理做得不好，员工要通过学习做好回访，同时清楚自己当前阶段的能力和要达到的结果与目标之间的差距，完成的过程中，员工会更加热衷于专业学习，改变自己的工作方式，从而把焦点聚焦在薪资多一点少一点上的心思投入工作内容和专业技能提升上，员工取得的进步是门店的管理所需要的，是老板希望看到的，用周会固定的议程来表彰这样的员工是不是会取得示范效应？对于老板来说也会轻松很多。

老板之所以不轻松，是因为没有给到团队方法，员工工作思路不清晰。而方法怎么给，很简单，就是把会议开好、开清楚、开明白。老板首先得是一个有思路、有方向的老板，团队也就会成为有思路、有方向的团队，然后检查监督，跟进调整，最后拿到期待的结果。

表彰要有仪式感。什么是仪式感？要有鲜花，有奖状，有音乐，有抽奖，有奖金，氛围感仪式感拉满。女人都喜欢拆礼物，有惊喜。老板表扬、赞美员工是对员工的认可，员工认真努力工作就是回报。老板跟员工的关系本质是雇佣关系，但是相处模式其实就像"谈恋爱"。

一个男生想要和女生恋爱结婚，首先是表达诚意，"秀肌肉"展现实力，能给女生安稳的生活，同时要不断地制造惊喜、浪漫，女孩才会感动，愿意进入婚姻模式，对不对？客户也一样。客户的客情管理板块有九字箴言：要关注、要欣赏、要投资。如果现在美业的员工不会做客情，不会跟客户"谈恋爱"，那只有一个原因，就是老板也没有学，老板也没有跟员工去"谈恋爱"。老板都不会，员工就更学不会了。作为美业老板我们的第一客户是谁？是自己的团队、员工。要在固定的场合给员工这种满足感和仪式感。

开周会时，把工资排名列出来，第一名到最后一名，要准备奖金。谁颁发呢？让业绩好的给业绩不好的颁发，业绩不好的给业绩好的颁发。慢慢地大家就会自发去较劲，自己就会想方设法成为那个拿到最丰厚奖金的员工，那个让老板认可的员工。

表彰后，在大家都开心的状态下，汇报工作，清晰地知道门店的业绩情况，门店的各项数据情况、门店发生的问题以及解决问题的方法，不能只提问题，一定是问题和方法一起提出来，一起解决。

我们辅导过的门店还会设置问题改进奖，提出的问题谁拿出好的解决方法，门店采纳后有效果的给予奖励。

美业门店和员工是经营共同体，老板要做的就是消除距离感，让大家觉得是一个共同体。当老板和员工有了这样的认知改变的时候，员工才会融入团队，才会努力工作，而这恰恰是很多中小型门店老板做不到的。

前段时间我到一家门店，这个老板当时跟我说了一句话："张老师，我就是不愿意跟我的团队交流，我觉得他们都听不懂我说话。"

我就问他："你都跟他们说什么？"

这位老板说："我就告诉他们未来要怎么怎么样，接下来我们要怎么怎么做？未来我将带着你们达到一个什么样的高度！"

我知道有很多美业老板日常会给团队画饼，员工听吗？有听的，也有不听的。有的员工活在未来，只要老板给员工画饼，员工认可，愿意搏一搏。但是也有一部分人活在当下，只认当下老板开多少工资，不听假大空的话。

不同的员工有不同的管理方式，所以各位美业老板要学习的内容板块其实还有很多。要想经营好一家门店，绝不是去学习各种营销方法，而是要根据门店的具体情况选择适合的营销方法。

周会的第三个核心内容是制订下周的学习计划。学习计划的内容根据什么安排呢？根据门店的营销节点来安排学习的内容，包括已经提到的要表彰进步的员工。表彰进步的员工有一个很重要的方向，就是根据每个人的数据制定学习的目标和方向。

作为管理层，根据数据给团队制定好学习的方向以后，员工的目标也就很清晰了。学完之后通过考试评估学习的成效，反映到数据上就是业绩有增长。这时，是不是得有奖励？当然。这个时候员工的激情状态毋庸置疑会有一个质的改变。

所以，周会要固定时间，不要临时决定，也不要因为各种特殊的事件而缺席，特别是老板更不能缺席任何一个会议。

固定的时间和固定内容有助于大家养成良好的汇报工作、总结工作的习惯（见图5-9）。

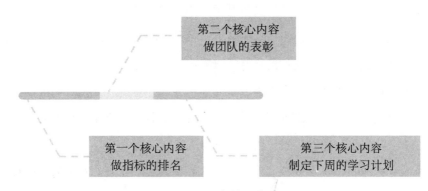

图5-9 周会核心内容

同时整个会议的氛围要轻松一点，门店可以准备一些零食，比如糕点、奶茶，员工在轻松的氛围中开会，在放松的状态下，不仅会吐露真言，还可以拉近与老板的距离。此外来个抽奖，让员工感受到老板真心实意的关爱。

周会的目的就是让大家清楚自己的工作思路和方向，以后好好干，踏实地去干，这样往往容易出业绩。

3. 月会流程关键在调整团队状态

如何通过月会更好地去激发整个团队的状态？如何让团队每个人都清楚自己的目标，更好地去完成，最终完成门店团队的目标呢？我认为门店如果开不好月会就没有办法达成目标。为什么？因为如果在月会上目标没有制定清楚，没有分解到位，员工就没有目标感或者目标感不强，这种没有状态的情况一直延续到月底，到月底算业绩计薪时，员工就会埋怨，埋怨门店老板不行，埋怨产品不好、经营方向有问题，这里列举的情况是很多门店的常态。

如果能够利用好会议工具，开好月度会议，那么门店团队协作会变得更流畅，业绩目标也能更好地达成。

召开月会最主要的目的有两个：一是营造干事业的氛围，统一思想，让员工开心的同时，大家的想法和劲头都朝一个目标努力。二是统一目标，要在月会上制定好目标，分解下去，再通过周会推进，调动所有人的状态，这是开月会的核心目的。

同样，美业门店的月会目标制定实际上有标准化的内容和流程。月会的目标是什么？简单说就是我们要挣多少钱？业绩目标、消耗目标、营销方案、当月活动主题等、目标如何完成、流程怎么设计、以及整个团队各个层面和部门配合的内容，在执行过程中专业的培训、演练、考核要同步跟进（见图5-10）。

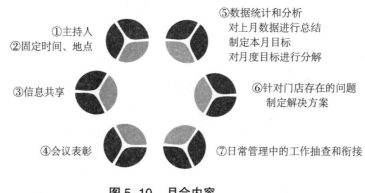

①主持人
②固定时间、地点

⑤数据统计和分析
对上月数据进行总结
制定本月目标
对月度目标进行分解

③信息共享

⑥针对门店存在的问题
制定解决方案

④会议表彰

⑦日常管理中的工作抽查和衔接

图5-10 月会内容

月会内容：

第一要有主持人。月会、周会、日会都是有流程、有方法、有标准的。主持人的存在就是把整个会议串联起来，按照流程落地执行。

第二要固定时间、地点。要固定一个时间开月会。我的建议是门店闭店一天专门召开月会。为什么？闭店一天相当于是给所有的人放假。通过这一天的时间，整个会议流程按部就班地走完，让整个团队有目标感，有奖，有惩，有总结，更有解决问题的方法，这是月会要做的。

第三要信息共享。管理层和各部门岗位人员要清晰地知道每一个板块都有哪些问题，如何去衔接，如何更好地完成门店的目标。

第四要有会议表彰。在月会上进行表彰，目的就是让优秀的员工更加自信，再接再厉；让不够优秀的员工和没有完成目标的员工知道差距在哪里，从而针对当下的问题，进行总结并找出方法。

表彰的方法也要把各项数据的排名用表格罗列出来。每周的工资排名到月会上就是这一个月的工资排名。从第一名到最后一名。把周会的表扬内容，表彰内容，表彰环节再放到月会上再来一次，让所有的员工、开心，愉悦、期待。

第五要有数据统计和分析。

一是对上个月数据进行总结，每个部门的负责人一定要做汇报。每个人都拿着自己的数据指标、数据完成的结果来汇报：这个月完成了多少业绩、留下多少新客户、转介绍了多少个客户、老客户续单有多少。让每个人都关注数据，通过数据知道自己的问题出在哪里？这是我们开会的核心。

二是制定本月目标。如何制定本月目标呢？通过客户分析以及门店的项目排期制定。如果门店没有做项目排期，门店的经营随意性强，今天想起来卖什么就卖什么，门店做什么活动员工就给客户讲什么，或者客户问什么就给客户继续去卖什么。这样容易导致门店业绩忽高忽低，不稳定。成交更多的是考验员工的业务能力、客户客情关系、产品的效果，对这些没有计划、没有管理就不会有持续稳定的业绩。所以，客户管理板块是所有经营者一定要学习的一个板块，也是美业门店月会目标制定的依据来源。

三是对月度目标进行分解。对门店经营层来讲，月度要完成这么多目标，一定要在月会当天把目标进行分解。这里就涉及很重要的一个板块：客户管理板块。客户管理包含到店计划、客情计划、消耗计划、销售计划等。到店计划就是给客户一个到店的理由，要进行效果跟踪管理，进行反预约。客情计划，遵循三个管理法则：关注、欣赏、投资。消耗、项目的搭配、客户的效果管理是消耗计划的三个核心。销售计划，团队要清楚客户有哪些的需求，然后努力满足客户的需求，这样才可能完成销售计划。

每个员工要很清晰地知道哪些客户是要续卡的？哪些客户是要升单的？哪些客户是要做新客转化的？要逐一落实。这样每个员工就有方向感，知道如何努力。

把月会开好，给员工思路、方向，再把方法给到团队，老板很快会发现事情就变得简单。目标分解以后，对应的项目是不是要进行培训？也就是说，学习目标也随之就制定出来了。

学习目标分两个部分内容：一是专业板块。本月的活动主题主推的项目是什么？针对这个项目制定培训内容。培训内容要围绕品牌的三个优势：卖点是什么、销售方法是什么、话术如何给客户进行讲解。老板自己就得清晰项目的卖法、卖点以及话术。这几点串联在一起员工才知道如何去讲解、如何去铺垫、如何去挖掘客户的需求。二是对卖点、销售方法、话术进行升级，然后要监督检查，可以采用打卡的方式检查，最后考核。

第六要有针对门店存在的问题制定解决方案。

美业门店经营管理中常见的问题就是团队之间的问题和客户反馈的问题。客户如果投诉，比如门店的卫生、服务态度、对产品的建议等，我们都要做记录，并且在月会上提出来，并制定解决方法。

通过愉悦、轻松、开心的氛围，让员工很开心地拿到奖励。通过数据的汇总进行复盘。再通过目标的制定，纳入本月的学习计划、营销计划、活动计划等。通过目标的分解，让大家都清晰本月自己要约哪些客户、卖什么产品、完成多少业绩等。

第七是日常管理中的工作抽查和衔接。

月会内容涉及两个重要角色的工作衔接，就是店长、顾问的工作和衔接。

顾问最主要的工作职责是进行客户管理。客户管理板块的四大计划：客户的到店计划、消耗计划、客情计划和销售计划。到店计划要给客户充分的到店理由。例如："姐姐，您做的是我们家的××项目，解决的×××问题。您做了三次，第一次做的时候是这个样子，连续做了三次以后，毛孔细腻了，光泽度提升了，白了三个度！您的皮肤底子本来就很好，再坚持做下去，一定会有更好的改善。"

要进行反预约，做效果的跟踪管理，给客户到店理由，客户到店，增加消耗，客户不按期到店，要排查原因做客情计划，然后形成销售计划。成交归因于客户的信任和需求。如何建立信任呢？很简单，需求摆在那里，帮助客户解决问题。只有这样，客户才会常到店。

顾问对客户管理的工作做得如何，店长要进行抽查。抽查客户的到店率，重要的客户有没有留下足够的服务时长？如果没有，店长要跟顾问进行沟通，发现问题并解决。

顾问的工作抽查还涉及顾问所管理的客户数据波动情况。比如，客户到店率的急速下降或上升的情况都有哪些原因？暑期高峰，很多人出去旅游，或者客户的家人生病等，都是顾问要了解的，从而制订相应的客情计划。

这些都是顾问做客户管理时要通过数据去了解的，包括顾问的销售计划和客户管理能力。

顾问和店长的工作衔接。一是大客户的管理名单顾问要和店长衔接。包括客户人数的增加、消费的提升都是客户管理板块里面的内容。二是月度目标制定的合理性，店长要给予协助和评估，顾问进行分析，然后对数据和目标进行调整。三是店长要针对整个门店重点的学习内容进行考核。考核的目的就是促进项目推进的力度、专业的提升度、团队的成长、团队的留存率，这些都是整个月度会议顾问和店长应该了解的。

第六章

存量超级转化：留量为王系统

在移动互联网时代，各大电商平台、各类移动应用、各行各业似乎都在通过抢占流量获得客流量，很多美业门店也在抢占这个流量赛道。我很想问下，那些想通过流量拓客的美业老板，所重视的客流量就一定是对的吗？就一定是正确的经营方向吗？

很多美业老板已经意识到一点就是这个行业现在竞争非常激烈。大城市的消费水平高，要求也高，行业的竞争非常激烈。

2012 年，我在浙江东阳出差，一条 100 米左右的街道，聚集着差不多 30 家美业门店。十多年前，就已经出现这种情况，所以我在那个时候就已经感受到这个行业竞争的激烈程度。

在行业的激烈竞争下，基础比较好、经济实力比较强的 A 端企业在疯狂地烧钱补贴抢占流量，抢占客户群体，竞争更加白热化，中小型企业被节流导致获客成本非常高，最终门店生存空间非常狭窄。

从美业门店老板角度看，开店的目的是为了赚钱。移动互联网催生了流量思维。引流拓客需要通过入口来引流，就一定有成本，并且这种流量成本非常高，转换率很差，且成交客单价极低，难上单、难复购、难开发，甚至可能零利润、负利润。因此，在新美业时代，要重新定义流量，只有流量是无法为美业门店产生持续性的价值的，还必须要有留量。只有留住客户，才能将流量变成留量，最终变现。

第一节　存量超级转化要流量还是留量

在拓客的时候，如果门店不能围绕着留客以及客户后面的升单去做设计，那么所有关于拓客的努力相当于白做。

流量获客的逻辑是通过前期的客流量，然后将其引到门店，再通过技术服务项目，依靠员工的技能、门店的机制，保证客户的留存率和转换率。但是所有通过高额获客成本引来的流量，如果不在存量和增量上做设计，业绩则很难增长，长此以往，员工会觉得没有前途而离职，导致门店因人手不足而无法很好地运营。

很多美业老板认为，只要解决客流问题，门店业绩就会增长，利润也会增长，这个逻辑不一定是对的。

拓客是美业门店必做的。在拓客的时候，如果门店不能围绕着留客以及客户后面的升单去做设计，那么所有关于拓客的努力相当于白做。拓一批客户就会流失一批客户，再拓一批客户再流失一批客户，最后无客可拓。同时，店内的员工会认为门店没有希望，每天很辛苦地做一些不能产生产值的客流，一定会产生负面消极的心态，导致团队的军心不稳。

在做引流的过程中要付出相应的成本，甚至很高额的成本，比如花重金请拓客公司帮助拓客，如果并未带来可观的收益，那么门店则要背负相当高的成本。如果后期的客流量不能保证转换率以及客户后续的持续消费和价值开发，门店最终会出现营收失衡，没有客流自然就没有产生业绩的可能性，最终就会导致门店难以为生。只要这个拓客的思维逻辑不发生转变，营收失衡问题迟早会出现，不在今天就在未来的某一天。

第二节　中小美业门店陷入三个困境的核心原因

　　在门店的实际运营中，门店还遇到以下问题：第一，有员工无客户；第二，有客户，但是客户不到店；第三，有客户，客户到店，但是不产生消费。

　　现阶段，中小美业门店陷入的困境基本上为三类：现金流不好、利润率低、复购率差。怎么化解这个困境？

　　首先，可以从盈利的核心入手，先解决现金流问题。要想解决现金流问题，必须解决流量源，没有稳定匹配的流量源，自然就没有稳定的收入来源，这就是很多美业老板在不断拓客的原因。其次，确定门店想要什么样的客户。不同的客户群体能给门店带来怎样的价值。

　　在门店的实际运营中，门店还遇到以下问题：第一，有员工无客户；第二，有客户，但是客户不到店；第三，有客户，客户到店，但是不产生消费。

　　下面对这三种情况逐一剖析。

　　1.有员工无客户

　　想解决流量问题的前提是门店先解决员工问题。如果门店只顾着引流，但是没有人去做售后工作的话，引流拓客这项工作等于白做。有员工无客户的情况一般出现在什么时候？两种情况比较多。第一种情况是准备开一家新店，刚招到员工，势必会做拓客。实际上新店只要店里有员工，拓客是当下应该做的。第二种情况是店内员工刚刚来或者经营者本人不懂得如何管理，可能错过了最佳的黄金宣传时间节点，然后需要做一些弥补的动作。

　　2.有客户，但是顾客不到店

　　这种情况一般在这几类门店中比较常见。

　　第一，经营项目的特殊性导致部分客户解决完自己的第一核心需求后不再到店。比如，减肥类门店，客户减到了理想体重后就很难再持续到店了；问题性皮肤调理的门店，斑、敏、痘调理好之后，会随着第一需求的解决从常到店客户或价值客户变成了流失客或者是睡眠客户；产康门店，核心客群是产后的宝妈，随着产后康复、身体恢复后，客户很难再持续到店或者持续地消费。

第二，门店出现员工动荡导致客户流失或后续对客户疏于管理而不再到店。如果店内员工出现了变动或换人（客户跟美容师之间是有信任度并产生黏性的），随着门店美容师的流失和变动，后端客户的管理失误或不完善，导致美容师手里的客户流失。

第三，门店选择项目的短板或者对项目的效果和营销方式可能过度地夸大，无法满足终端消费者的核心需求，最终导致客户对门店的信任度下降，不再到店。

有的美业门店不了解门店的品项架构，不知道科学的品项管理应该如何进行搭建设计，导致店内的项目杂乱无章，甚至出现冲突和重叠的现象。

很多美业门店在基础职能和基础建设都没有达到标准的同时盲目地引进项目，没有办法真正推广出去，并得到客户认同。客户为了优惠而买单，而门店在引进产品时，产品或项目公司为了保证收入和利益最大化，为了成交，对门店终端消费者给予过高的期望，对项目效果过度包装。当客户购买后，项目无法呈现承诺的效果，客户对门店产生不信任，客户不再到店，更不可能产生后面的口碑裂变以及复购等一系列增加门店长期盈利的动作。

3.有客户，客户到店，但是不产生消费

这类门店也在做拓客，但没有业绩、没有现金流，为了维持生存问题、保证员工和经营稳定，所以需要通过拓展新鲜的客流来冲业绩。

这类有流量但不产生消费的门店，基本上存在以下问题。

一是门店的员工开发能力弱，服务能力弱，成交能力弱。这是员工专业技能问题，需要时间培养。门店要完善员工的培训机制。

二是店内客户管理不到位或者对客户的消费规划不清晰、不成熟导致有消费需求和有消费实力的客户没有被开发出来。如果是这个原因，门店普遍还面临另一个问题，项目架构不完善、不科学，导致开发和释放受阻。比如，客户有强大的消费潜力，保养意识强，美容养生投入愿意也有，但是门店没能满足需求的项目或产品。当门店没有办法提供高端产品和服务时，目标客户自然不会产生买单和消费动作。

三是门店之前一直采用低价优惠，甚至牺牲利润来促成成交。长期负债最终导致门店要上大单和开发大业绩越来越难，形成恶性循环。

所以，如果美业门店想做口碑、做品牌，必须认真了解门店出现困境的原因。只有这样，才知道应该采用什么方式拓客，如何去拓客，并最终转化为收益。

第三节　短期内实现现金流增长的密码

通过门店高价值的项目塑造价值感，增加客户的购买欲望，再通过其他主推项目完成客户心理预期上的满足感，从而产生购买意愿并购买。

现金流是企业正常运营的血液，企业能否生存从财务角度主要看现金流是否充足。美业门店要想在短期内实现现金流增长是有法可循的。下面是一个高价值卡项绑定套餐的设计思路，利用这个思路，美业门店可以变化元素和参与角色，设计出适合自身门店的卡项，达到短期内聚集人气、提升业绩、增加现金流的目的。

第一，盘点门店高价值的项目有哪些。高价值项目一般是门店客户接受度高、认可度高的项目，这类项目相对来说价格较高，有相当一部分对价格敏感的客户接受不了。

第二，将这类高价值项目罗列出来，绑定门店库存比较多或者市场当下季节性主推的项目，搭配起来做性价较高的打包套餐。这可以根据季节来选择，也可以根据客户的需求进行选择。比如，大部分客户的需求点是身体项目，那么就可以设计主做身体项目的卡项。如果大部分客户的需求是微光电，那么就设计成光电的项目包进行销售。

第三，高价值捆绑卡项设置的前提是门店高价值的项目不变，通过门店高价值的项目塑造价值感，增加客户的购买欲望，再通过其他主推项目完成客户心理预期上的满足感，从而产生购买意愿并购买，最终实现销售业绩的增加，完成现金流的增长。

第四，高价值捆绑卡项设置的另一个前提是门店针对这个项目的技术培训、专业培训、销售流程卡项设置以及奖励机制等，后期需要做好跟进。否则，卡项设置得再便宜、再划算，员工不会卖，销售就无法完成。如果员工不知道怎么跟客户做分析、做对比，甚至可能不知道销售一张卡自己能有多少提成，那么员工的销售意愿就会大打折扣，方案最终可能也无法执行或执行效果不好。

高价值卡项绑定套餐设计思路的关键是要能够带给客户高价值感和心理预期的满足感。在实际经营中，门店可以变换设计元素，为提升客流量、增加业绩和现金流助力。

销售套餐产品的关键在于拆分，可以把套餐产品拆分开来销售，以降低客户单次购买的压力。

充值卡是增加现金流的一个非常有效地策略，可以让门店有充足的现金流。当然，充值卡对客户来讲是预付费项目，要消除客户对资金和产品安全的顾虑，要给予客户安全感。只有消除目标客户的成交阻力和风险，才能让目标客户的成交率提升，才能提高门店的收益。

增加后端产品。在客户达成第一次成交之后，要增加后端产品供给，通过不断为客户贡献价值，进行台阶式销售，从而在一个客户身上达成多次销售的目的。

增加赠品，可以瞬间提升产品的价值。有些客户是因为赠品才购买产品；有些客户是因为有赠品，感觉价值远远超出已购买产品的价格，觉得超值，于是迅速行动，做出购买的行为。

利用工具，如门店的海报或网页，让客户能够简单明了地了解产品的价值、好处等。

客户推荐，以客带客，这是一种高效且成本低的获客方式。

第四节　拓客的前置工作和理想样态

理想的拓客不是拓进来多少客户，而是通过拓客留下了多少稳定客户。

拓客的最终目标不只是为了要流量，还要存量，通过存量变成有效增量，达到门店最终业绩增长的效果。因此拓客就必须围绕着留量进行设计。

1.拓客的前置工作

美业门店得结合组织架构、项目结构、客户管理、服务流程、后期销售模式、卡项设计等一系列动作来完成门店拓客这项工作。

门店拓客方式与价格决定门店的客户群体是哪一类？这个与门店的定价定位、经营方向、盈利项目都有关系，要先确定门店的核心客群，再去选择拓客模式。必须彻底评估自己的门店处于什么样的经营阶段，需要评估和核算店内的经营数据、人员组织架构。只有对数据进行测算，才能知道门店需要采取的拓客方式，需要拓展多少客户？

每年只需做两场拓客活动。如果门店在基础建设已经完成的情况下，每年做两场拓客就足够门店消化了。第一个时间节点放在年初3月左右，无论是内拓、外拓，还是做某种特定形式的拓客都可以。第二个时间点可以选在6~8月，这3个月中任一个月都可以，根据门店经营情况进行拓客。

3月拓客是因为开年要为整个上半年的业绩做规划和铺排。6~8月进行拓客是要为下半年的业绩做铺排。

其余的时间要不要拓客呢？可以，无论是固定时段拓客，还是临时拓客，都需要根据门店当下的经营阶段做评估，根据门店的经营数据以及人员的组织架构，经过数据测算才能确定门店需要采取的拓客方式和拓客数量。

举个例子，如果一家皮肤管理的机构要进行拓客，就不能完全照搬传统的美业门店的拓客方案。每个门店的经营特点不一样，经营方向不一样，拓客方式也不一样。如果门店现阶段员工工作量已非常饱和，如果增加新客流量的话，那么老客户和新客户在服务层面上就会出现冲突。

当门店承载客户量达到饱和时，每拓一名新客户都意味着店里要挤掉一名老客户。服务跟不上导致客户满意度差，老客户会流失，再加上新客户拓进来之后，暂时不具备强大的成交能力。没有办法保证服务满意度，新客户又不能产生新业绩，得不偿失。甚至这种情况会影响美业老板的心态和判断，老板会认为要么是店里的新客户质量不好，要么是员工能力不行、手法不行、销售不行，所以导致客户不成交。

如果门店的人员组织结构本身就不清晰、不完善、不成熟，再做拓客的话很有可能出现拓一批走一批、再拓一批再走一批的现象，最终伤害到的就是门店的口碑。

因为客户进门买卡的核心不是为了占便宜，而是希望能够得到超值服务，只有服务满意了，客户才有可能产生后端的消费。

如果门店的员工状态不稳定，技术、手法不过关，对门店的信任度和忠诚度都不够，甚至还有可能带有负面情绪，用这个状态去服务客户，是很难产生后续消费的。

建议门店拓客前先把门店情况摸排清楚，基础打牢，拓客前需要通过门店的各项数据做评估，然后判断门店到底需不需要进行拓客。用三天到一周的时间做好集训，捋清楚组织架构，人员齐备、状态到位后再做拓客。

美业门店不能通过单一个板块去解决门店所有问题。真正的美业门店运营需要老板具有超强的思维能力和预判能力，在设计营销动作的同时，提前预判接下来会出现的矛盾点和问题点，提前做好预设方案。

2.拓客的理想样态

理想的拓客不是拓进来多少客户，而是通过拓客留下了多少稳定客户。理想的拓客方式也不是把优惠给客户，而是让客户通过拓客的方式了解门店的经营特色和项目特点，可以满足自己哪方面的需求。

拓客的方式非常丰富，结合门店的经营状况和特点，可以把门店的销售模式融合在拓客之中。即使门店员工业务能力再强，销售模式设计得再好，都无法保证百分百成交。即使真的能做到百分百成交，也不一定都能精准满足客户的需求。其中有一些是因为性价比高，客户感觉到便宜才成交的。这种成交虽然转换率比较高，但是对客户后续消费能力的释放和门店的产能帮助不大。

当然，门店的生存方式和运营机制本身就是预存制，只要前期经营得比较好，门店流动资金富裕，对门店未来的发展是好的。如果门店当下处于发展阶段，没有必要通过设置这类优惠来成交，必须把门店价值展现出来。如果门店当下处于生存阶段，业绩不稳定，员工也不稳定，在这种情况下成交率和现金流就是重中之重了。

第五节　拓客后如何提高留客率

设计具有吸引力的留客卡，金额一般不高于 2 000 元，主要是降低心智交易成本。

拓客是留客的前奏，拓客后如何让客户留存是关键。所以，拓客应围绕留客进行设计。

1. 围绕留客目标的拓客设计思路

一是设计好接待服务流程，把新客户进店的每一个环节设计好，让客户进店就可以跟门店业务联系上。

二是拓客项目的技术、专业和效果必须要好，让客户感觉到有效果，业绩才能达到期望值。

三是先选择拓客方式，再设计相应的拓客项目内容和价格。

四是设计好拓客卡、留客卡的内容，做好销售流程、客户升卡流程的管理，制定拓客的奖励政策与留客的奖励政策。此外，员工的激励话术、比拼机制、及时复盘和总结等都会影响最终的拓客结果。

2. 明确拓客的目的

首先，为了留客、增加客源、增长销售业绩；其次，为了宣传、提升门店影响力；最后，为了提升员工能力、挖掘员工潜能、增强团队凝聚力。

围绕拓客目的，要清晰门店定位，从规模和消费层次分析门店是属于中小型还是中高端型，还要了解门店商圈性质、成熟度（住宅、商业、文教、办公、工业、行政、综合）。

如果是商业集中区，商圈大、繁华热闹，那么这类商圈的客户具有快速、流行、娱乐的消费特点，他们往往容易冲动消费且消费金额比较高。

如果门店开在住宅区，住户基数以 1 000 户以上为宜，该区域客户消费稳定，讲究便利性、亲切感，家居用品购买率高。

如果门店开在文教区，一般附近有多所学校，若在这类区域设置门店，客群以学生居多，消费金额普遍不高。

如果在工业区开设门店，客户的消费水平相低，但消费体量较大。

还有一类混合区，分为住商混合、住教混合、工商混合等。混合区的客户具有多元化的消费特点。

根据门店位置和商圈性质定位门店目标客户群。一般情况下门店方圆 1 千米范围是第一目标客户群，然后分析客户需求、设置引流项目。

3. 拓客后如何提高留客率

留客率也叫客户留存率，计算客户留存率的公式：

$$CRR = [（E-N）/S] \times 100$$

举个例子，如果门店需要计算从 1 月 1 日至 1 月 31 日的客户留存率。1 月 1 日，门店有 100 个客户（S），1 月 31 日，有 110 个客户（E），并且，在此期间拓客增加了 20 个新客户（N）。那客户留存率应该是：

$$[（110-20）/100] \times 100\% = 90\%$$

拓客后重点要提高留客率，降低流失率。如何减少客户流失呢？

①提供优质的服务：包括专业的手法、先进的设备、舒适的环境等，确保客户在门店中能够得到满意的服务体验，从而提高留客率。

②建立良好的客户关系：与客户建立信任、了解客户的需求和偏好、提供个性化的服务等，可以增加客户的忠诚度和进店率。

③推出优惠活动：美业门店可以定期推出优惠活动，如折扣、赠品等，以吸引新客户并留住老客户。同时，可以根据客户的消费金额或次数提供相应的优惠，以鼓励客户增加消费。

④提供良好的售后服务：美业门店应该提供良好的售后服务，如定期回访、解答疑问、处理投诉等。提供优质的售后服务，才能增加客户的满意度和忠诚度，从而提高留客率。

⑤增加附加值服务：美业门店可以提供附加值服务，如提供免费的美甲、化妆等服务，以增加客户的满意度和进店率。

⑥提高员工的素质：美业门店应该提高员工素质，包括专业技能、沟通能力、服务态度等。提高员工的素质，才能为客户提供更好的服务体验，从而提高留客率。

⑦定期举办活动：美业门店可以定期举办活动，如新品发布会、美容知识讲座等，以增加客户的参与度和忠诚度。

⑧设计具有吸引力的留客卡。金额一般不高于 2 000 元，这样做主要是降低心智交易成本；留客卡内可划扣的项目要有 7 个以上，主要是为了满足女性品鉴的消费心理。

留客卡应具备强有力的成交主张的属性。成交主张是指让客户立马购买的理由，里面可能包含超级赠品，比如在 2022 年开展活动，超级赠品可以选择北京冬奥会吉祥物冰墩墩；也可能是个独特资源，比如三星堆实物展展馆票等。留客卡设置补充说明，补充说明中一定要写上"此卡每位客户终身仅限使用一张"，以体现出它的优惠力度；新客的成交率比成交额更重要，所以把体验新客变成增效新客至关重要。

第六节　拿来即用的拓客活动方案

拓客后要重点抓客户进店率、客户到店频次、客户服务满意度、转化率（留客），门店一定要牢牢稳住现有的固定客源。

在确定拓客的目的和时机之后，设计可执行性强的活动方案是非常必要的。

1. 拓客活动方案必备要素

①拓客活动方案需要敲定好时间和地点，还要考虑成本支出、交通便利、是否接近目标客群等因素。

②在有效的时间做有效的事。做活动方案时，把涉及的人、事、物纳入其中，工序和流程的衔接以高效为准。

③明确的活动主题。主题是拓客活动策划的点睛之笔，一个好的主题能够吸引更多客户参与，以达到最大化拓客的目的。

④心动的卡项和方案。在充分了解客户需求和当地市场的前提下，设置足够吸引力的卡项和方案，确保吸引更多客户参与。

⑤冲锋陷阵的团队。会前召开启动会，设立比拼机制，有效激发团队士气。

⑥如何分工。设置流畅的活动流程和工序，在此基础上做好分工，避免活动开始时，出现分工不明确等导致的工序流程衔接不顺畅，影响拓客效果。

⑦设置具有挑战性的目标。比如1个员工对接10个客户。

⑧设置一套令人心动的奖励机制。重赏之下必有勇夫，好的拓客结果离不开好的奖励机制。

⑨准备一套拓客话术，提前组织员工进行一对一演练或分角色演练，预设拓客时客户拒绝的理由及应对话术，直至所有员工熟练掌握。

⑩开好定向会、总结会。预设拓客阶段拓客目标达成与未达成的应对方案，通过固定时间召开会议，汇总问题并解决问题。

2. 拓客活动方案的执行流程

①分析门店的问题，确定是否需要拓客以及计划拓客目标人数。

②定位目标区域3千米范围内的目标客群，目标客群按照年龄、消费层级、消费需求等进行划分。

③根据店诊结果量身定制拓客方案。

④确定拓客时间、设置拓客卡项。

拓客卡项设计，可以定位门店引流项目，比如基础、普及项目，一定要效果好的，且员工对该项目的技术操作要熟练，用来做主压单项目；可以同一项目设定多次体验，建议体验至少 2~3 次，所有卡项搭配下来能让客户到店 4~5 次即可。另外，可以设置到店高频次项目，比如，面部五线玉石排毒护理 5~7 天 / 次，面部补水 3 次，1 天 / 次。如果客户认可补水，前三天客户会每天到店，这个到店频率就非常理想了，后续的成交率也会比较高。

⑤拓客前召开启动大会，调整员工心态，制定目标，公布奖励机制、分组，培训话术，实战演练。

⑥执行拓客方案，统一员工形象，定集合时间，带好所有工具、物料，找好目标区域，分工、行动，群内随时发战报，汇总目标完成情况。

⑦拓客期间遇到问题或者员工状态不好，随时回店总结调整（门店要为员工准备点心、饮品、水果）。

⑧统计所有客户信息。开总结会，员工分享拓客感受，发奖金，老板发言鼓励。

⑨给所有客户发跟踪短信，将客户资料汇总到门店，方便管理。

⑩分配客户，责任到人，管理要跟进，培训员工的跟进方法、邀约话术，培训服务流程，为留客做好准备。

⑪拓客后要做好客户的分配和分流，不能影响老客户的服务和消耗。

⑫一定要做好业绩分配机制，防止员工之间利益冲突，影响团队氛围。

⑬重点提升拓客项目的服务水平和专业性，必须做到人人都会、人人熟练才可接待客户

⑭拓客后要重点抓客户进店率、客户到店频次、客户服务满意度、转化率、成交率。

⑮门店管理层一定要利用好体验表、客户到店管理表、客户分析表等。

拓客必须根据门店量身设定好方案并做好执行。但它只能解决短期的问题，不能解决长期的问题。美业门店如果想要长久发展，作为老板要躬

身入局。客户不是越多越好，而是越精准越好。拓客后要重点抓客户进店率、客户到店频次、客户服务满意度、转化率（留客），门店一定要牢牢稳住现有的固定客源，同时要有开拓新客源的计划和对策。拓客是有必要的，但是修炼内功才是根本，只有加强专业、技术、服务，拓来的客户才能留得住。

第七节　留客运营的十大关键数据

美业门店不能只看单一业绩指标，要利用数据进行全面分析，发现问题并及时改善，从而使门店管理者的诊断决策更加科学可靠。

来自重庆涪陵的美业老板在线下学习分享感言时，认为业绩营销板块数据盘点给自己的帮助最大。

今天的美业门店管理是需要借助数据指标进行优化运营的，如果美业老板从没接触过数据指标，也不知道如何借助数据指标进行管理，那么要尽快学习并使用。无论是新美业，还是传统美业，能通过分析数据发现问题，判断运营是否处于良性阶段是美业老板和店长必备的技能。

美业门店运营主要涉及十大关键数据（见图6-1）。

第一，现金流。良好的现金流管理可以帮助美业门店避免资金周转不畅的问题。因此，美业老板要关注门店每一分钱的流入和流出情况，及时发现和解决现金流不足的问题。只有这样，美业门店才能正常运转。

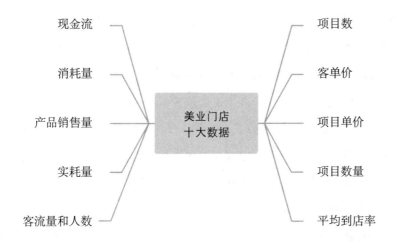

现金流

消耗量

产品销售量

实耗量

客流量和人数

美业门店
十大数据

项目数

客单价

项目单价

项目数量

平均到店率

图6-1　美业门店十大关键数据

第二，消耗量。消耗量是指客户购买的卡项或疗程的消耗情况。因此门店如果消耗偏低运营状态肯定不好。消耗过低，客户买了项目却不怎么进店使用，没有消耗就属于门店的负债。这时一定要及时分析原因并解决。很多美业老板平时只关注现金流，在日常门店管理中没有通过数据去了解门店的运营情况，不清楚实际赚到的钱到底有多少或者已处于亏损状态。实际消耗也就是实操，如果不关注的话，门店的负债就会越来越高，门店的风险也会增加。所以一定要关注消耗，这个数据非常重要。

第三，产品销售量。很多美业门店很想把家居产品这个板块做起来。家居产品卖得好的门店靠什么？一定是要靠观念植入。客户在门店做项目，如果在家还继续使用门店的产品，客户的黏性和认可度则会更高。

家居产品本身是外带产品，不用消耗人力，这是纯粹的利润。相对于日化线产品，家居产品对于门店而言本身是有专业优势的。从专业方面看，门店有一句话叫一客一方一肤一案，可以更好地给客户提供专业的服务，其效果明显。从而能够持续吸引客户到店，家居产品的销量也随之有所提升。

第四，实耗量（采购数量－消耗数量）。通常，实耗的业绩占比基础业绩的 80% 及以上，那么门店运营良好。如果门店一个月能创造 10 万元的业绩，家居产品能占到 20%，那么代表门店的利润及客户黏性都不错。所以，美业老板可以通过这个数据进行自检，并判断门店运营情况。

第五，客流量和人数。1 个客户 1 个月 4 次到店，那么客流量为 4 个次，人数为 1 人。如果客户在门店买了家居产品或者咨询了一下，这算不算门店的客流量呢？不算。因为客户只是买了家居产品并进店咨询，没有操作项目，没有消耗，所以不能算。客流量大和人数多，店内消耗则多，业绩才会好。

第六，项目数。项目数是指客户在门店做不同部位的护理数。比如，客户有面部护理和身体项目，那么客户就有两个项目。客户在门店做多少个项目才算合理呢？现阶段从门店经营成果分析，一个客户做 2~4 个项目是比较理想的，证明门店项目的开发和客情维护做得都比较到位。如果客户项目数低于 2 个，代表门店还有较大的销售开发空间。为什么客户只有做一个或者两个项目呢？要检视一下门店项目、咨询、手法有没有问题。同时，通过项目数要进一步分析品项搭建是否合理。

第七，客单价。如何精准计算客单价呢？客单价 = 销售额 ÷ 成交后的客户数。客单价是由什么来决定的呢？门店的定位、属性不同以及城市体量都是影响门店客单价的因素。

比如，三四线城市客单价和一二线城市客单价能一样吗？一二线城市可能客单价在 300 元、500 元及以上，三四线城市的客单价有可能在 200~250 元。如果门店是皮管店，客单价会更高一些，因为面部项目本身就能够拉高客单价。

说起客单价，有一位门店老板给我留下深刻印象，在咨询之前，门店的客单价大概是在 110 元，门店在一座三线城市。这家美业门店的老板对我说："张老师，我太想把门店的业绩提上去，您说怎么办？"

这个门店月均基础业绩为 4 万多元。我们咨询团队进驻后，对门店十大数据进行分析后，发现了业绩做不上去的原因了：一是客单价低，二是门店项目数少，三是门店专业销售能力非常薄弱。门店没有给客户做过咨询，没有给客户做项目疗程规划以及有效的沟通，客户进店，员工的接待就是："姐，您好！您来今天做什么项目？"

店内员工的工作模式处于为了完成任务、做服务但没有服务目标的状态，至于客户到店、客情计划、消耗搭配等标准流程一概没有。

我们咨询团队通过 3 个月摸底数据调查和辅导调整，这家门店的客户到店率、客单价都有所提升。此外，我们帮门店做了项目的调整、项目的优化升级，门店的项目数增加了，消耗也增加了，客单价也提升了。现在这家门店每个月的业绩都稳定在 8 万元以上，有时甚至达到十几万元。

真正的数据看盘不单单只研究一个数字，而是要挖掘数据背后隐藏的经营质量和效率，分析问题成因，及时调整改进，达到良性循环。

第八，项目单价。项目单价主要用来评价门店的品项是否搭建合理，是否处于良性指标区间。有没有相关品项来支撑，提升门店的利润点。

第九，项目数量。用项目数除以客流数得到平均项目数。2~4 个项目是比较合理的。如果客户没有做这些项目，代表门店对这类客户有深入挖掘销售机会的空间，门店和销售团队要逐一分析原因，制定销售策略，助力客户增项升单。

面部养生的门店能达到 3 个项目是最好的，如果是皮管店那至少要达到 2 个，客户只做 1 个项目，比如只做清洁或者补水，效果毕竟有限，美白、祛斑、抗衰才是客户的真正需求。面部项目比较直接，客户要的是体验感和效果。所以做面部一定要做私人定制解决方案，客单价能提升上来。如果是传统美容养生的店，面部和身体项目就必须是面部的王牌品项和身体的王牌品项在同一客户的购买项目中，这样客户黏性会更高一些。

第十，平均到店率。用客流数除以人头数的数值就是到店率。正常一个客户月内的平均到店率超过 2.5 是比较理想的数值。经营门店是要对客户做客户管理的，其中，到店计划管理十分重要。所以，当门店客户的平均到店

率很低，如果低于 2.5，那么就要回查店内的流程、员工的邀约有没有问题，有没有做到 4 轮反预约，有没有做到售后的"137"跟进。

团队曾经辅导过一家门店，之前客户到店率非常低，为 1.2。团队建议老板用一个月时间主抓客户到店率，就抓 4 轮反预约，后续做好咨询，做好售后"137"。大概一个半月的时间，门店数据开始出现变化，客户到店率从 1.2 提升到 1.3，这一战绩对老板的鼓舞很大。三个月以后，门店客户到店率超过 2.5。经过两三个月的努力，门店平均到店率有明显提升，业绩也随之提升，老板非常开心。

以上就是直接影响美业门店运行效果的十大关键数据。通过数据看盘，美业老板可以直观了解门店的运营状况是否健康良好。对数据进行分析拆解，能快速分析出存在的问题和成因，并及时采取正确的应对措施，从而解决门店的经营问题。

美业门店不能只看单一业绩指标，要利用数据进行全面分析，发现问题并及时改善，从而使门店管理者的诊断决策更加科学可靠。经营美业门店必不可少的就是数据，盘点数据能最大化避免靠感觉经营门店，通过真正的数据分析让门店经营走上科学决策、科学管理的良性轨道。

第八节　留客运营各指标之间的关系

无数据，不分析；无数据，不诊断。

怎么通过数据去分析，检视美业门店是否存在问题？当你知道了门店各数据之间的关系，就要着手建立数据分析系统，要系统地思考，如何把门店业绩提上去。如果看到客单价过高或过低，只看这一点很容易做出误判、误诊。因此，要全面地分析门店存在的问题，什么样的经营指标对门店发展是良性的，从此对门店做出正确的诊断（见图6-2）。

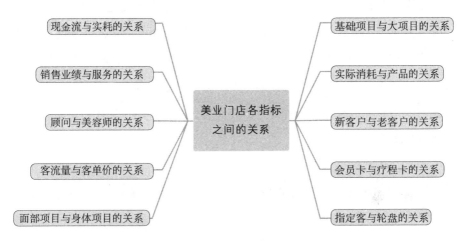

图6-2　美业门店各指标之间的关系

第一，现金流与实耗的关系。现金与实耗有什么样的关系？一般情况下，实耗业绩要占基础业绩的80%以上才算进入良性运营区间。如果实耗过低，说明门店负债高，出现的风险性也相应增加。比如，出现客户退款，可能没有效果导致客户退款，这是负债风险，所以一定要关注现金流和实耗数据。有的门店没有售出产品或者卖得不好，实耗占基础业绩需达到50%~60%，代表门店客户到店率还不错，客户服务的客情还可以，消耗也是比较正常的。所以，我们不能只是看现金流，实耗也是非常重要。

第二，销售业绩与服务的关系。对所有美业门店而言，销售业绩是可以量化的，而服务是需要长期的积累，需要大量时间和精力的投入。服务细节的标准化、流程化要贯彻到日常的管理细节中，而且时间和精力的投入不是一次性或阶段性的，而是要久久为功，方能演化为时间复利。美业门店经营的最高境界就是不销而销，这样的美业门店的专业、咨询、服务一定是非常到位的。

很多美业老板，很少关注销售业绩和服务的关系。恰恰美业门店存量客户的转化就在服务品质提升这个重要环节上。那些做得好的美业门店会定期做门店服务流程自检、服务优化升级。成功的美业老板往往会思考和集中精力干这些事情：通过门店的服务能让客户得到什么效果？客户付费之后最基本的服务有没有给到？能不能享有极致的服务体验和差异化的服务？极致的服务体验和差异化的服务恰恰是高成交、高业绩的来源。所以，一定要通过数据看盘，研究自己的门店和同行的差异化服务在哪里，这才是美业门店的竞争优势所在。

第三，顾问与美容师的关系。一般情况下，门店会把美容师分为三个级别，正常产能下 A 级美容师可以服务 25~30 位客户，B 级美容师可以服务 20~25 位客户，C 级美容师可以服务 10~15 位客户。美容师在门店除了做基础业绩，还承担向客户推荐销售顾问的任务，为顾问下一步销售提前做好铺垫工作。

有的客户会比较反感，因为在客户看来顾问只会卖货，只是卖手，所以很多客户只要顾问一进到房间来的时候，就会竖起防御心理，会觉得："唉，这个顾问又来销售，又来卖货了！"所以为了避免发生这样的情况，需要靠美容师来推崇顾问，铺垫销售环节，给顾问的销售预热一下。美容师要推崇什么？推崇顾问的专业能力以及帮助客户解决问题的能力，帮助顾问在客户心中树立专业形象。

力是相互的，美容师推荐顾问，那么顾问能帮美容师做什么呢？顾问可以对美容师的服务细节、责任心、手法专业程度、客户的反馈效果进行肯定，帮助美容师在客户心中树立良好的形象。可以说，美容师与顾问互相成就。

第四，客流量与客单价的关系。一家流量型门店，一天可能服务 15~20 位客户，它的客单价一定能做得很高吗？一定做不了很高，因为门店的人力都在做流量客户。流量型门店客户主要做单次体验，低价吸引客户到店，客单价无法提高。如果想提高客单价，只能是客户到店后，通过咨询、检测等发现新需求，再寻求升单和销售机会。

比如，头疗门店做引流、做专门头皮放松的团购，但是通过咨询或头皮检测发现客户有深度需求，做升单后比单独的头部放松价格会更高一些，这样同样是做单次的客单价提升。

如果传统型门店想做客流，又想做客单价，但一定是建立在门店有团队、有匹配的组织架构前提下，岗位产能美容师日均"363"，顾问日均"161"，从咨询、接待、服务、售后店长做好整体安排，各层级分工合理，这样才能获得客流和客单双高的理想业绩。如果门店的组织架构不完整、不健全、不专业、不匹配，也就是说，门店在后端资源不到位的情况下，是没法做到客流和客单价双高的。

客流量和客单价是由门店属性和定位决定的。传统美业门店思考客户年龄层，客户年龄决定门店赛道定位，门店赛道定位决定门店品项架构，品项架构又决定了客单价，这是一个互为前提的关系。

第五，面部项目与身体项目的关系。在经营数据中，面部项目与身体项目有什么关系呢？这个数据关系对传统美业门店的运营比较重要。传统面部项目可以帮助门店做客单价的提升，身体项目可以帮门店增加客户黏性，做好客情管理，并且能形成口碑。

对于传统门店而言，面部项目和身体项目占比过高、过低都不是运营的理想结果，占比过高或过低都意味资源有浪费，均未得到充分利用和挖掘。如果占比达到良性，应该是面部项目和身体项目业绩占比均衡。

传统美业老板都清楚，面部项目是做效果的，如果面部项目在门店做得好，客户基本上很好锁定。因为面部项目客户付出的成本是很高的，一般不会轻易换门店做体验，客户也有顾虑，不知道换了会怎么样？安全品质如何？做过之后脸上会不会过敏？所以，面部项目客户不会轻易换门店，只要客户在你的门店面部项目做得好且有效果，加上身体项目做黏性增加，这个客户基本上就被锁得牢牢的。

所以，面部项目和身体项目的搭配比例要有规划。有面部项目的客户要加上身体项目做客情维护；有身体项目的客户，要做增项升单，留客锁客。

第六，门店基础项目与大项目的关系。一家门店如果处于生存期，比如开业一年内，首要目标是把门店的基础做扎实。门店要有锁客项目，比如综合卡或会员卡，锁定客户在门店至少一年，给门店一年持续服务沟通和销售的机会。这样客情关系从建立倒逼向上提升，去开发大项目时成交概率会高一些。所以，门店如果基础项目底盘客户多，从升单到王牌项目或更高阶项目时，就能健康地做增长。

正常做基础的提升就是从王牌延展品再到利润品。利润品一般要店长或老板进行开发。如果品项为王牌项目，那就由顾问或 A 级（高级）美容师来主做销售。门店基础项目就是底盘，B 级和 C 级美容师主要做好基础项目，起码让客户有持续到店的理由。如果一家门店大项目占比过高就非常危险。

有一家门店每个月的业绩 20 多万元，但是业绩比例构成非常悬殊。70% 以上的业绩都来自大项目，基础业绩占比不到 30%。虽然整体业绩过得去，也能挣点钱，但老板认识到基础业绩占比太低，客户底盘不足。这家门店的老板来找我，说想把基础业绩提上去，说能提升到 6 万元就非常满意。通过合作，我们团队派工作人员进驻门店实地帮扶辅导，三个月以后，门店基础业绩开始稳步增长，后来稳定在 60% 以上。

基础业绩很重要。在运营门店的过程中，不能只关注大项目。大项目可以让门店营业额增长，基础项目能保证门店的基本生存。所以二者缺一不可，这是非常重要的底盘数据。

第七，实际消耗与产品的关系。实际消耗与产品有什么关系呢？比如，经营加盟店想把家居产品（在家使用的护肤品）做好，要做什么动作？要做观念的植入，否则家居产品卖不好。因为不做观念植入，客户不会认可。

门店提供给客户家居产品，一定是功能性产品。这类产品的效果明显，客户购买欲望和购买率会更高一些。所以，门店要想把这个板块做好，在做消耗的同时要反复地做引导，做观念植入。

第八，新客户与老客户的关系。所有的老客户都由新客户演变而来的，在我们的咨询统计中，美业加盟店每年大约10%的老客户可能会流失。客户可能出国、生孩子、搬迁或者其他特殊的情况，总之这样的流动性会带来大约10%的客户流失。

所以，美业门店一定要有新鲜的血液，有新客户才有生机。如果老客户流失，新客户也没有增加，业绩就没有保障。

第九，会员卡与疗程卡的关系。客户来到门店，对门店不了解，可能会买单次卡或短期疗程卡，先体验或先做某一个单项疗程。而会员卡的功能就丰富了，可以做客户的福利，做客情维护；也可以用来经营客户，做卡项升单。这就是会员卡和疗程卡的区别。

第十，指定客与轮盘的关系。什么叫指定客？就是客户指定某个员工来做服务。轮盘是什么？打个比方，客户今天到店是小李做的护理，下次到店是小王来做，再下一次小张为客户服务。这样会产生什么弊端呢？同样的项目，可能客户体验不一样。手法、轻重、力度都不同，会让客户反感乃至没有安全感，体验效果打折。如果小李在实操时做了销售铺垫，下次小张也做了铺垫，但在小王做服务时成交了，这个业绩应该算谁的呢？

美业门店要深耕客户管理，这也是美业存量超级转化的核心内容，因此要想办法把轮盘变成指定客。

门店系统性经营离不开数据看盘，通过分析数据之间的因果关系，无论是客户管理，还是标准流程，当门店提供极致化服务、建立数据系统，业绩倍增是必然的结果。

无论是新美业门店，还是传统型门店，不论是单店，还是连锁店，在运营管理上，通过数据看盘，透视问题，依据数据分析问题、诊断问题、做经营决策才是最先进的管理方式。各位美业老板和店长请谨记：无数据，不分析；无数据，不诊断。

第九节　存量转化厘清沉睡客

激活沉睡客，让客户再次产生需求，并第一时间找到门店，是做存量转化的重要内容。

在获客成本越来越高的今天，随意放弃那些比较精准的客户，再花费人力、物力从人海中筛选潜在客户意味着极大的浪费。因此，激活沉睡客，让客户再次产生需求，并第一时间找到门店，是做存量转化的重要内容。

客户是门店的生命之源、业绩之源，所以美业门店必须要做好客户管理。想要激活沉睡客，就要清楚什么样的客户是沉睡客，为什么会出现沉睡客。只有清楚原因，我们才能对症激活。

沉睡客顾名思义就是一段时间内处于某种不活动的状态。客户不活动，对门店来讲就是不到店，不来消费。对门店来说没有实耗，无法升单，久而久之客户就流失了。如果这类客户占比过多并持续下去，门店早晚关门大吉。所以，必须要防止沉睡客的产生。

什么是沉睡客呢？在张晨美业的咨询体系中，我们给美业门店按照客户单位时间内到店率划分四类，分别是活跃客、有效客户、半休眠客户和休眠客户（见前文第四章）。

当然划分标准不是一成不变的，要根据环境和门店具体情况来划分。比如经济形势比较低迷的阶段，半休眠客就可以从 3 个月未进店改为 6 个月未进店。有的门店如果活跃客户和有效客户占比较少，那么划到半休眠和休眠类的客户就比较多，因此客户类型要针对门店实际情况来划分。

总之，激活沉睡客，先要根据门店的客户情况，确定划分沉睡客的标准，然后按照这个标准盘点客户，按照到店频率高低盘点出沉睡客数量，然后进行下一步行动。

第十节 找出客户沉睡的"元凶"

一根吸管就可以引发客户流失，所以服务细节和流程的打磨，门店必须重视。

美业门店都不希望自己的客户变成"睡美人"，如果"睡美人"客户太多，绝对不是好现象，要及时分析原因，制定激活措施。

在美业门店，客户到店消费的动因主要是由效果驱动，客户要达到某个效果，门店提供了某个效果的服务，并且这个服务价格和体验是客户愿意接受和认可的。如果出现客户办卡却长时间不来店消费，那么美业门店要及时分析原因并找到解决办法。

第一，出现了高价格、低质量项目。项目的价格很高，但是服务质量不高，所以客户不来店了。

第二，销售频率过高。不是所有的客户都喜欢参加促销活动，活动太多、太频繁，会让客户觉得都是套路，很反感。

第三，让客户产生过高的期望值。在销售或铺垫过程中让客户产生较高的期待，客户消费体验后没有达到客户的期望值，那么客户自然就不来店了。

第四，预约体制不完善。预约做得不到位，甚至有的门店压根不知道怎么预约，客户管理不合理，也会产生沉睡客。

第五，同质化竞争严重。同质化的商品太多，打价格战。

第六，客户的消费习惯。在销售和服务过程中是否给客户传递放心文化。包括店内环境卫生甚至店内的氛围、文化，员工回答问题的技巧以及销售的方式等都会导致客户的信任消失，不再到店，成为沉睡客。所以，激活沉睡客要先找到沉睡的核心原因。

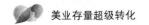

1.服务初心变了

门店对客户的服务初心变了，做不到对每位客户都平等对待，导致门店客户流失。

2.服务不到位

服务和气氛是客户的第一感受。服务过程中如果出现问题不加以改正，长此以往，客户必然会流失。有个吸管案例，有家门店的客户到店体验，员工给客户的水杯放了支吸管，客户当时告知服务人员，不需要吸管，以后来店倒水也不要放置吸管。为其服务的员工得知后，表示记下了，下次不会放置吸管。但是客户之后再进店，发现递给她的水杯仍然有吸管，她再次强调不需要吸管，员工同样表示，记下了，下次不会。没过多久，她再次到店，没想到服务人员还是递过来带着吸管的水杯。客户的情绪直接被点燃，说："你家什么服务水准，说了多少次，不要在水杯放吸管，每次都承诺下次不会放，下次来了还是放吸管。不好意思，我不需要吸管，连喝水和服务都不需要了，因为我的需求没有被你们尊重，所以今后我也没有必要非在你们店做项目。"这个案例告诉我们，一根吸管就可以引发客户流失，所以服务细节和流程的打磨，门店必须重视。

3.技术不到位

技术不到位是客户流失最根本的原因。对客户来讲，身体舒服是首要的，其次是对美容师的手法产生依赖和技术的信任。有时候客户不是不认可另一个美容师的手法，而是习惯了先前美容师的技术和手法，突然换别的美容师，会有一种不适感。

4.专业知识积累不够

员工专业知识积累不够，不能给客户带来专业的解答，销售升单就会非常困难。比如，面部皮肤的结构，分为表皮层、真皮层和皮下组织。表皮层又分为角质层、颗粒层、透明层、有机层和基底层。这些都是员工必须掌握的专业知识。虽然员工不是医生，但是最起码的皮肤学知识是应该了解的。当门店的员工能把这些专业点脱口而出时，相信客户一定会为这份专业感买单。

5.美容师的说话方式

美容师和客户聊天时要注意，客户不会无缘无故地去问问题，往往带着目的性。要及时探知到客户的目的：是对新项目感兴趣想了解一下，还是对某个项目有期待想尝试，是对产品性能不了解，想得到专业解答。所以，美容师要仔细分辨，有技巧地回答问题，升单的秘密也许就埋藏在回答问题的技巧上。当然，如果美容师没有注意客户问题背后的需求和目的，不仅会错过升单机会，还可能会让客户觉得沟通不畅，导致客户流失。

6.不清楚客户的消费习惯

根据客户的消费习惯或喜好来进行消费。有的客户喜欢购买优惠产品；有的客户一年充值一次两次，消费完了再充值，不喜欢员工频繁促销；有的客户固定使用某款产品或做某项护理，因此想要获得客户的好感、有方向地努力，就必须了解客户的消费习惯。

7.门店没有营造放心文化

美业门店的客户一般女性居多，女人天生需要安全感，所以她们对产品的安全性更在意。店内产品是否具有相关证书、检测报告，店内营业执照、卫生许可证是否齐全，店内对日用品之类是否进行一客一洗一换一消毒，杯子、拖鞋、毛巾等是否一客一换。如果都做到位，我们可以拍照上传朋友圈宣传造势，让客户知道门店管理的规范化和标准化，从而信任我们，放心消费。

8.对客户的关注度不够

经济条件好的客户，自带优越感，因此要提高对客户的关注度。客户如果发现门店从店长、销售顾问到美容师，都对客户没那么礼貌热情，客户会觉得没有享受到 VIP 待遇，从而产生不满。

9.美容师的形象问题

美容师直接接触客户，尤其要注意形象。这个形象不仅是专业的谈吐和手法，还包括整洁的仪表。夏天天气热，如果有体味要注意，涂抹一些止汗液。在店内工作时，不要穿拖鞋，因为穿拖鞋、皮鞋，夏天容易产生味道。每天勤洗澡、勤洗头、勤剪指甲等。如果门店不在意细节，而对手在意了，我们不仅会流失一个在意细节的客户，还会送给对手一个客户。

10.做有文化美业门店

美业老板要有打造企业文化的意识，企业文化包括店名、经营理念及在当地的影响力等，美业老板想把门店做成什么样子？在门店的文化塑造上完全可以体现。我们给咨询辅导的门店强调打造"三养"文化，即养型、养颜、养生。养型是塑造女人形体抗衰系统，养颜是建立肌肤的逆龄抗衰系统，养生是打造健康身心系统。在门店形象识别和店内管理日常中，要把"三养"文化融入其中，不断给客户做视觉和理念植入，这样无论是升单还是增项，最后水到渠成。简而言之，店内文化就是要让客户在店内消费体验服务时，清楚地知道自己来到店里能得到什么样的效果。

第十一节　激活沉睡客的行动计划和跟踪策略

追踪沉睡客有时真的挺枯燥的，每天重复一件事情，还不知道能否有结果，很容易产生厌烦心理。但必须扎实去做，追踪才会有好的结果。

激活沉睡客，首先要对沉睡客进行分类，梳理沉睡客形成的原因，然后盘点沉睡客，并针对沉睡客制定相应的激活措施。

1.沉睡客行动计划之一：沉睡客盘点表

这里需要运用两张表，第一张表单是沉睡客盘点表，第二张是沉睡客追踪表。

沉睡客盘点表需要盘点什么？

第一栏是序号，可以一目了然看到沉睡客有多少。

第二栏是客户姓名栏。

第三栏是资产，资产等级在行动计划表中做过详细说明。

接下来是电话、最后一次进店的时间、剩余项目、剩余金额、店内熟悉人（比如熟悉客户的是店长、顾问还是美容师）等。重点要列出流失原因，客户是搬迁了，还是有其他情况不方便继续到店，或者是对店内服务不满意导致不到店等，要把客户不到店的原因调查清楚（见表 6-1）。

表 6-1 沉睡客盘点表

×××美业门店沉睡客盘点表										
序号	客户姓名	资产	电话	最近一次进店时间	剩余项目	剩余金额	店内熟悉人	流失原因	激活负责人	解决对策
1										
2										
3										
⋮										

沉睡客盘点完成之后，交给激活负责任人，不着急写出解决方案，我们先定格在前八项里。

步骤一：通用话术的使用。

比如，有位客户，A 项目剩 4 次，B 项目剩 2 次，C 项目剩 5 次，剩余金额共计 3 000 元。接下来我们要用到一段话术。

通用话术：

姐姐您好，我看了一下您在我们店内的档案，您已经有 ×× 天没有来我们店里做护理了，卡内还有 ××× 项目。您还做不做呀？

如果做的话您要在×月×日之前来店内签字。因为产品即将过期，我们要与厂家申请调换，但是必须本人签字才行。

如果您不做的话可以等价换成店内其他项目。您看一下什么时间方便来店，稍后我会给您发一条短信，看完之后安排好时间过来。

这段通用话术明确了给客户发信息的原因，客户不会当成骚扰信息。有的门店员工问我："张老师，万一把客户激活了，客户来找我退款怎么办？"会不会有这种情况呢？有，但可能微乎其微。如果门店的客情好，退卡可能性就小；门店客情如果很糟糕，那么一定会有退卡的情况。

如果遇到客户来退款，我们也有争取留客的机会。

留客话术：

姐姐您过去也参与了我们家×××的福利（或者您购买的本身就是特价项目、特价疗程），而且产品都已经过期了。

现在因为产品开封了，如果您实在不能来做的话，那我把产品给您做×××置换（置换方式可以备用多种）可不可以？

话术最主要的核心还是要看激活执行人的灵活运用程度。

步骤二：沉睡客到店或者到店前的短信跟踪。

话术：

姐，请您于××号到店。

可以直接发短信或打电话提醒都可以。

紧接着的话术：

姐姐，请您于××月××日前到店申请调换产品，也可以咨询顾问，等值兑换您喜欢的项目产品，××美容会所欢迎您的光临。

沉睡客到店时要签一个激活确认单，用话术短信里提到的产品做等价调换，客户到店要让其签字确认。这个调换流程增加了客户和门店的接触。在这个过程中，门店员工要适时提示客户："姐姐，每人仅限申请一次，调换后的产品需要在××月××日前使用完毕，我会按期提示您到店使用，放心姐。"这个提示很有必要，客户会觉得你想得很周到。

总之，表格和话术我们要使用起来，提升客户的到店率。是不是所有沉睡客都会到店？并不是。所以，接下来要用到第二张表格，叫沉睡客追踪表。

2.沉睡客行动计划之二沉睡客追踪表

沉睡客追踪表和沉睡客盘点表大体相同，序号、客户姓名、电话、剩余项目、余额和最后一次到店时间是保留列，区别是沉睡客追踪表后面把一个月内的日期排出来了（见表6-2）。

表6-2 沉睡客追踪表

序号	客户姓名	电话	剩余项目	余额	最后一次到店时间	日期								
						1	2	3	4	5	6	…	30	31
1														
2														
⋮														

如果在某天，给客户打了电话，就在当天日期画个三角符号；如果发了信息，可以画个圆圈符号；如果客户有回复，就在下面备注上文字。

操作很具体，一定要安排人持续性跟进，追踪才能有结果，而不是表格下发了，把数据写出来，就不了了之。追踪沉睡客有时挺枯燥的，每天重复一件事情，还不知道能否有结果，很容易产生厌烦心理。但必须扎实去做，追踪才会有好的结果。

前两年，我们辅导过一家门店，门店要做沉睡客激活，头脑活络的员工都不愿意干这个事情，然后有一个女孩儿说我来吧。之后，她就挨个给客户打电话。打电话之前，她先分析哪个客户消费得多；打电话不接、发信息不回的，她就问曾经服务过的人，客户有什么兴趣爱好，客户家在哪里，准备亲自上门拜访。

追踪这些沉睡客时，她了解到有位客户每天早上都会在小区跑步。为了找到这个客户，女孩儿天天跑步，坚持了一周，她没有碰到客户，就给客户发一条信息说："姐姐，说实话我干了一件非常好笑的事情，我为了能再次获得您回门店的机会，我去堵了您一个星期，我发现您并没有跑步，我想知道您是不跑步了，还是真的遇到了什么事情？"

客户真回了信息："唉，你这小姑娘真有意思。确实我母亲出车祸了，我不喜欢你们每天打扰我。"门店的女孩儿赶紧抓住机会说："姐姐，正好我在门店当学徒，我没啥事儿，要不您让我练练手呗？"于是她就自己买店里的产品到客户家，给客户做护理，后来和客户姐姐处得非常好。

这个女孩成长得特别快，现在才二十岁出头，已经在广州管一家大型美业门店，年销售业绩在 1 500 万元以上。

从一张沉睡客追踪表到年销售业绩 1 500 万元以上的门店负责人，成长的背后是女孩儿的努力。

第十二节　沉睡客的激活方案

成功的话术魅力在于逻辑严密。

沉睡客盘点表和追踪表可以帮助美业门店解决客户到店问题。沉睡客到店之后更是重头戏，因为激活沉睡客的目的不仅限于到店，而是让沉睡客不沉睡，要产生消费，成为有效客乃至活跃客，后续升单、有可能。因此，沉睡客到店后，要有配套的应对措施，在这里主要介绍沉睡客的激活方案。

沉睡客的激活方案主要有两种：一是做集中式店销，二是定期与沉睡客沟通。集中式店销建议以会销的方式去做更好，同时设立激活客户进店的配套奖励方式。这里我们主要介绍定期沟通激活方案。

要想激活沉睡客，可以发信息或打电话。当然，不是天天给客户发信息、打电话，而是定期。比如 5~7 天打一次电话或发一次信息。如果每天电话，会让客户觉得很烦，从而更不愿意到店。

上文中我们分析了产生沉睡客的因素和具体原因，比如可能是预约机制不完善导致客户长时间不到店，或者频繁销售出现了伤客的结果，可能是因为效果承诺过高让客户对项目效果不够满意，可能是因为距离问题客户不方便到店，有可能是美容师的技术手法舒适度的问题导致客户不到店。

最可怕的是，不知道是什么原因客户不到店，我们不妨采取对应话术试探激活客户。这些话术都来自实战积累，可操作性强。

预约不到位激活话术：

亲爱的 × 姐：您好，我是 ××× 美业门店的 ×××，您已经有 × 个月没进店了，不知道您是否还在生气，非常抱歉！

过去您多次没有预约成功，在这里真诚地和您道歉。未来我将是您的专属美容师，以后我会定期约您做护理，到时候您不要嫌我烦。

您还有 ×× 项目在我家店，您看您今天有没有空来做护理，想您的 ×××。

沉睡客盘点完之后要让店内的所有人一起逐个分析客户的流失原因，然后再进行分类，然后给出对应的激活话术，并在激活负责人中列明谁是具体负责人，前台、美容师、顾问或店长来做激活。

成功的话术魅力在于逻辑严密，首先，要和客户阐述事实，这个事实就是门店哪些服务不到位导致客户不到。其次，要了解客户现在的情绪，比如，不知道您是否还在生气，并且和客户真诚地道歉。再次，安抚客户，告诉客户未来由谁来负责服务，指定专人，给到客户安全感。最后，服务承诺："以后我会定期约您，您到时候不要嫌我烦，提前打好预防针，然后再做预约。"上面提到的几大因素导致的沉睡客，在激活话术上都离不开这几个核心逻辑。

销售频繁伤客激活话术：

亲爱的某某姐，您好！您已经很久没来店了。知道您过去非常不喜欢我们的销售方式，现在我们门店的整体服务理念都在调整，一切以客户的效果为导向，客户愿意购买有需求，我们才会和您分享。希望您给我们一个进步的机会。谢谢您！同时希望您能够再次进店，您在我们家还有××项目，今天有没有时间护理？还是非常期待您的到来。

如果发微信或者打电话给客户的是客户非常熟悉的美容师，美容师的话术可以更丰富一些。

承诺效果程度过高激活话术：

亲爱的×姐，您已经很久没到店了。如果您有空的话，期待您常来做护理。我们现在各板块都在提升，希望您见证我们的成长变化。一个好的项目效果一定是双方配合的结果。接下来我会严格要求自己，对您花的每一分钱负责。您在我们家还有×××项目？希望您能再给我一次机会，为了感谢您多年的信任，您看今天有没有时间来做护理？

客户搬家距离远不到店的激活话术：

某姐，您在我们家有××项目。您搬家后离这挺远的，但还是希望您有空来这边玩的时候可以过来做护理。您看哪天有时间给我发信息，想念您的×××。

因为距离长期不进店的客户，只定期联系，不做重点跟踪也行。如果频繁跟踪，可能会引起客户反感，退订护理，这就搬起石头砸了自己的脚了。

手法舒适度客户不满意激活话术：

×姐，您好！我是××美业门店的×××，不知道您是否还在生气。过去您对我们的××项目手法不满意，在这里和您道歉，我知道您特别喜欢我们家的×××项目。

在整个环节中，话术要呈现到位，让客户拥有安全感。

不知道客户为何得不到店的，可以按照这套话术定期联系。

不明原因不到店激活话术：

×姐您好，您有×××天没进店做护理了？不知道您到底是什么原因不进店，我在这里真诚地和您道个歉！如果说我们哪里做得不好，希望您能跟我说，要不然我都不知道我哪里做得不好，这样的话我都没有办法进步了，需要您给我一个进步的机会。如果是我的原因，请一定第一时间告诉我，谢谢您。您在我们家还有××项目？您今天有空过来做护理吗？

以上话术基本上可以解决客户不到店的问题。当然，如果是门店基础方面的问题，比如手法、环境、卫生等方面，则要内部整改想办法解决。

怎样才算是激活？6个月以上没有进店的客户，梳理之后分配给美容师接管，成功邀约进店，并且2个月内进店3次及以上，成为指定客；或者6个月以上未进店的客户，1个月内进店至少2次。达到这两个标准中的任意一个，就可以算成功激活。美业门店也可以根据门店实际情况制定自己的激活标准。按照这个标准，门店可以设置配套的奖励，激励员工多做激活，做好激活，毕竟激活成本要比拓客成本低很多。

第十三节　五步法预防沉睡客计划

弄清楚沉睡客为什么沉睡，在哪个点上产生沉睡客，就把奖励机制倾斜到哪个点上。

所有美业门店都希望客户到店率能够节节攀升，那就需要防止产生沉睡客，把沉睡客产生的因素消灭。

在做沉睡客防范计划前，先要了解哪些客户有沉睡风险，这类客户被统称为风险客。

可以从到店率、消费能力、客户满意度三个维度排查。

按季度，近三个月到店小于近一年平均每个月的到店次数；按月看，上月的到店次数小于上上个月的到店次数；按周看，反预约未成功的。

消费频率：近一个月的消费金额小于近三个月平均消费金额。

满意度方面：客户有不满意的评价（见表6-3）。

表6-3　风险客排查指标

周期	到店率	消费能力	客户满意度
季度	近三个月到店小于近一年平均每个月的到店次数	近一个月的消费金额小于近三个月月平均消费金额	客户有不满意的评价
月度	上月的到店次数小于上上个月的到店次数		
周	反预约未成功的		

如果门店对客户满意度没有调查，怎么可能知道客户是否满意呢？所以，在做防范计划前先要做调查，要想做好潜在风险流失客户的盘点，可以利用表格进行汇总（见表6-4）。

表6-4　潜在风险流失客户盘点表

序号	客户姓名	客户等级	客户余额	潜在睡眠客户			已睡眠客户	上次到店时间	责任人	原因
				到店率下降	消费率下降	满意度下降				
1										
2										
3										
⋮										

序号方便查看客户数量，确定客户的等级是A级、B级还是C级，建议从消费能力划分客户等级，且余额不是现金余额而是项目余额。

到店率下降：近三个月内如果都没有消费记录，但是三个月之前是有消费的，证明客户对门店的满意度下降，此类客户可以归为潜在沉睡客。如果客户直接发信息或者和店长沟通要求下次更换服务员工，表明满意度下降，把这类客户归为潜在沉睡客的同时，门店要排查客户不满意的原因，尽快整改，然后来要针对潜在沉睡客制订防范计划。

步骤一：美容师要在服务当日做好下次护理预约。同样用表格统计，这也是美容师在日常服务中要做的（见表6-5）。

表6-5　服务当日反预约

时间节点	关键策略	责任人	监督人	参考话术
服务当日	床头反预约前台反预约	美容师	顾问或小组长	床头的预约话术："小姐姐／小仙女，今天护理结束，您对我的服务是否满意？不满意的话，一定要指出来；满意的话，请给我一个五星好评。对了，下次护理时间，还给您安排下周这个时间可以吗？养成护理习惯很重要。我先帮您约着，如果临时有事，我们再重新预约。"

美业门店可以结合实际情况整理自己的话术，关键是要在服务当日做好床头预约和前台预约。责任人就是美容师，做好床前预约，监督人是门店顾问或小组长。

可以在客户到达前台的时候再次预约，包括顾问在二次咨询的时候，可以提到反预约这个步骤。

步骤二：美容师服务当日做好回访服务（见表6-6）。

表6-6　服务当日回访

时间节点	关键策略	责任人	监督人	参考话术
服务当日	项目秘现反应回访，注意事项，温馨提示等	美容师	顾问或小组长	已预约："姐姐／小姐姐，您好！今天给您做的是背部，那么通过升阳气、通经络、排毒素，疏通后身体会有酸痛的感觉是正常的，建议您5天后再来巩固疏通保持的效果会更好。如果您有任何问题，随时和我联系，祝您天天好心情。您的专属健康美容师×××。"

介绍"137"法则的时候，我们讲到当天要给客户发回访短信，回访短信要有注意事项以及下次预约时间。责任人一样是美容师，监督是顾问或小组长。参考话术可以是当天做完护理的5分钟以内，我们称之为5分钟话术。

步骤三：美容师服务第5天提醒。

第5天提醒：关键策略中包括提醒到店、项目或者产品的回访、预约到店护理等。责任人仍然是美容师，监督人是顾问或小组长（见表6-7）。

表6-7　服务第5天提醒

时间节点	关键策略	责任人	监督人	参考话术
服务第5天提醒	提醒到店，项目或产品回访，预约到店护理	美容师	顾问或小组长	已预约："姐姐/小姐姐，后天14：30就是您的护理时间，我会提前准备好房间等候您哦，不见不散。您的专属健康美容师×××。"

我们想要让一个客户不沉睡，要做的动作有很多，包括不断地短信邀约、追踪。

步骤四：第7天预警（见表6-8）。

表6-8　服务第7天预警

时间节点	关键策略	责任人	监督人	参考话术
服务第7天预警	店长重点关注并督促责任美容师主动预约跟进	美容师	顾问或店长	未预约："姐姐/小姐姐，您项目已经到了护理时间，您这两天什么时间方便，明天还是后天，我帮您提前预约时间。您的专属健康美容师×××。"

店长重点关注并且监督责任美容师的跟进，顾问或店长是监督人。

如果一个客户正常7天不进店，说明客户可能在门店不是为了效果而买单，有可能只是来做一下体验。

步骤五：全体 10 天攻坚计划（见表 6-9）。

表 6-9 全体 10 天攻坚计划

时间节点	关键策略	责任人	监督人	参考话术
10 天攻坚战	针对客户情况，针对性地制定到店策略	美容师＋小组长或顾问	顾问或店长	1. 新项目体验 2. 项目置换 3. 魔法时间到店礼 4. 美丽全勤奖

10 天攻坚战的关键策略是针对客群制定到店策略。比如，新项目的体验、项目置换、魔法时间到店礼或者美丽全勤奖等，这些内容都是为配合门店所制定的方案和策略。

其实完成这五个步骤，沉睡客激活的关键步骤基本包含在内。大家可能也发现，核心点其实就是反预约，反预约做到位，客户不会沉睡。即使客户沉睡，我们也能知道原因。因为当客户拒绝预约的时候，就已经出现问题了。问题出现，当下解决是第一位的。拖延 3 个月甚至是 6 个月客户不到店再去预约，再去排查，可能客户已经流失，转而到其他门店办卡了。

这里再补充一个建议，如果有沉睡客，激活动作尽量不要交给学徒和 C 级美容师来做，尽量交给有经验的员工来做。另一个核心问题是，激活沉睡客，门店必须制定好沉睡客激活的奖励机制、方案。制定好方案，就做邀约，弄清楚沉睡客为什么沉睡，在哪个点上产生沉睡客，然后把奖励机制倾斜到哪个点上。

此外，想要门店客户不沉睡，老板或店长必须每天关注所有进店的客户数，每月盘点所有到店的人数，只要到店率下降，消费力下降，满意度下降，就立马行动。

第七章

存量超级转化：业绩为果系统

许多美业门店管理者都在向员工传递业绩为王的理念，并且用业绩的高低决定薪资水平，业绩不好的员工甚至被开除。于是，员工非常自然地将"服务客户"与"销售产品或服务"画上等号。在这种管理理念下，员工为了追求业绩，将业绩之前应有的"动作"变形使用或简配使用，导致出现伤客、客户流失，业绩坍塌、门店经营难以为继的恶性循环。

美业门店追求业绩为王的理念没有错，开门迎客做生意，最终追求的是业绩长虹。所谓"君子爱财，取之有道"，这个"道"就是实现业绩长虹的前提。所以说，业绩不是靠倒逼员工简配服务、变形"动作"折腾出来的，而是需要依靠一套系统流畅的销售动作来达成的。

第一节　规划业绩的铺垫期

在成交过程中，美容师或顾问虽然要以实现成交为目的，但是不可奢望客户会在一开始就做出全盘的购买决定。

美业门店业绩稳定必然有稳定的销售体系，针对销售环节做好预案，做好执行，整套动作下来，对存量客户的转化能达到 80% 以上，每个月不用东奔西走，不用拓客，月度、年度目标基本上可以稳定实现。

客户在做出成交决定之前往往会从多个方面进行综合考虑，既要考虑自身的重要需求，也要考虑产品的一系列具体情况。因此，在成交过程中，美容师或顾问虽然要以实现成交为目的，但是不可奢望客户会在一开始就做出全盘的购买决定，而要根据客户的需求以及客户的具体反应迅速理顺销售头绪，然后针对销售过程中可能遇到的具体问题逐个击破。理顺销售头绪，是销售人员需要掌握的一项基本技能。

当我们在头脑中对具体的销售活动进行清晰的规划之后，就要在实际销售活动中进行层层铺垫，然后引导客户实现交易。铺垫往往是成交的开始，如果把成交看作一个过程，那么铺垫实际上是一个动作重复执行的时间集合，我们称之为铺垫期。

铺垫什么呢？

对上一个项目的铺垫，对员工的铺垫，对员工的满意度的铺垫。

铺垫怎么做呢？

第一，了解客户的满意度。对门店的满意度，对服务人员的满意度，对项目的效果的满意度。

第二，要找到客户的真正需求。客户对此次项目认不认可？如果对项目认可，美容师要引导客户其他需要待改善的问题。

如果没有了解客户的需求怎么办？那么就找出客户有什么待解决的问题。这个过程叫开发问题。

怎么开发？

对客户做观念引导，用案例分析。比如，长期长痘的客户用过多种方法调理痘痘问题，但是收效甚微，这是不是客户的需求点？

针对这个需求点，门店有没有合适的项目？

有适合的项目，就要给客户做新一轮的观念植入，引导新一轮的项目铺垫。

第三，让铺垫程度达到80%。

第一步，用专业知识分析形成的原因。

以口腔溃疡为例，用专业知识分析口腔溃疡形成的原因。从中医角度看，内火大，脾开窍于唇，容易咬到口舌，口舌也容易生疮。客户会觉得奇怪，火大口舌生疮可以理解，怎么会咬到口舌？脾主运化五谷精微和水湿，因为脾虚水湿代谢不掉，肌肉会开始松弛，所以吃饭的时候就容易咬到舌头。这个分析拓展了客户的认知，以专业角度切入和表述，赢得了客户的信任。分析完后再举例说明，进一步印证，这个过程叫有理有据，可以让客户信服。

顾问："姐，您知道吗？之前我们家有一位客户，和您的年龄相仿，症状基本一样，就是用了×××项目调理的，大概用了×××时间，现在有十分大的改善。"

通过别人的案例给客户分析，根据客户的问题确定适合客户的项目，这样销售往往容易达成。

第二步，关注铺垫动作完成后的客户反馈。

铺垫动作完成后，如果客户问多少钱，问"如果我的脸做了可以达到什么样的效果"等此类的问题时，基本可以判定这个客户对铺垫的项目是感兴趣的。这个时候我们要假设性地成交，要卖体验卡或者是确定体验的时间了。

美容师："姐，要不这样吧，我跟顾问沟通一下。看一下给您安排什么时间节点做这个什么项目效果最好，我给您咨询一下好不好？"

　　然后美容师出去和顾问做交接，然后配合做销售，这是铺垫期的核心内容。

　　根据客户需求明确项目，说明项目的原理和效果，确定销售铺垫的程度，然后假设性地成交，看客户的反馈，如果铺垫体验卡就敲定体验时间，这是铺垫期的流程。

第二节　规划业绩的销售期

　　让客户快速做出成交决定往往很难，而让客户认同其中的每一个组成部分则相对简单许多。

　　某美业老板的门店处于深圳华为总部旁边，地理位置优越。她本人参加线下学习之后带着员工组团来线下学习营销手段。在分享学习感言时，她认为业绩营销流程梳理后，自己的思路更加清晰了，对于做业绩更有信心和把握。

　　通常，在实际的销售活动中，美容师和顾问应该首先使客户认同自己的产品或服务，这是需要做好的第一层铺垫。如果客户认为自己根本没有这方面的需求，那么其他步骤将无法进行下去。在认同需求的基础之上，需要一步一步地引导客户认同本项目或服务所具有的各项优势，并且通过具体的询问和相应的应对技巧化解客户的不满与疑虑。

　　在铺垫期，如果铺垫达到了80%，接下来就要确定什么时间开始做销售。

　　首先，确定客户的到店时间。

　　其次，每天夕会对第二天到店客户的销售计划进行分析演练。

夕会环节，店长或顾问带着美容师商讨第二天到店客户的销售计划。比如，客户明天要来门店，客户来了怎么配合对她进行销售，抗拒点会是什么？到了早上晨会的时候再进行情景演练。从接待、咨询、铺垫到销售整个流程，夕会上已经练过一轮，早上再走一轮，成交的概率会高一点。

美容师、顾问、店长三条工作线路的岗位，三线配合话术不要有漏洞，每个流程谁该说什么，谁该做什么，都做好配合。

举个例子：顾问知道一位客户有些反感店长，顾问进房间做铺垫，做沟通引导，然后顾问在门口说了一句："店长，张姐刚刚已经订了×××疗程，待会儿麻烦您帮张姐再确认一下，这个方案是否需要微调。"这个顾问的情商很高，为了帮助店长树立专业形象，顾问临时增加了这个动作，和店长之间打了一个配合，给客户营造出门店对客户疗程卡项的设计认真、仔细、负责的印象。

第四，确定客户购买的满意度。

店长主动询问客户是否满意，倾听客户的反馈，确认客户对本次消费的满意度。

将成交目标进行合理分解，然后逐层铺垫，最后分段实现各级目标的方法，在实际的成交过程中常常被很多经验丰富的优秀美容师和顾问所采用，而且无数实践都证明这种方法对于促进成交极为有效。总之，销售活动中的每个步骤或每个环节都是实现成交过程中的重要组成部分，让客户快速做出成交决定往往很难，而让客户认同其中的每一个组成部分则相对简单许多。因此，美容师或顾问可以让客户就交易的各个组成部分一一做出积极的决定，或者对交易的各个环节持以肯定态度，如此层层铺垫、步步引导，最终会将客户引导到成交的目标上来。

第三节 规划业绩的效果跟进期

<u>及时关心会让客户觉得这个钱花得还挺值。</u>

销售动作结束之后要进入效果跟进，这是二次买单的前提。在此期间有三个重要措施：售后跟踪、到店效果引导、售后定期回访。

第一，售后跟踪。售出后，客户出现问题要及时解决。比如，秘现反应表及时给到客户，或者第二天通过短信、电话及时跟进，确定邀约客户下次到店时间。

第二，到店效果引导，确定客户最初购买项目以及对产品的需求。举个简单的例子，针对客户的皮肤缺水导致干燥起皮，做完护理客户离店后，美容师及时发信息问候。比如，有没有好一点？有没有什么变化？及时关心会让客户觉得这个钱花得还挺值，然后再进行专业的案例分享，加强客户的信心。

美容师："姐姐，一定要坚持，相信您做完疗程一个月效果会非常明显。我们客户张总和您的症状是一样的，她调理了一个月，每个星期来 1~2 次，有时候两三次，这个月跟我反馈，整个脸部干燥、起皮症状有明显的改善，效果真的非常好，您也要相信会有很好的效果。"

到店效果引导，必然要强调按照疗程规定频率到店做护理，以此来加速消耗。找出改善点，进行前后效果对比。对门店管理而言，到店效果引导的成功案例鼓励员工在微信群或者晨会中分享，提高员工做此项工作的积极性。

第三，售后定期回访，每天开夕会的时候带着员工做好售后跟进，也就是服务记录。客户的效果满意度可以一个季度做一次回访或者一个月做一次调查，以便及时了解客户护理效果。

第四节　规划业绩的感动期

美业门店要精心设置感动期，对所有客户在感动期送上独特的感动内容，对个别客户制定可操作和效果强的感动内容，对门店业绩大有裨益。

我们可以定期给客户提供感动服务，每年最少一次。

特殊的节假日做感动服务，特殊的时期做感动服务。比如，在生日、纪念日、生理周期等特殊时期做感动服务。客户的饮食、爱好有哪些需要注意的，比如有的客户对姜的味道敏感，如果赶上在生理期做面部护理，给客户煮姜糖水就不太合适，这时换成红糖水则比较合适，这是在力所能及的范围内给客户的特殊帮助。

找出可以给客户做感动服务的特殊日子，比如春节、情人节、女神节、母亲节、端午节、七夕节、中秋节、平安夜等。

做感动服务可以采用打分制，评估一年内这项工作做得是否完善。比如，门店针对哪些节日和关键时刻，给客户做过感动服务？给门店打分，一个节日打10分，全年做了10个，就打100分。如果一个感动服务都没有做，评估下客户和门店的关系，是否做过比感动服务更好的服务。

全民节日，店内所有员工给客户的短信祝福，可以设置模板，节前统一发给员工使用。我的咨询学员里有位陈总，每年端午节前夕，她都会安排门店的店长带着员工给客户逐一送粽子。她说："我们能在节日的特殊时刻（新冠疫情期间）给客户一份关心，未来在一些时刻客户就会在第一时间想到我们。"我相信，这个门店不会被客户遗忘。

感动期可以借用节日、生日、活动等特殊时机和场合，也有发生在非感动期但是采取感动客户的做法，成功挽回客户的案例。

背景介绍：梅姐在门店的一次活动中购买了一张养生卡，做了一段时间感觉这个项目没有效果很生气，很久都没再到店，这次她是要求退卡而进店。

在之前的客户分析会上，店长和美容师注意到梅姐的情况，她们决定做一次感动服务让梅姐重新信任门店。

她们首先综合分析了客户情况，然后采取相应的办法制定感动内容。

①梅姐的身体状况：腰酸腰痛，胃痛，喜欢吃苹果。

②感动内容：为客户设置了一个今天到店要做的全效护理方案，由前台店长亲自接待，详细讲解今天要做的护理。

客户当时很生气，对谁都很凶。美容师一直微笑陪伴，蹲下为客户换鞋，搀扶其上楼梯。进房间后另一位员工端来一碗亲自做的苹果罐头。

护理完后美容师送上 1 个手工缝制的盐袋让梅姐回去敷腰部，并且对梅姐说："亲爱的梅姐，在过往的日子里，我真的感觉到十分的愧疚，因为常常怀疑现在的工作是否能够一直继续下去，所以缺少了对工作的热心，没有呵护好您的身心。当前段时间参加了一个感恩培训后才发现，我现在的事业很值得坚守一生。只有照顾好每一个来到我身边的客户才会让我变成一个幸福成功的人，所以从现在开始，我要真正地对您的健康和身心负责。希望通过我的服务能够让梅姐您一辈子美丽、健康、幸福！感谢您一直以来对我的包容，未来我一定会用心报答您的。"

③感动后续：梅姐吃着苹果罐头流下了感动的眼泪，抱着美容师感谢了很久，说以后一定只找你做护理，当天就约好下一次到店时间，并且下楼后对所有人都非常客气，再也没有提退卡的事情。

这个案例非常经典，全面分析客户情况，有详尽调查；有研究应对方案，制定感动内容，有过程分析；店长亲自讲解全效护理方案，有重点部署；面对客户带着火气的沟通，美容师全程微笑，蹲式服务，搀扶上楼，有态度，有尊重；护理前的苹果罐头，护理后的手工盐袋，有配合、有呵护、有关爱；护理后，美容师和客户的交心剖白，有对客户的尊重，有对工作的信仰。可以说，这个感动案例，重点全在护理之外，但确实是在一次到店护理过程中完成了转变。

由此可见，美业门店要精心设置感动期，对所有客户在感动期送上独特的感动内容，对个别客户制定可操作和效果强的感动内容，对门店业绩大有裨益。

第五节　规划业绩的问题期

如果被定位为铺垫期的客户，就坚决不能做销售动作；被定位为销售期的客户，三线岗位各自针对细节、效果、客情制定配合方案，实现全员业绩目标达成。

当客户有意见、有情绪时，我们要了解问题的根源是什么，然后快速、妥善地处理，保证客户满意，及时地补救客情，恢复客户的忠诚度。

1.在问题期要盘点客户、统计问题，制定解决方案

不要在同一个地方绊倒，开门做生意，对出现的问题一定要找共性。为什么总在同一个售后问题上出岔子？比如，前面讲到的吸管案例，看起来是客户几次三番给工作人员提出意见而没有改变，让客户感觉自己的意见没有被尊重。实际上，是门店在针对客户意见的管理机制上存在漏洞，不能第一时间快速反应并解决，使同一问题反复出现，从而失去客户。

这类情况也说明门店经营者从来没有意识到要针对问题进行盘点，分析原因，制定方案，制定门店的考核机制。

进行客户盘点，要查看档案消费记录、到店频率，开会对客户逐一分析，罗列是否有伤害客情的动作。根据客户的实际情况给客户进行定

位，制定三线合一的配合策略，从管理层到员工每一个人都要给客户做好定位。

如果被定位为铺垫期的客户，就坚决不能做销售动作；被定位为销售期的客户，三线岗位各自针对细节、效果、客情制定配合方案，实现全员业绩目标达成。如果客户一个月到店一次，则说明客情信任度相对较低，要找出原因，并制定跟进频率和方案。

回溯查看、检视、归因，是管理问题，还是服务问题；是效果问题，还是美容师手法问题；找到问题，先增加客户的到店率，提升客情，然后再考虑其他事项。

2.店长或顾问一定要帮助员工做客户分析

店长或顾问一定要帮助员工做客户分析，汇总情况后，教员工如何做铺垫、讲案例、讲别人的成果，然后从员工中找标杆，重点培养。

每天检查、跟踪、协助，工作到位，这些达成率低的客户慢慢地达成率就会提高。对于预约到店临时取消的客户，是不是要继续跟踪到位？当然跟踪。门店对美容师也要有要求，指定客户必须一个月到店2次甚至3次以上，否则客户就要改为非指定客，改为非指定客后，要更换美容师来跟踪。

六期业绩规划可以根据门店实际情况来制定，划定六期不适合可以先做三期管理，即铺垫期、销售期、红灯预警期。我们也可以先做好铺垫期，销售期的管理可以逐步细分。总之，不要急于求成。业绩分期管理，要从员工习惯养成抓起，然后再制定全员分期激励机制。

业绩规划的六期管理可以配合行动计划表，门店只要做一件事情：本月目标里全部都是销售期，把本月目标里的一些客户做好标注，比如没有疗程卡的本月目标作为铺垫期，设计下一次的疗程项目。

第六节　规划业绩的红灯预警期

如果客户处于红灯预警期，此时客户已经存在满意度下降，一定要尽快找到原因，并想办法提升客户的满意度。

什么是红灯预警期？比如，美容师对一位客户近两个月连续两次采取销售动作后，客户都未买单，这个时期就是红灯预警期。不买单，极有可能客户已经对门店销售人员和销售行为产生反感，红灯预警期不做补救措施，客户极大可能会流失。

如果经历了铺垫期、销售期，客户都不买单，一定要查找原因，反思销售过程中是否存在问题。这个时期要了解项目的规划以及搭配是否合适。要分析并列出客户卡内所剩的项目以及余额，把客户经常做的、不常做的、耗卡高的、耗卡低的、面部的、身体的项目进行捆绑，做私人定制。

如果客户处于红灯预警期，此时客户已经存在满意度下降的情况，一定要尽快找到原因，并想办法提升客户的满意度。

针对红灯预警期的客户，要思考调整方案，做好私人定制，制定激励方案；让美容师优化服务，使效果达到最大化，让项目的效果更快显现；要加快消耗，了解客户的喜好，选择适合的美容师，根据描述的特长给客户安排项目，搭配多人进行服务，使消耗最大化。

店长、顾问亲自跟进，客户满意后再进入铺垫期。

连续两个月销售动作两次或两次以上都不买单，要继续铺垫。

店长、顾问可以亲自打电话了解客户对现状的项目是否满意，铺垫销售目标，让客户开心；店长、顾问进房后亲自指导手法，让客户心里踏实，客户满意后，再重新进入铺垫期。

第七节　销冠的信仰来自哪里？

<u>经过十多年的磨炼，美业人的内心早已失去了负能量的生存之地。</u>

任何服务行业都离不开销售，经营美业门店也是如此。从老板到员工，各个岗位层级的工作内容都必然包含销售动作，要么是铺垫销售，要么是配合销售，要么是执行销售，要么是对销售结果负责，因为销售业绩关乎门店存亡。

为什么很多人不敢做销售，因为怕和客户打交道，怕完不成销售业绩，胆怯、压力都可能成为不敢做销售的直接原因。因为在这些员工的心里，没有一定要干销售的支撑点，这个支撑点的关键就在于理念是否贯通。梳理美业销售标准化流程，我们发现一件事情，销售工作要有信仰。

在行业会议上，有连锁美业老板问我："张老师，离婚的员工能用吗？"我的建议很明确："离婚的员工，尤其是女员工，用在合适的岗位能带来惊喜！因为有婚姻的磋磨，也有养家糊口的重担，离婚员工更珍惜工作岗位，有更强的赚钱欲望和学习动力，无论是在意识层面还是在执行层面都会进步更快。"

销售岗位就是这样，可以满足赚钱的欲望，极度锻炼人的抗打击能力，同时对情商、学习意识、专业能力和性格心态有极好的锻炼、打磨、提升作用。所以，干销售必须要有信仰，信仰就是强大自我的初心，没有信仰支撑，过程就只能是煎熬。当然，正向提升的回报也是超值的，所有行业岗位中，销售岗位的收入能排进前十。

销冠才能赚到更多的奖金，而成为销冠要有积极正面的思维。经常会处于负面意识中就是负能量比较多。假设今天一个客户不买单，负向能量的人倾向于抱怨："都跟单了一个多月了，好话说了一箩筐，为什么还不买单？"正能量的人倾向于反思："今天客户没有在我手里买单，我要检视一下自己，是哪里做得不到位，还是有其他原因我没注意到，没有让客户满意？"正向思维面对问题的人，永远是积极向上的。

很多进入美业十几年的同事，给我的启发和震撼非常大。美业人永远干劲十足，永远考虑的是让自己如何提升更多。经过十多年的磨炼，美业人的内心早已没有了负能量的生存之地。

希望美业人在思维上永远领先，我们的工作就是给客户带来美的享受，所以我们也要让自己美起来，外在内在都要美，做正能量满满的人。有本书叫《吸引力法则》，告诉我们当你内心充满美好的念头时，好事就会被吸引！所谓念念不忘必有回响就是这个意思吧。

如果人的内心充满负能量，情绪就会很低落，心情就会很差。这个时候没有客户，就会想着跳槽，人生之路就会越来越坎坷，因为客户都是靠积累的。

我曾经到过很多门店，这些门店的美容师的学历虽然都不太高，但是她们有自己的理想和目标，踏踏实实，兢兢业业，经过十年甚至是十几年的积累，有钱的、好说话的大客全在她们手里，每个月收入轻松过万元，工作生活很稳定。

第八节　销售的七个进阶流程

想要在销冠这条路上拿到结果，就必须聚焦美业门店所必备的技能，在专业手法、专注服务、专业销售上倾情投入。

销售是一项综合各项技巧和能力的工作，成熟的销售流程包含七个进阶流程。

第一阶段，吸引客户的注意力。在美业门店，员工服装统一让人觉得有精气神，妆容美丽让人觉得精致，自我介绍简单明了，并能触及对方的好奇心，这些都能成功吸引客户的注意力。

第二阶段，引起客户的兴趣。要活用专业知识，针对客户的身体状况说明产品的功效。比如说："姐姐，您知道吗？为什么我们很多人都会肩颈不舒服？为什么生完孩子的女人总会腰酸背痛？为什么很多女性朋友总是会说自己的睡眠不好？"把相关专业知识带到问题中，多用问句，引发客户探知答案的兴趣，自然将客户带入讨论。

第三阶段，让客户阐发联想。强调品项的特性："姐姐，您知道吗？我们家的背部少女金雕这套产品，客户做完整个疗程后拥有了少女背。"用照片以及在媒体上的广告宣传强调产品资料的安全性和效果，给客户保证。让客户查看实体产品："姐，您看一下，这是少女背的套盒和仪器，很多客户使用后的感觉就是两个字：完美！"

第四阶段，许诺，满足客户购买后的欲望。列出客户购买后的种种好处："姐姐，做完了少女背不仅可以让背部变薄，关键也可以让我们看起来年轻5~8岁，同时可以缓解腰酸背痛的这个症状，我们的客户王姐、李姐购买并使用这个项目之后，俩人状态可好了呢，几个疗程下来，肩背变薄了不少。女人只要肩背薄，就格外显年轻。"这个话术就是通过列举好处和其他客户的使用效果，让客户有愿景，有想法。

第五阶段，与同类产品进行比较。通过同类产品比较说明自身产品的优势，消除客户的疑虑和反对心理。

第六个阶段，增加客户购买的信心。通过公道的价格以及使用产品的安全性等，增加客户购买的信心。

第七个阶段，老带新做转介绍。进入成交时刻，其实我们和客户已经聊得很不错了，可以请客户做转介绍，介绍给自己的亲戚、朋友、闺密等。

很多美业销售都有自己的销售方式和方法。想要在销冠这条路上成功，就必须聚焦美业门店所必备的技能，在专业手法、专注服务、专业销售上倾情投入。

第九节　大业绩动销活动的关键要素

在一场活动中，团队的目标感和精气神要在主题上体现。

销售模型是营销活动规划和衡量活动成果的框架。在销售领域，许多著名的模型被广泛采用，如 SWOT、AIDA 模型等。这些模型可以帮助企业更好地了解市场、目标客户，并确保营销活动得到最高收益。但是，企业类型和行业实际情况千差万别，直接套用这些模型存在局限性。另外，营销模型本身有待改进，因此这里不做模型的介绍，而是从设计销售活动入手，提炼大业绩动销活动的关键要素，抓住要领，其余的部分可以根据门店实际情况来设计。

设计大业绩动销活动，首先要明确门店的目的和主题，然后围绕主题设计方案和活动流程，让目的和主题统领整个活动。活动的目的和主题的必备要素有哪些呢？

活动一定要有一个主题，美业门店经常做活动，比如七夕节、情人节、中秋节、国庆节、春节等传统节日和国家法定假日，借着节日主题和假日氛围营造主题。此外，美业门店可以设置"年度聚会"或者"百万级狂欢节""金玉满堂钻粉节"等销售氛围拉满的主题活动。

主题的设计寓意很重要。比如，美业门店设计了"百万级狂欢节"，主题代表着什么意义呢？"百万"代表门店对业绩新突破的信心。

美业门店要在主题活动中将企业文化做有机融入，要有一种迎难而上、百折不挠的精神，所以给自己的门店定下了百万级目标，就是要突破，去达成。在一场活动中，团队的目标感和精气神要在主题上体现。

要说宠爱客户，2024 年初的冰雪之都哈尔滨因为实打实的宠客操作，霸屏热搜，实力圈粉无数，火了冰雪旅游。所以，在设计主题的时候要融入渲染氛围的点，让客户愿意融入活动所营造的氛围中。

活动的周期一般多久呢？建议 25~30 天。如果时间太久，战线拉得太长，会导致团队陷入疲惫状态，业绩效果也会打折扣。所以从开始准备到活动结束，用时一个月左右比较合适。比如，要在当年 9 月中旬举办一场活动，时间提前订好，提前通知到位，让大部分客户有所准备，集中 2~3 天的时间做成交。

为了使活动有效果，在活动之前要先进行客户盘点，把门店客户档案做一个梳理，把老客户、新客户的名单全部列出来。之后针对老客户进行二次归类。正常的话，活动一定是以一些高端客户或者能够充大卡的客户为主的，这样的客户是门店业绩的顶梁柱。

为什么要做客户盘点，对客户进行二次分类？比如，门店这场活动的目标业绩是 40 万元，如果通过盘点客户，梳理客户档案，能够找出 2 位充值 5 万元的客户、2 位充值 3 万元的客户、3~5 位充值 1 万元的客户，有这几位客户在，这场活动就已经完成 50% 左右的业绩。所以，在一场活动当中，首先要通过客户盘点，知道哪些客户是活动的"顶梁柱"并重点关注。对于新客户在设置方案时，可以制定一个锁客卡项，吸引客户参与。

客户盘点必然要盘点客户的卡上余额，年中或者年终答谢充值的时候，现场有些客户会觉得卡上还有很多现金，等用完了再去充。我相信很多美业门店都遇到过这类客户。我们换位思考一下：如果我们是客户，卡上有 2 万 ~3 万元的余额，购买的套盒还有好几套都没怎么使用，这时门店做活动让你来充值，你会不会充？一般不会。即使充也可能充很少。

所以，门店需要提前梳理出哪些大客户的卡项余额多，一是在做活动之前一定要多约这样的客户到店，本次服务过程当中要把客户下次到店的时间来确定好。二是抓消耗，进行卡的消耗和项目的叠加消耗。这样能够在门店活动充值的时候能够更好地让客户去参与到活动中。

一场活动要做多少业绩呢？有很多门店，往往拍脑袋定业绩目标，却没有具体的实施方案。那么，要如何制定靠谱的业绩目标呢？

一是要制定门店业绩目标。门店在活动前要提前盘点客户的卡金或者余额，只有提前做客户分析，提前掌握哪些客户余额已经不多了，哪些客户有新的需求可以挖掘，根据客户当下的情况或者需求，先做测算，大致测算出活动的业绩目标。

在制定活动业绩目标时，可以参照上年同期同类活动业绩完成额度，比如上年年中店庆活动业绩完成额。即便可以参考上一年或者上半年的业绩，在定业绩前一定要先盘点一下客户的情况，看一下制定的这个业绩目标是否有偏差。如果偏差很大，当下客户的消耗没怎么做，卡上的余额还有很多，再去做活动就可能很困难。

二是制定员工个人业绩目标。除了门店要制定业绩目标，员工也要制定个人业绩目标。也就是说，门店的业绩目标要分配到个人头上，千斤重担人人挑，个人头上有指标。

三是制定邀约人数。想做好一场活动，一定要有客户到场。根据现场活动规模和客户盘点情况，在活动前做好客户邀约。可以用微信、短信、请柬等方式邀约，邀约方式和频率决定了到场人数。

以上就是大业绩动销模型的关键要素，明确活动主题，并赋予主题寓意，让客户能够共情，活动前做好客户的一轮和二轮盘点，清楚客户的卡项余额，并有针对性地进行到店邀约和加速卡项消耗，为更精确做业绩目标做准备。定业绩目标要从两个层面着手：一个是门店层面；另一个是员工层面，层层落实，最终传导到业绩活动上，从而呈现出一个比较理想的效果。

第十节　大业绩动销活动前的准备工作

要站在客户的角度思考，要将客户喜欢的项目或者门店的特色项目、王牌项目设计到门票中。

大业绩动销活动的前期准备要充分，门票设置、活动预热、物料准备等都需要提前做好。

1. 门票设置

要设置好活动门票，保证有客户到场。活动门票预售要确保客户能参与到活动当中，能买门票的客户说明对活动还是有想法的，接下来的重点就是设计门票。

门票设计的核心之一是价格，建议设置为 198~398 元，根据门店的情况来确定。如果门店在过去卖了很多款项，建议价格不要太高。为什么不建议制定太高的价格，因为门票的价格高会增加技术老师和客户沟通的时间成本。

比如，门票卖 399 元，基本上技术老师对客户的服务都会让客户认可，再加上卡项的内容非的丰富，客户会愿意买。但是如果把卡项提到 1 000 元，这个时候就会增加技术老师的沟通成本。

门票设计是为了让更多的客户能够参与进来，所以门票价格不能设置过高，否则容易把客户拒之门外。

再者，从客户的角度出发，客户买了这张门票能够获得什么？是不是就包含了门店的项目？一般情况，门票设计以王牌项目为主，那么客户花了钱，第一时间看门票卡的内容，如果有感兴趣的项目，客户就更容易参加活动了。所以，要站在客户的角度思考，要将客户喜欢的项目或者门店的特色项目、王牌项目设计到门票中。例如，迎合季节的春季补水、夏季美白项目等，王牌项目一般包含面部或者身体项目或不需要手工操作的项目。这是根据门店的情况以及客户的群体不同去制定的。

裂变机制的设置。任何一场活动都要设计这样一个环节，无论是感恩答谢还是年会，预售门票时都要设计一个分享机制。

门票要联系会中方案。门票设置的王牌项目在会中成交的时候，或者将客户的需求融入会中方案，或者门票里面的内容就是叠加会中方案。例如，客户购买了 399 元的门票，那么在活动现场就可以设置膨胀金，最高可以膨胀到 5 000 元。

到店礼品。为了吸引客户能够到会场参加活动而设置的礼品。建议设置实物礼品比较好，切记不要送项目，可以根据客户的情况，送一个比较精致的礼品。

活动秒杀。比如，购买了门票的客户，在活动现场就可以一元秒杀或者几元秒杀产品，这样有足够的吸引力可以让客户来参加活动。最后在活动现场还可以设置一些抽奖环节，设置不同价值的礼品。同时，可以在门票上注明：凭此门票在活动当天到店可参与抽奖，有机会获得 iPhone 手机、华为手机或者戴森吹风机等。

以上是门票设计的内容，这里有几个注意事项。

第一，门票设置的价格要根据门店实际情况确定。

第二，门票里设置的一些项目可以是 8 选 4、6 选 3 或 5 选 3 的方式，让客户根据自己的喜好自由选择。

第三，设置参与人数。前 50 名参与的话，赠送面膜。面膜不建议做分享福利，因为面膜太常见了，客户未必会对面膜感兴趣，但是额外赠送的话，客户也不会嫌多。

第四，分享机制。比如，客户带朋友购买卡项，可以赠送瑶浴泡澡或小气泡年卡一张（12 次），只需要 398 元，有这么多的福利，客户一定会动心。这个可以根据门店具体情况去设计，为了增加客户黏性，当然是两位客户都送为好。

第五，膨胀金设置。比如，参加年度巨惠 398 元最高可膨胀 5 000 元使用，且只限 3 天。膨胀的金额可以灵活设置。在会中客户参加方案，比如 1 万元的方案，398 元可以到膨胀 1 000 元，送价值 1 000 元的免费项目。如果门店客户到店率不高，这个膨胀金就是吸引客户到店的机制。客户到店第一可以做卡上的消耗，第二可以更好地为活动做铺垫。只有让客户到店，才有机会去做铺垫。如果没有铺垫，直接现场去做成交其实是非常困难的。

第六，活动当天，客户门店的实物礼品。实物礼品根据门店情况安排，价格在 50~60 元就有不错的可选礼品，价格太高的话成本也高。

第七，设置盲盒秒杀活动。任何一种活动方式的设置一定要有趣好玩，只有把氛围营造好，效果自然就有了。

第八，累计消费抽大奖。比如，最高获得手机一部或者某个大奖项都可以的，有一些三四线城市可以把奖品设置为电动车、电冰箱，三四线城市的客户对家电还是比较感兴趣的，大城市可设置手机这类奖品。

2.活动预热

门票设置完之后，紧接着要进行朋友圈预热，告诉客户在哪一天到店，可以领取福利礼包。

这个模板大家可以看一下。

第 1 天：年终福利来袭，准备好了吗？年终答谢福利礼包开放日倒计时 5 天，一般朋友圈预热的文案时间 5~7 天就足够了。

第 2 天：（品牌名）让你幸福得像花一样，献给我们所有观众，我们某某店的女神姐妹，某天某点关注我们的朋友圈，惊喜限时放送！欢迎大家关注抢购号！

第 3 天：各位女神仙女，小米们，我们的某某店周年庆福利大卖送！只有 50 个名额，这个某月某号？请关注我的朋友圈，因为我可能来不及通知你。

第 4 天：你不能一直年轻却一直可以美，（某某门店）爱你，做我的粉

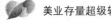

丝，我宠你就在眼前，你喜欢我来送，请关注我的朋友圈。

第5天：看过来看过来了，我们（某门店）年中（终）中超级回馈开始，秒杀狂欢极为难得，价值（多少）元的大礼包限时来抢购！

这些文案仅作参考，做卡上预售是在朋友圈的一个渲染。可以根据门店需要修改，做成适合店内各类活动的模板。

3. 物料准备

在活动现场需要准备一些物料营造氛围，让客户有视觉的冲击，活动要有游戏互动，让客户有参与感。

这是一次年中或年终活动的常规的物料清单。

①条幅。将周年庆、感恩答谢回馈等主题印制到条幅上悬挂于会场，门店走廊、房间悬挂活动海报、标语，展示主题活动、营造氛围。

②签名墙。放置在大厅会场中央，客户来到现场的时候签名。

③红包。可以准备 50~100 个，在会场设置互动环节，客户可以参加抽红包活动，营造热烈的活动氛围。

④网红气球。11~200 个，可以根据门店情况面积采购，要厚些的，不能太薄，太薄的话容易爆，而且显得质感不好。

⑤现场氛围布置。主要是音箱和话筒。音响话筒可以选择隐藏式的，门店如果没有音箱，可以买一个拉箱，音质可能不太好，有预算的话可以买个质量好些的。

⑥白板笔。客户签名用。

⑦时尚工服。员工统一着装，让客户进店后，从店面的整体形象和员工形象感觉有不一样的变化。

⑧进店抽奖礼品。水杯、面膜、餐具等，根据门店情况来定。

⑨成交后的礼品。一般设置价格在 50~100 元或者 200~300 元不等的礼品。如果有大客户的话可以买一些更高端的礼品，在活动现场的时候作为客户充值礼品赠送，像常规的电饭煲、泡脚桶、扫地机、餐具礼盒套装等，礼

品的采购根据当地的城市客群考量。

⑩桌凳。桌子用来摆放礼品盒和点心，活动现场房间需要用到小凳子。

⑪花瓣。活动现场需要做装饰。

⑫金蛋。如果客户在参加充值后可以去砸金蛋，有一种仪式感。

在活动现场互动的游戏要提前设置，客户来了不能只签个名就直接谈项目签单充值，可以通过短视频平台设置一些热闹又好玩的互动游戏，把活动氛围拉满，让客户玩得尽兴，自然业绩满满。

第十一节　成交高业绩"三部曲"之售前——准备工作

美业门店的销售成交过程也遵循这个规律，七成以上的工作是要在售前完成的。

能够做到高业绩成交的门店，在平时的基础管理中都会重点做好三项工作。

日常的成交过程绝大多数是在客户到店使用服务时完成的，从销售角度讲这个过程分为售前、售中和售后三个阶段。从客户角度看，就是销售人员进入房间前、进入房间后和离店三个时间阶段。从占比上看，售前占 40%，售中占 20%，售后占 40%。也就是说，售前和售后占大头，当然要做的工作也是最多的。

"凡事预则立，不预则废。"就是说做任何事情，都要提前做好详细周密的计划，没有计划就实施，多半要失败。美业门店的销售成交过程也遵循这个规律，七成以上的工作是要在售前完成的。因此，这个过程准备的细致程度非常重要。

1. 从四个方面了解客户

所有成交都是客户到店后发生的，因此客户到店前要充分了解客户。这个了解不是客户姓甚名谁，也不是家住哪里，而是从四个方面做立体化了解。

（1）客户的特色标签

客户的特色标签能给我们提供丰富的信息，帮助我们对客户建立直观感觉。

一是了解客户的性格是什么样的？比较内敛的性格，还是比较外向的性格。

二是平时的爱好。客户平时喜欢做什么？比如，单身的喜欢旅游、健身，周末陪娃的喜欢烘焙等，以后接触客户，发掘客户感兴趣的话题时这些信息都是重要参考。

三是了解客户平时所用的护肤品。从客户的家居护肤品里就能知道客户是钟爱大品牌，还是钟爱平价国货。比如，有的客户家里的护肤品全都是大牌，还有的客户用的不是大牌护肤品，但不随便用某个品牌。可以通过护肤品分析一下这个客户对自己的要求。用大牌的这些人是不是对自己的要求很高，有一定的经济能力。所以，了解客户平时喜欢用哪些护肤品很关键。

四是客户有哪些禁忌？比如，客户不喜欢聊的话题、客户不喜欢吃的东西等。为什么要把这个单独列出来说？发掘可以聊的话题就是关系破冰的前提，跟客户有共同的话题才能开启谈话。

五是客户的隐私。要特别注意对客户隐私的保护，客户在店内的隐私不仅不能出去跟别人去讲，即使知道也要当作不知道，除非客户主动提起，否则客户会觉得在这家门店隐私没有被保护，从而失去客户的信任。

（2）客户的基本信息

客户的年龄、生日、星座、婚姻情况、生育情况，这些基本信息在客户进店或者相应品项服务时就已经登记过了，了解、使用这些信息有助于我们增加客情联系。

有些店给客户过生日特别有氛围感，还会送生日礼物，给客户惊喜。

了解客户的婚姻情况和生育情况也是特别重要的，婚育信息有助于我们判断客户的整体经济实力。

家庭住址、工作、车子的品牌、收入情况，这些怎么去了解？也都是从日常客户到店使用服务时的聊天中去了解。比如，问家庭住址："姐姐，我看平时每次预约的时候，给您打个电话，您十几分钟就过来了，应该是在这附近住吧，对不对？"问这个问题时，其实员工就应该有判断，客户是在这附近住所以才来得这么快。如果住得稍微远一点，肯定是要开车来的，通过反问，能够确认客户的住址。

通过分析设置反问的问题，然后通过答案再做分析结论，需要做足够的功课。做什么功课？客户周边房子的价格是不是要知道？开什么车？车什么价格？收入情况？行业大概收入是不是我们都要知道的？所以这些都是客户的基本信息。

（3）客户店内消费信息

这个消费信息特别重要。客户标签和客户基本信息是帮助我们判断客户购买能力和购买意愿，但是客户店内消费信息直接和销售目标关联。

了解客户店内消费信息：一是看店内基础疗程。客户常做的一些项目。比如，客户经常做面部清洁，做完之后我们都不用告诉客户，客户自己都会买单，这类复购率比较高。二是功效型项目。客户有没有在做功效型项目？如减肥塑形类。还有面部抗衰类，客户对自己的面部有没有什么要求？这里说的面部抗衰是指轻医美的一些提升，并不是说是那种埋线、针剂之类的项目。三是医美类项目。客户在店里有没有做过手术类的消费。

这样我们就能了解客户在店里的总消费情况，就能知道客户一次能消费多少钱，从而判断出客户的大概经济实力和对美容养颜的意愿投入。

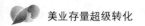

（4）客户消费周期

这个信息可以在客户档案表上查看。比如，说客户平时的消费习惯是每三个月充值一次，还是疗程快结束了续一次疗程？消费周期一定要摸清。如果刚好做活动的时间就是客户刚续完费的时间，那就很不巧，这时再让客户掏钱充值客户一般不愿意。所以，一定要了解清楚客户的消费周期。

2. 如何了解客户

如何快速了解客户本人呢？销售人员可以从熟悉客户的美容师口中了解客户。比如，这个客户是美容师的指定客户。要了解什么内容呢？

一是客户在护理的时候比较喜欢用什么方式沟通。因为有些美容师可能说话比较直，但有些美容师说话习惯聊聊家常，然后再切入主题。有些客户就喜欢有事说事儿，开门见山。所以一定要清楚客户的沟通方式，这样就知道用什么样的方式配合客户。

二是客户在护理时是否介意店长和顾问在房间。客户在护理时是喜欢店长和顾问在房间的时间长一些，还是进来问两句就走呢？一定要问清楚。不要触碰客户的禁忌点。

三是客户是否介意顾问或者店长为其做按揉服务。门店经常会有这个环节：顾问在进房的时候会和美容师强调某某部位要重点加强一下，但是有些客户不喜欢除美容师以外的人去接触其身体。所以，这个情况要问清楚，如果客户喜欢，为了成交没有关系，顾问和店长就多按一按。如果客户介意，就要避免。

四是客户喜不喜欢多要赠品。客户如果喜欢赠品，有的客户也喜欢占些便宜，那就设置足够的优惠，可以送一些小项目。

五是客户近期有没有不满意或者投诉。这是一个很重要的问题。如果客户不满意或者投诉，销售行为请终止。这个时候一定要去维护客情，绝不能再去给客户做销售。

3. 明确进房间的目的

从销售角度看，为了成交，我们要进入为客户服务的房间。进房间之前，我们要做的准备工作有很多，但是有一条一定不能缺少，那就是明确自己进房间要做什么，是做客情还是做铺垫，是做销售还是做售后？请大家一定记清楚。

没有想好要做什么，没有任何准备，就打不好这场"仗"。作为销售，因为进房间的那一刻就已经在战场上了呀，没有准备好"枪"和"子弹"，根本就不可能打胜仗，对不对？所以作为销售，一定要明确自己的目的。

4. 进房间之前要调整好心态

要做好心理建设，心态决定销售业绩。状态特别好的时候，你就会感染身边的人。如果店长今天心情不好，整个店里的氛围则很阴沉。

所谓人逢喜事精神爽。磁场很重要。心态决定磁场，磁场决定工作结果。所以，在进房间之前，要做好心态建设。

第一，调整状态，用饱满的热情迎接客户。在早会的时候，店长要带领员工调整一下状态，喊喊口号，把大家的状态调整到最佳。

第二，提前预演和客户交流时会遇到的困难以及问题的应对。演练客户可能会问到的问题。作为销售，一定要带着答案进房间。

第三，不要为以往的客户印象盖帽。可能以前给客户服务时觉得挺好说话，让买什么，她就买什么，认为这个客户是好说话型的。客户分析一定要做且越仔细越好。不要凭自己的固有认知去做销售，万一客户当天心情不好，则容易引起客户的反感。

5. 进房间前的团队协同维护

高业绩成交更多的是团体协作的结果，所以在做好客户分析的基础上，针对大客户或高客单价的客户，需要团队协作。

（1）提前建一个小群

针对大客户的成交，提前建一个小群。客户在店内的服务情况都可

以在群里随时沟通，信息及时分享。通过建群，方便对大客户做好服务和销售。

（2）找缺点和问题

怎么去找缺点？怎么去问问题？这个话术演练一定要做到位。

（3）策划适配度高的方案

给客户策划一个什么样的方案，客户的接受度会高一些？作为销售人员，心中预留的方案底线是什么？如果某个环节出现卡点，客户不接受，是否有平行或替代方案？因此，销售方案要提前策划，关注适配度和替代方案的可行性。

（4）当天注意观察客户情绪

为什么要观察客户的情绪？因为我们不能保证客户每次来店里的时候都很开心的？客户如果是开心的，成交的概率自然大；如果客户情绪不佳，这个时候销售成交概率应该不高。

（5）熟背话术永远是王道

如果是面销（不是电话销售或者网络销售），一定要练好自己的语气，话术要高度协调。销售时稍微眨眼或翻一下眼皮，很容易被客户捕捉到，客户就知道你的弱点在哪里，这个时候我们就不是被别人打倒，是被自己击败。

（6）加油打气，调整状态

员工之间要互相加油打气！能量都是会传染的，我们是一个团队，一定要互相加油打气，把所有人的状态调整到最好。

第十二节　成交高业绩"三部曲"之售中——客户实操

越是熟悉的人，越要注重细节。

前面我们从四个方面来了解客户，也做了大量的准备工作，就是为了实现和客户的正面交锋。接下来我们应该怎么做呢？

1. 快速破冰

快速破冰就是从自我介绍开始。自我介绍时要简洁有力，最好是在咨询间时就做自我介绍。可能有人会问："老客户还需要介绍吗？"越是熟悉的人，越要注重细节。和客户要有眼神的交流，这样能加深客户对你的印象。

自我介绍还有几个点很关键：一是要清晰地告诉客户自己的名字；二是从事美容行业的时间，增加客户对自己专业度的信心；三是自己在店里的时间；四是详细告知客户自己的擅长项目；五是要告诉客户自己是专门服务她一个人的。

快速破冰要会赞美客户。赞美客户的皮肤、身材等，但是不要虚伪地赞美客户，让客户觉得你不真诚。比如，客户的脸色暗黄，黑眼圈严重，还长痘痘，却硬夸客户的气色很好，客户会觉得很假。如果客户是店里的老会员，我们可以赞美客户，有保养自己的先见之明和规划意识，气质形象看起来年轻，有少女感，这些赞美的话表达出来，让客户开口说话。

如何夸赞别人呢？要夸得具体、细节。比如说："亲爱的，这个口红的色号您用感觉特别好，特别适合您的气质。"总比直接说您气质真好更让客户信服。赞美的话谁不爱听？要看怎么说。

2. 明确目标

进入房间的第一个目的是做客情。做客情分为四种情形：一是客户刚充值，顾问主要做客情，进房间给客户按按肩、按按头或给客户做热敷。二是客户卡里项目比较多，顾问第一次见客户，安排项目时可以安排客户卡中赠送的项目，拉近关系。三是如果客户正在做项目，顾问可以进去关心客户，询问客户对美容师的手法有没有要求，和客户确定项目需求。四是如果客户投诉过，再回到店内使用服务是基于往日的信任，所以当客户投诉后第一次进店，这时候美容师或顾问态度一定要特别诚恳，针对客户投诉过的点或者不满意的地方，一定要有行动上的转化，让客户看到切切实实的改变。我们不仅有态度上的诚意，更要有行动上的转变，这样客户才有信心继续在店内消费。切记，绝对不能应付了事，嘴上和客户说："实在抱歉，姐，下次我们一定改正。"下次客户到店仍然明知故犯。

进入房间的第二个目的是做铺垫。在铺垫销售前，要结合客户特色标签，了解客户需求。这个过程需要注意三点：一是调研，平时聊天了解客户喜欢做什么项目？喜欢怎样的沟通方式、聊天内容？客户个性是什么样的？性子比较急的人可能不喜欢那种特别慢的项目。二是探寻客户的需求，尽管我们在准备工作时已经对客户需求做了调研，但是当客户到店后还要找机会再次确认，进一步探寻客户的需求。三是完全确认需求。经过三个步骤了解确认客户需求后要给客户做品项介绍，测试客户的反应。当我们已经发现并确认了客户需求时，就要给出建议了。给客户一个足够的心理准备，然后再带客户去见专家老师，这样就有升单的机会，不要浪费这个机会。

这个过程可能免不了会碰到性格高冷的客户。那么，如何跟高冷客户建立信任呢？一般高冷客户对自己要求比较高，平时不怎么跟美容师或者顾问聊天，可以和客户聊会保养的话题、做了什么项目、今夕效果对比。比如，要给客户铺垫双眼皮项目，从美容师到顾问再到店长，要引导这个项目，有案例效果对比，有店内不同层级的人从侧面正面一直铺垫做客情，让客户从双眼皮项目联想到其他方面，如一整年都会神清气爽，精气神上来，好运自然来。

进入房间的第三个目的就是销售。一般在接触2~3次，对客户有一定的了解之后才会给客户做销售工作。销售之前的动作就是做铺垫。只有成熟地铺垫，才能有顺利地销售。对不对？怎么样才能做到让客户觉得真心呢？当客户提出来的时候要及时回应，不要害怕客户识破了自己的目的，要给客户介绍清楚，给人专业靠谱的感觉，客户买与不买自己做决定。

第十三节　成交高业绩"三部曲"之售后——客户离店

最伤客户的就是售前和售后的态度反差。

高业绩成交 40% 的因素是在售后环节，售后阶段有几个重要的事项务必要注意。

1. 照顾客户的感受

在对待客户的态度上，售后和售前要一致，不能出现态度上的转变。最伤客户的就是售前和售后态度反差，尤其是售后，客户如果感觉自己被冷落，信任基础就不复存在了。

2. 不断确认效果

要不断地跟客户确认效果。美容师要及时给客户足够的心理暗示，要让客户觉得物有所值，这样客户才会更加愿意相信我们。顾问要及时和客户沟通，询问客户买了疗程以后，对美容师的手法是否满意。如果客户有问题要及时回应，并提供解决方案。

3. 电话和微信及时跟进回访

电话和微信回访是特别重要的，尤其微信跟进是最好的一种方式，打电话一是可能客户比较忙，二是像服务销售的电话在客户手机端往往显示为骚扰电话，因此首选添加个人微信。

4.客户服务完毕、出房间后的服务跟进

如果有前台，请前台要记住一些事情；如果没有前台，请美容师操心下这些事情。

比如，客户的一些情况，是否在月经期，可以给客户准备一杯红糖水，或者平时给客户喝温水。同时要告诉客户为什么泡的是红糖水？让客户知道我们为什么做这个事情。客户如果感冒了可以为其煮点姜茶，如果客户做完护理，晚上还要加班或者有别的什么事情，可以给客户准备一点饺子或者是汤圆、点心，这些都会让客户感到温暖。

客户如果没有特别情况，也要做好正常接待。在与客户交往时一定要多介绍自己，客户一个月就来店两三次，不一定见过几次就记住你叫什么，除非你的名字，特别有吸引力。

前台还需要做一件事情：添加客户微信。美容师平常在给客户做服务的时候来不及回客户消息。店里应该有统一的客户管理，怎么去加微信呢？比如"张姐您好！为了更好地服务您，我加一下您的微信。这是我们的工作微信，您平时要有预约或者有什么问题可以问我"。"平时约您做护理也比较方便，不管是我约您或者是您约我都比较方便。我都会及时给您回复"。"因为美容师在给客户做服务时是不看手机的，为了不耽误您，所以希望可以加一下你的微信"。

做满意度回访时，要回避美容师。

如果客户给出建议，一定要做好记录，并且要在下次服务的过程中给客户做调整。美容师如果能解决就自己解决；如果解决不了，要及时反馈给店长或老板解决。所有客户给的建议、投诉，一定要落实。

完成高业绩其实很简单，但是需要踏踏实实地去做，所有准备和细节按照流程做到位，团队协作，当我们做到位了，自然会有高业绩。责在前，行动在前，成功就是顺其自然的事情。